中國古代政治制度史札記

閻步克 著

中國古代政治制度史札記

政體類型
政治文化
技術原理

香港中文大學出版社

《中國古代政治制度史札記：政體類型‧政治文化‧技術原理》
閻步克 著

© 香港中文大學 2024

本書版權為香港中文大學所有。除獲香港中文大學書面允許外，
不得在任何地區，以任何方式，任何文字翻印、仿製或轉載本書文字或圖表。

國際統一書號 (ISBN)：978-988-237-333-4

2024年第一版
2024年第二次印刷

出版：香港中文大學出版社
　　　香港 新界 沙田‧香港中文大學
　　　傳真：+852 2603 7355
　　　電郵：cup@cuhk.edu.hk
　　　網址：cup.cuhk.edu.hk

Political Institutions in Imperial China: Regimes, Culture, and Technicalities (in Chinese)
By Yan Buke

© The Chinese University of Hong Kong 2024
All Rights Reserved.

ISBN: 978-988-237-333-4

First edition 2024
Second printing 2024

Published by The Chinese University of Hong Kong Press
The Chinese University of Hong Kong
Sha Tin, N.T., Hong Kong
Fax: +852 2603 7355
Email: cup@cuhk.edu.hk
Website: cup.cuhk.edu.hk

Printed in Hong Kong

目　錄

小 序

　　我與同事合作，在北京大學開設一門公共課「中國傳統官僚政治制度」，把古代皇帝制度、法律制度、中央行政制度、地方行政制度、監察考課制度、軍事制度、選官制度、官學制度、俸祿制度、品位制度、王朝禮樂制度等，一樣一樣地講給學生聽。此外還有一門「中國古代官僚等級管理制度研究」，逐一講授歷代王朝的各種爵秩品階。多年來，兩門課程的內容一直在不斷打磨。師生交流時，若遇到了知識、方法和評價等問題，就會隨即對講稿作補充修訂。閱讀時發現了相關的資料，就隨時拷貝到講稿中來。某一論題上的資料積累，又引發繼續檢索的興趣，滾雪球似的不斷擴充。於是就想到，不妨把某些資料梳理編排，作為課下閱讀材料，提供給學生。

　　本書中的很多文章，最初就是這麼來的，所以其選題並不新穎，並非學術前沿；所提供的學術信息也僅限於視線所及，並沒有全面檢索、一網打盡；內容大多是陳述羅列，偶雜己見而已，視之為「課餘參考材料」比較好。雖然我行將告別教職，學習古代政治制度的學生卻綿綿不絕，這樣一份「課餘參考材料」，對學生也許有用。

在「政體類型」問題上，近年出現了若干彼此矛盾的看法。曾在一個討論會上，聽到一位學者評價孟德斯鳩（Montesquieu）的專制定義，說它有很多漏洞，隨即有聽眾提問，那為什麼孟氏的定義如此流行呢？我便順口插了一句：那是因為人類史上有那種政權，所以就需要一個概念來指稱它們。事後想來，自己的那句即興插話是可以繼續深化的——「中國專制主義」問題，不妨從「分類原理」的視角加以破解。隨即就利用既往積累，再做檢索，編寫了〈政體類型學視角中的「中國專制主義」問題〉一文。此文另闢蹊徑，從「分類便利」概念出發觀察「專制主義」，問題是這樣提出的：人類史上有一些政權，其國君可以獨攬大權，令萬民臣服，此種政權的分類命名將涉及哪些問題呢？怎麼樣才能實現「分類便利最大化」呢？

此文發表後，若干政治學者、思想史學者予以肯定。還聽到了一個讚揚，「閻老師邏輯好」。我寫作此文的動機之一，確實也是想在考證之餘再試試理論文章，打磨自己的邏輯能力。當然在各種回應中，也偶遇了方法論的隔閡。所以仍須說明，我所討論的不是「實然」（what it was），而是「應然」（ought to be），也可以說是「理想類型」（ideal type）。而且我覺得，辨識「專制政體」不能只看理論定義，更好的做法應是「兩路出擊」，一路是學人的理論定義，一路是現實中的「政體譜系」，也就是世界上哪些政權被時人視為「專制政體」。而清末朝野人士的腦海裏，明明已有一套「政體譜系」了，如古希臘是民主制，古羅馬是共和制，後來變成了元首制，當今的美國、法國是民主共和制，英國、德國、日本是君主立憲制，奧斯曼、沙俄、大清三大帝國是君主專制，等等。所以在當時，清帝國在這個「譜系」中的位置，至為清晰，無人質疑。百年後忽而有人否認傳統政體之為「專制」了，這本身倒挺值得研究的。想來是各種「××式民主」的說法陸續滋生，讓

問題複雜化了。而晚清時人們還很單純，那時還沒有「××式民主」的種種説辭，「專制」、「共和」的區分是明快清晰的。

因篇幅關係，此文發表時有刪略。隨後我就刪略內容加以擴充增補，又編寫了一篇〈「中國專制主義」問題續談〉。（發表時應命改為〈中國傳統政體問題續談〉，以避時忌，今恢復原題。）其大部分內容涉及孟德斯鳩。其所具體討論的，首先是我個人的一個心得，我認為，孟氏是從政治機構、政治勢力兩點來區分政體的。從政治機構上説，若實行三權分立，則國君難以專制；從政治勢力上説，若存在強大的「中間階層」，則國君難以專制。這個心得，也貫徹到拙著《波峰與波谷：秦漢魏晉南北朝的政治文明》之中了，這部書就是圍繞政治制度、政治集團而展開敍述的。〈續談〉隨後討論了孟氏理論的兩點不足。一是因時代關係，孟氏無法預知「官僚制」的政體意義，因此他對此後官僚制的政體意義無所發明，而在當代政體研究中，「官僚統治」、「官僚帝國」等概念已不可或缺。二是孟氏的「專制政體既無法律又無規章」這句話，雖然廣為人知，但不宜機械搬用，事實上專制政體是可以「既有法律又有規章」的，系統化的法律規章可以更有效地維護專制。自嬴秦始，中國皇帝一直都是「以法治國」的，也就是以系統化的法律規章為手段，來治理這片土地和這群臣民。

〈家長主義與儒家的家國一體論〉的寫作動機，是早先某個時候檢閱康德（Immanuel Kant）時觸發的。康德《歷史理性批判文集》云：「一個政權可以建立在對人民仁愛的原則上，像是父親對自己的孩子那樣，這就是父權政治」，「這樣一種政權乃是可能想像的最大的專制主義」。大家都知道，「愛民如子」、實行「仁政」，係中國文化推崇的最高政治境界，而在康德眼中，這卻是最大的專制主義。中西觀念之異，於是格外凸顯了。我以為以此深化學生的東西比較，效果想必不錯，就在課上把康德這段話

提供給了學生，後來又花時間編成此文。此文從真實的家長制述起，進及作為政治理想的父權政治，隨後集中闡述了中國儒家的「家國忠孝一體論」，輔以中西對比。其中有兩節也許稍有新意：「家國一體論：父、母之間」一節，認為「為民父母」的重心在「母」不在「父」；「近代挑戰：『子民』還是『公民』」一節，論及「民主vs.專制」理念上事涉「成人vs.兒童」。

畢業留校後，我承擔了本系魏晉南北朝史的教學。這個歷史時期的民族衝突特別尖銳，胡化與漢化交織，最終南統於北，由北朝進入隋唐。在授課時，我是從南北兩方的政治集團、政治制度、政治文化幾個維度，綜合觀察南北朝政治走向的。而〈北方部族武力如何影響華夏制度史：「南北朝」現象的一個政治學思考〉一文，嘗試借用政治學方法，把次要因素儘量剔除，努力在繁多因果關係中，發現一個牽一髮而動全身的核心機制。為此，此文揭舉「部族武力的體制化」概念，以期擊破九連環的關鍵一環，為中國史上異族政權強化專制官僚制的現象，增加一條解釋。

在這篇文章中，我的歷史觀也有所調整。回想當年，畢業任教後匆匆備課，講稿中的很多評述未經深思熟慮，承襲了很多流行認知。有一種久已有之的看法：搞歷史就是要研究「治亂興衰」。進一步便可能衍生出一種史觀：能強國的就好，否則就不好。拙著《波峰與波谷》係由任教之初的講稿改編而來，「治亂興衰」套路仍是比較濃厚的。回頭反省其對南北朝的敘述，容有抑南揚北之失。（當然，這類敘述也很受了「新生的希望在北朝」、「取塞外野蠻精悍之血」之類論述的影響。）倒不是說「治亂興衰」的套路不好，那也算是一種可選擇的史觀吧。問題是我已另有所取了，簡單說來，就是越到晚年，越覺得應把文化、文明的評價尺度，置於「治亂興衰」之上。業師田餘慶也有「主流在北不在南」

一語，不過那只是一個客觀陳述，田師的主觀評價尺度並不是「治亂興衰」——「真正有價值的歷史遺產，是江南廣闊的土地開發和精緻的文化創造，是北方普遍的民族進步和宏偉的民族融合」(《東晉門閥政治‧後論》)。在〈北方部族武力〉這篇文章中，我多少開始調整史觀了，參照業師，嘗試中性化，把「馬上天下」，視為一種通過軍事活動、軍事組織、軍事集團來振作專制官僚制的特定機制，而把「部族武力的體制化」視為「馬上天下」的一種特殊形式，那體制有如一隻巨大的「利維坦」，牠是以「暴力」為養料，而強壯起來的。

今年，也就是2023年春夏，偶見互聯網上圍繞「牽連制度」發生了爭論，質疑「牽連制度」的學者被一些網民指責「論證過程純西化」。為此我寫了一篇〈周秦漢連坐制與東西文化衝突〉，指出「無罪不罰」、「罪責自負」思想並非西方所獨有，早在中華文明初曙之時，周族已萌生了「罪人不孥」、「父子兄弟，罪不相及」的主張，而連坐制興盛於西方的秦國。連坐制上的周秦之異，在春秋以降就成了東西之別——「東西」分指關東社會與關西的秦政權——及儒法之爭。至清末法律改革，「近代西方文明的『刑法止及一身』與中華古文明的『罪人不孥』，並肩挽手、會師合流了」。此文約七千字。隨後改題〈周秦漢的反連坐主張與東西文化衝突〉，繼續對周秦漢之「反連坐」予以詳考，擴充到三萬字，首發於本書。

文章有意超出「治亂興亡」史觀，轉取「民本主義」、「文化主義」立場，申述面對連坐制時，「秦人與東方士民的看法有異，統治者與讀書人的看法有別，法家與儒墨道迥然不同，國家主義者與民本主義者的態度，注定形同水火，至今猶然」。作此申述時，我視野中羅列着幾種不同價值觀：在啟蒙思想家看來，能最大限度保障每個人權利的制度就是最好的；法家是國家主義者，

認定最能強國強軍、最便於管控編戶的制度就是最好的；孔子崇禮樂，這意味着最有利於繁榮文化、發展文明的制度就是最好的；孟子講民本，這意味最尊重民意、最保障民生的制度就是最好的。各人會傾向哪一判斷尺度呢？為什麼傾向這個而不是那個呢？事關環境、職業、階級、利益等，甚至事關與生俱來的個人天性，比如說，權威人格與自由人格就會有不同抉擇，你喜歡什麼制度，很可能就是你人格的投射。

之所以站在「反連坐」一方，説到底，就是覺得這樣的主張更溫暖，更親近，更合於自己的性情。真是這樣的，不必拿「家國天下」的大道理來聒噪我。再度反思對南北朝的評價，捫心自問，假設身處那個時代，是選擇生活在南朝呢，還是選擇生活在北朝呢？這時候我發現，自己將選擇南朝，那裏有精緻優雅的文化氛圍，武人尚武鬥狠的「叢林」不是我的精神家園。既天性如此，且與生俱來、物性難奪，就應該讓一己的歷史評價適合一己心靈。作為讀書人，能夠自由思考、自由表達就最開心。統治者可以選擇最有利於他佔有權力的制度，微渺如我，也有權利嚮往最讓我個人開心的制度，而且我確信每個人都有嚮往與選擇的權利。與田餘慶師把經濟開發、文化創造與民族融合看成歷史進步相似，一個意識越發明確了：我心中的人類歷史進步，最終是文化的進步、文明的進步。最終是文學、藝術、哲學、思想、科學、技術等文化成果，以及由此而來的自由、平等、友愛、和平、理性，讓人類遠離了弱肉強食的動物界，從而證明了自己是萬物之靈。在南北朝評價上，南朝比北朝更有文化；在連坐問題上，華夏古族的「罪人不孥」與近代西人的「罪責自負」，比搞株連的秦制更文明。

隨後的〈揭示古代政治制度的「技術原理」：以「組織二重性」為例〉、〈一般與個別：略談中外歷史的會通〉兩篇，都是會議論

文，也就是應景之作。以往在方法打磨、理論建構上略有心
得，就拿那些心得去應付會議了。再後的〈結構功能化的制度史
研究的一個嘗試〉，則是一篇應邀之作。受邀為《國學季刊》寫一
篇「學術自述」，盛情難卻，只好應命。

　　自己早年有理工經歷，服兵役時學習過雷達技術，觀察思考
歷史時便容易帶上「技術」眼光，不由自主地想發現結構、功能、
機制什麼的。這三篇都涉及了個人的學術風格、思維方式，主要
是對「技術原理」的偏好。我一向的寫作都帶有這個特點，盡力
提煉歸納。比如把察舉制變遷，歸結為「以德取人」、「以能取
人」、「以文取人」等因子的此起彼伏。敘述「士大夫政治」，把「士
大夫」視作「學者＋官僚」二元角色，把「禮治」模式視為「君道」、
「父道」、「師道」的三位一體。解析傳統服飾等級，擬制了「自然
分類」、「職事分類」、「級別分等」、「場合分等」等概念，以凸顯
其歷代變遷。從章數、旒數、玉數的不同組合樣式，探討「六冕」
禮制的興衰變異。近年考察酒爵與封爵的關係時，也是如此，從
「稱謂原理」層面，揭示爵、觚、觶、角、散等「五爵」其實是一
種「容量化器名」，分別係一二三四五升的容量之稱，一套史上
絕無僅有的「容量化」酒器等級禮制，由此得見天日。

　　為《國學季刊》提供的那篇「學術自述」，主要敘述自己的爵
秩品階研究。在這個課題上，我曾投入了很多時間。我利用「品
位分等—職位分等」原理進行推演，對周以來三千年的品位結構
變遷提出了一套新解，還嘗試超出歷史學，在「原理」層面進行
建構，為解析人類社會中的品位現象提供一套概念工具。這些理
論嘗試，匯聚在《中國古代官階制度引論》一書之中了。如果誰
問我，你最滿意自己的哪一本書呢？我會說就是這一本。很多人
都這麼想過吧：「寫這樣一本書，除了我，別人寫不出來」。這想
法很誘人。我的很多考證，沒有我，總會有人走到那一點，而

《中國古代官階制度引論》呢，沒有我就沒有這本書。我就是這麼認為的。在我之前的歷史學者，好像只有胡如雷的《中國封建社會形態研究》，是以體系建構為目的的，他聲明「與一般單純的歷史著作有所不同，它是按照政治經濟學體系的要求建立起來的」。當然也知道，歷史學者對純粹的概念推演不會有太多興趣，社會科學工作者對爵秩品階那麼冷僻的知識，通常又所知無多，所以這書不會有多少讀者。不過沒關係，回味當年寫作時的興奮，回味「每一天的太陽都是新的」那種感覺，已足夠滿足了。

隨後的〈古爵漫談：從爵本位到官本位〉一篇，是為本系馬克垚先生賀壽之作。當時決定從手頭的講義中選擇一講，作為素材，完成此文。所選中的，是「中國古代官僚等級管理制度研究」這門課程中的「歷代封爵」一講。前面提到，我每門課的講稿都在不斷增添充實。雖然這一講只用於兩三小時的課程，但講稿已積累到五六萬字了。在這一講中：我期望對歷代爵制建立一套通貫性的認識。為此我構建了一個框架，從八九個視點觀察爵制的歷代變遷，再加以綜合。這篇賀壽之文，就是其部分內容的選摘。

最後一篇附錄〈通識教育與歷史教學答問錄〉，其部分內容涉及了我與合作的同事們在歷史教學上的努力，也許可以給新入職的歷史老師提供參考。我們的教學視頻已經上網，人們都看得到，播放量不算低。很多年前也曾聽到一個消息：北京某大學的高校青年教師培訓班，把某女教師的課歸結為「誇張型」，把我的課歸結為「呆板型」。我想我講課確實不夠抑揚頓挫，缺乏動作表情，語氣和姿態過於平淡單調了，算是弱點吧。我與同事的主要致力處，是以「思辨」的力量吸引聽眾，把體系、線索、評述、知識點用最富啟迪性的方式組織起來，呈現給聽眾。不久前，華中師範大學歷史文化學院古麗巍老師，對我們當年的課程有一番追憶：「似這樣體系完整、推進規律的本科課程是很少見

到的。」蒙古麗巍老師之允，我把她的這段追憶附在本書之後，以追念當年為改進教學付出的努力。

〈答問錄〉的另一部分內容，是給歷史系新生的一些預備性知識。大致是就我所理解，闡述歷史學的意義、方法與特點，以及學歷史應先行具備的若干理念與意識。這些理念與意識，包括清晰區分價值判斷與事實判斷，清晰區分評價、理論與實證，理解認知的多元性、理論的層次性、模式的工具性，等等。希望對初學者多少有些幫助。

以上十篇文章，一篇是新作，九篇是舊作。在整理舊作時，對當年的寫法時時生發不滿，忍不住增刪修訂。拖了很久未能交稿，然而到年底了，雖仍不愜意，還是「今年事今年畢」為好，只能草草收兵。所以各篇舊作，有的改動較大，連標題也調整了，有些不及修訂，仍是原貌。

最大的問題，當然是新意有限了。環顧世界，因各族群、各地區、各文化系統的此起彼伏，在幾百年的近代化歷程之後，歷史似已開啟了一個新輪迴，這個世界需要新的思考了。而微渺如我，此時霧裏看花，且無可如何。

謹此說明。

閻步克

2023 年 12 月 31 日

第一章

政體類型學視角中的
「中國專制主義」問題

一、從分類原理看「無限權力」

「中國專制主義」之說，即把帝制兩千年的中國皇權視為「專制」政體這個認識，已有百餘年歷史了。在較早時候，不贊同的聲音只是偶或有之，不過近二三十年來，質疑這個概念的人多起來了。嘗試顛覆舊有觀點以求創新，其事往往而有，然而除了學術原因外，質疑的出現，跟政治觀念、文化態度和社會心理之變遷，也息息相關。

因個人專業方向是中國古代政治制度，閱讀、授課時便經常面對「中國專制主義」概念。目前還沒打算放棄它，當然也不認為它不能放棄。放棄和不放棄總需要個理由，得弄清是在什麼意義上放棄或不放棄的。現代學界對中國傳統政治體制的研究已過百年，成果已頗繁富，其基本輪廓和眾多細節已大致呈現。我覺得，足以動搖對這個體制之「冠名」的，一是態度，二是方法，但已不是實證、史實了。

「態度」就是前面所說的政治觀念、文化態度和社會心理等等，這是要兼顧、要尊重的。本文所關注的則是後者，即方法或思辨問題。概念只是分析工具，選擇什麼工具，如何設定概

念，本可以各取所需。既然「專制」是一種政體，那麼帝制中國是否「專制」，退一步說，就是一個政體類型學的問題。如果再退一步，還會退到一般分類原理上，退到「我們應如何為事物分類」上來。與其在細節上糾纏，有時候真不如返回原點、反省方法。繁瑣舉證不是沒有必要，但若思辨不周，就難免治絲益棼、歧路亡羊。「寸而度之，至丈必差；銖而稱之，至石必過。」為避免這樣的陷阱，凡是用「思辨」就能澄清的問題，我們就不去旁徵博引。

與以往討論「專制」者不同，本文的視角是「政體如何分類命名」，其中心詞是「分類便利」，也就是如何分類命名，才最便於把某一類政權區分開來。這樣，就要明確分類命名的差異原則和任意原則。首先，識別一個事物應着眼於它在序列中的不同位置，尤其是通過「它不是什麼」而加以認定。恩格斯：「在有機化學中，一個物體的意義以及它的名稱，不再僅僅由它的構成來決定，而更多的是由它在它所隸屬的系列中的位置來決定。」[1] 進而索緒爾 (Ferdinand de Saussure) 告訴我們，能指和所指的聯繫是任意的，是所謂「任意原則」。[2]「所指」就是事物的概念，它指向事物的本體、實態、內涵，不妨說是客觀存在的。「能指」則有如一個「標籤」，可以因故更換。分類命名的任意原則與差異原則，

1　恩格斯：《自然辯證法》，《馬克思恩格斯全集》，中共中央馬克思恩格斯列寧斯大林著作編譯局譯，北京：人民出版社1971年版，第20卷，第638頁。

2　索緒爾：「能指和所指的聯繫是任意的，或者，因為我們所說的符號是指能指和所指相聯結所產生的整體，我們可以更簡單地說：語言符號是任意的。」《普通語言學教程》，高名凱譯，北京：商務印書館1980年版，第102頁。

在這裏十分必要，由此就能看到，若放棄「中國專制主義」概念的話，可放棄的東西可能有三：

1. 「專制」概念的「所指」不當，應予放棄。即，不承認人類史上有這樣一種政體。
2. 承認「專制」為一種政體，人類史上確實有專制政權存在，但帝制中國不是。即，只否認「中國專制」。
3. 大致承認「中國專制」之「所指」，但因某種原因，比如說，為了政治需要或文化感情，只放棄「專制」之標籤，另覓「能指」，另覓更稱心合意的替代名稱。

百年以來的「專制」概念，其「所指」是什麼呢？1908年根據日本辭書翻譯而來的《東中大辭典》，把「專制」釋為「君主總攬國務，一切大小政事，均由其獨斷獨行，恣意處理者是也」。1915年首版的《辭源》，把「專制」釋為「政令之權，全出於一國之君者，曰專制」；把「專制政體」釋為「國家之元首有無限權力，可以獨斷獨行者，謂之專制政體」。正如侯旭東之評述，這一定義就代表了當時國人對「專制」的基本認識。[3] 其時類似的辭書釋義，又如「以人群之統制，宜歸一二人之總理者，謂之專制主義」、「一人握主權於上，萬機獨斷者，謂之專制政體」，等等。我認為這些定義無可挑剔、無懈可擊。它們相當中性，不含價值判斷，並不是暴政、暴君的同義詞，有理由用作討論的基準點。

3　侯旭東：〈中國古代專制說的知識考古〉，《近代史研究》，2008年，第4期，第22頁。

所謂「無限權力」，又作「絕對權力」。「專制」的英文對應詞之一absolutism，係「絕對主義」之意。「無限」、「絕對」照亮了這樣一點：權力集中化的程度。從政治學的角度看，權力集中化或非集中化的體制，應予區分。無論古今，「統治」的問題無從迴避，有權力並不太大的君主，也有足以令千百萬人匍匐臣服、不可一世的大帝。這就激起了巨大好奇心，讓無數學者苦思冥想。「專制」概念就適應了這個認知需要，其學術價值，就在於通過比較，把最顯赫、最強悍的君主區分出來了。所謂「比較」，意味着君權最強的政權就是專制政權，好比談到身材就必有高、中、矮一樣。有人覺得，各民族的政治體制，其本質不同，不具可比性。但人類既屬同一物種，其各個種群的結構，就應該可比，為什麼不呢？甚至「中國禮教」之類的文化差異，都可以放到同一平台上辨析異同。

若從分類原理出發，則「無限權力」其實是有限的，「絕對權力」其實是相對的。它必須以所有古今中外政權為參照系，通過比較來認定。這就是眼下的問題之所在。打個比方，說「某人身材很高」，這是針對特定人群而言的。若無比較參照，對孤零零的一個人，云其高矮並無意義。確定了參考人群，就可以按高、中、矮來分配比例了。當然還有「標籤」問題。如果把高個子名為「電線杆」、矮個子名為「三寸丁谷樹皮」，則高者、矮者都無法接受。「標籤」以中性為好，不應帶有「色彩」。

這些看起來只是常識，然而退回「原點」之後，問題真就清楚多了。人們可以多方舉證，論述中國皇帝的權力並非「無限」，實際承受着重重限制。確實，帝王們又不是神，怎麼可能不受限制呢？再專制的君主也得承受限制，政治的、行政的、文化的、

經濟的、傳統的等等。[4]如下矛盾的情況並非沒有：用顯微鏡看，某位至高無上的皇帝其實只是一名懦弱的大男孩，身邊各種陰謀家如同操縱傀儡般地操縱着他；然而拉遠了看，這確實又是一個高度集權的政治體制──「草色遙看近卻無」。明後期皇帝往往長期，甚至數十年不問政事，仍被視為專制君主；明治天皇並不直接介入政府行政，但學者對這個政治體制，仍然有「天皇制專制主義」這樣的定性。[5]這都是就體制而言的。

　　按着生活中的語言習慣，說「某人個子最高」，不等於說他無限高；說君權「無限」、「絕對」，也不是說對君權真的沒有限制。這都是修辭，其實都是對限制大小、集權強弱的比較結

4　例如安德森 (Perry Anderson) 感到，「『絕對主義』(absolutism) 這一術語是一個錯誤的命名，從不受約束的專制主義 (despotism) 的意義上看，沒有一個西方君主享有統治其臣民的絕對權力」，君主的權力承受着傳統政治團體、道德法規等多種制約。《絕對主義國家的系譜》，劉北成、龔曉莊譯，上海：上海人民出版社 2000 年版，第 40 頁。在觀察路易十四時，摩爾 (Barrington Moore Jr.) 指出：「歷史學家們發現，如此強大的國王 (國內幾乎想像不出有什麼力量能跟他對抗) 實際上並沒有絕對的權威，以至於他不得不把許多對他的不服從看成是完全正常的事情。」《民主與專制的社會起源》，拓夫、張東東等譯，北京：華夏出版社 1987 年版，第 46 頁。何天爵 (Chester Holcombe)：「看來 (中國) 皇帝的權力似乎是絕對地無邊無際的，但事實上不是那麼一回事。皇帝的權力同每個家庭中專斷的家長相比並大不了多少，沒有什麼兩樣。」《真正的中國佬》，鞠方安譯，北京：光明日報 1998 年版，第 26 頁。

5　明治時代的民權思想家和農民起義軍，已經使用了「天皇制專制主義」、「天皇制絕對主義」這樣的提法，已經把「變革專制政體」、「推翻專制政府」作為目標了。參看服部之總：《明治維新講話》，舒貽上譯，北京：生活‧讀書‧新知三聯書店 1957 年版，第 58 頁；信夫清三郎：《日本政治史》，呂萬和、熊達雲、張健譯，上海：上海譯文出版社 1988 年版，第 3 卷，第 116 頁；日本近代思想研究會：《近代日本思想史》，馬采譯，北京：商務印書館 1992 年版，第 1 卷，第 73、91 頁。

果。經常被冠名「專制」的國家,有埃及古王國以下各朝、西亞的阿卡德王國、古巴比倫王國、新巴比倫王國、亞述帝國、古波斯帝國、古印度的孔雀王朝、拜占庭帝國、阿拉伯諸哈里發國、奧斯曼帝國、歐洲的「絕對專制」政權、沙皇俄國等。可見這類政權還不是屈指可數。若打算否定「中國專制主義」概念,那麼僅僅舉證皇權受限遠遠不夠,還必須證明,對中國皇帝的限制是如此之大,中國王朝的集權程度是如此之低,以至於不能跟古埃及的法老相比,不能跟波斯的「萬王之王」相比,不能跟印度的阿育王相比,不能跟拜占庭皇帝相比,不能跟哈里發、蘇丹、路易十四、天皇、沙皇相比,為此不得不在「專制隊伍」裏把中國皇帝剔除,另行歸入權力沒那麼大的君主之列。反過來說,如果連中國皇帝都不算「專制」了,那麼其他皇帝、法老、哈里發、蘇丹之類,是否也要同時「摘帽平反」呢?基於分類原理,這樣的問題無法迴避。宛如一根繩子栓着一群螞蚱,一損俱損、一榮俱榮。僅僅舉證皇權受限,駁不倒「中國專制主義」。更好的做法是建立「系譜」,以人類史上所有政權為參照系,就君權強弱建立分等尺度,以判定中國皇帝的歸屬。「中國專制主義」概念的反對者理應、但迄今未能提供這種系譜化的比較,等於就孤零零的一個人論身高了,其效力非常有限。

如果不把「專制」說成一種政體,而認為歷史上只有少數大獨裁者,但並不存在專制體制,也算一種選擇。這就給「中國專制主義」概念釜底抽薪了。然而可以借「身材分類」再打一個比方:區分身高就要分配比例,可以設定20%的人為「高」,也可以設定30%的人為「高」。但若僅僅以1%的人為「高」,「高」這個類型就等於不存在了,被取消了。可是這麼分類很不匀稱,消解了「認知便利」。如果另行提出一種不以君權強弱為認知目的的政體理論,那麼對「專制」自可旁置不問。否則,即便刻意迴

避「專制」二字，君權強、中、弱的問題依然客觀存在着，對君權最強的那些政權，仍然需要一個語詞去指稱它們。換言之，否定「專制」之為一種政體，其實只是否定了一個「標籤」，其「所指」依然故我，風雨安然。

連類而及，有人認為中國周天子已是專制君主了，有人認為秦漢以下的皇帝才是，還有人認為只有明清數百年是專制，此前不是。像這樣的問題，與其說是實證問題，不如說是思辨問題，即如何分類才更勻稱。不妨這麼看：把秦以下的皇帝認定為「專制」是比較勻稱的，有助於區分商周政體同帝國體制之別。周天子不能在列國收稅，皇帝卻可以向普天下的編戶齊民收稅；在周代封建制下，諸侯、卿大夫各有自己的領地領民，秦始皇廢封建、立郡縣，「海內之勢如身之使臂，臂之使指，莫不制從」。這些區別不是無足輕重的。國人對「君主制」和「君主專制」的區別，最初曾有模糊之處，但很快就清晰分開來了，[6]認識到「專制」有別於其他君主制，如封建制、貴族制，等等。梁啟超云：「殺貴族之權，削封建之制……然後君主專制之政體乃成」，「封建何自起，起於周」，「故周之一代實貴族政治之時代也」。[7]

與現代政府相比較，有人又生發了一個感想：「使政府不同於個人控制的是其連續性。被統治就是處於權威的常規壓力之下，這種權威根據固定的法則來運作。從這個詞的完整意義上

6　在19世紀末、20世紀初，人們往往把monarchy理解為專制政體。參看宋洪兵：〈二十世紀中國學界對「專制」概念的理解與法家思想研究〉，《清華大學學報》，2009年，第4期，第104頁。

7　梁啟超：〈中國專制政治進化史論〉，收入《梁啟超全集》，北京：北京出版社1999年版，第3卷，第781頁。

講，很難說19世紀後期之前的統治是否是統治。」[8]沿着這種思路，又會滋生疑問：中國皇權並不能對各地施加有效統治，所以不算專制集權。

確實，如果用現代標準來衡量傳統帝王，人們就會困惑：「那能算絕對權力嗎？」不過對此，芬納(Samuel Finer)已有了很好的回答：「如果由此推論說統治者不是專制者，其統治也不是專制統治，那就會陷入混亂。它假定了這樣一個事實，即在所有時間，對所有人口，就所有事務，統治者都擁有不受約束，任意而為的自由，而我們是將這種自由與『專制主義』這個術語聯想在一起的。我們不妨稱這種政府為『極權主義』或『極權主義專制』。但這種政體的物質前提直到當前的世紀才出現。」[9]全方位、全過程的管制，只能出現在現代技術條件之下，但這時另有「極權主義」一詞為之冠名；「專制」這個概念，恰好就是為傳統君主量身打造的。即便「蘇丹制」(Sultanismus)，[10]也無法同20世紀的極權主義相比。針對古代的「無限權力」與現代的「無限權力」，分別使用「專制主義」和「極權主義」，可以帶來明顯的分類便利。

---

8 這是簡·敦巴賓(Jean Dunbabin)的說法。轉引自芬納：《統治史》第1卷《古代的王權和帝國：從蘇美爾到羅馬》，馬百亮、王震譯，上海：華東師範大學出版社2010年版，第56頁。

9 芬納：《統治史》第1卷《古代的王權和帝國：從蘇美爾到羅馬》，第56頁。

10 韋伯(Max Weber)以「蘇丹制」指稱家產制君權的一種極端形態。見其《經濟與歷史 支配的類型》，康樂、吳乃德、簡惠美、張炎憲、胡昌智譯，桂林：廣西師範大學出版社2004年版，第333頁；又《韋伯作品集》III《支配社會學》，桂林：廣西師範大學出版社2004年版，第235頁。

二、專制定義的進一步探討：身份關係與利益分配

「專制主義」主要用於傳統君主，「極權主義」用於現代政權。二者之區別，除了集權程度外，還有一點，就在於身份關係，在於是否存在「君臣關係」。

現代極權主義已不能用君臣關係做基礎，而要轉以「元首—群眾」或「領袖—群眾」關係做基礎了。這種關係是由意識形態建構出來的，所以極權政權多半都是「意識形態政權」。[11] 軍隊體制也是集權的，有時也被說成「專制」，然而這應視為一種「修辭」，官兵關係畢竟不同於君臣關係，一旦退伍就解除了。綜合權力與身份兩個方面，就可以這麼說：既存在集中化權力、又存在君臣關係的政體，才是「專制」。只有其中之一，比如說只有集中化權力、但非君臣關係，或雖然有君臣關係，但無集中化權力，那便不能說是「專制」。

用「集權程度」判斷專制，只是標準之一，除此之外，身份關係也得到了密切關注。「專制主義」還有另一個定義：「一種意指統治者與被統治者的關係是主奴關係的統治形式。」[12]「主奴關係」是就despotism而發的。Despotism一詞源於古希臘的despotes，其本義是「一家之主」。由於家裏面還有婦女和奴僕，所以這個詞又有了「奴僕的主人」的意思。古羅馬文中的相關語詞是dominus，依然是「主人」之意。戴克里先（Diocletian）便把dominus用為自己的稱號。Absolutism、despotism二詞都有「無限權力」、「絕對權力」

11　阿倫特：《極權主義》，蔡英文譯，台北：聯經出版公司1982年版，第259頁以下。

12　《布萊克維爾政治學百科全書》（修訂版），鄧正來譯，北京：中國政法大學出版社2002年版，第207頁。

之意，但也有明顯差別：如果説absolutism一詞以「絕對」字樣凸顯了這類政權的集權程度，那麼despotism一詞就以「主人」字樣凸顯了這類政權下的身份關係。

然而人類史上的主奴關係非常多樣，所以「主奴關係」的表述，很容易引發糾葛。難免有人質疑：並不存在君主把所有人都變成奴隸的那種政體。而且，專制通常要以發達的官僚組織為條件，而官僚行政是具有「公共性」的，古代亦然。這種「公共性」，也可能被用來反對「主奴關係」的存在。顯然，這需要一些辨析。

君臣關係，很像是放大到最大的主奴關係。在討論「專制」時，某些論者只關注決策、行政，至於皇帝對臣子的人身支配之權，卻被不恰當地忽略了。錢穆甚至説：「中國人不貪利，不爭權，守本分，好閒暇，這是中國人的人生藝術，又誰肯來做一吃辛吃苦的專制皇帝呢？」、「中國歷史上亦有壞皇帝，每每荒淫無度，又怎麼能來專制天下？」[13]這裏面的邏輯，就是皇帝親政才算專制，不親政就不專制。在帝制時代，確實有過皇帝不親政的事情，明朝後期的皇帝就長期不過問日常行政。不過，對兵刑錢穀未必事必躬親，封拜誅賞卻必出聖衷。嘉靖皇帝雖然多年不上朝，其「大張弛、大封拜、大誅賞，皆出獨斷，至不可測度。輔臣欲有所與，亦從臾之，或揣摩捭闔之耳，而能代有天工哉？」[14]雖多年不上朝，皇帝的人身支配之權，分毫未損。漢朝的郡守獨掌一郡之民政、財政、司法，往往被比作「古諸侯自專」，還有「州郡記，如霹靂；得詔書，但掛壁」的民謠流傳着，可是不要

13　錢穆：〈從中國歷史來看中國民族性及中國文化〉，收入《錢賓四先生全集》，台北：聯經出版事業公司1998年版，第40冊，第62頁。

14　范守己：《皇明肅皇外史》，卷四六。《四庫全書存目叢書》，濟南：齊魯書社1996年版，史部第52冊，第248頁下欄。

忘記，只須皇帝一份黜免詔書，這位郡守就得掛冠走人。歷代的縣以上長官，都要由皇帝任命。皇帝的人事權也就是一種人身支配權，對此種權力，臣子們無從抗拒。

　　視君臣為「主奴」，就是傳統政體之常態。明朝皇帝廷杖大臣，「血濺玉階，肉飛金陛」，[15]沙皇彼得一世習慣手持「杜比納」（一支頭上鑲有象牙球的粗棍），隨時棒打侍從大臣，明明都是以臣子為奴的意思，不能說不是專制現象。中國官員向皇帝朝賀，須五體投地，用額頭九次叩擊地面，這無疑就是奴僕對主人的身體姿態。又，古埃及的臣子拜見法老，須親吻其腳下泥土，若被特許親吻其腳趾，那就是殊恩，值得寫入碑銘。覲見拜占庭的查士丁尼大帝時，最高級的官員都得匍匐而前，對皇帝、皇后行「吻靴禮」。在君士坦丁七世編纂的《禮儀書》等書中，能看到繁瑣盛大的朝見儀式，足可以媲美中國的朝禮。在亞述帝國，所有人都是「烏爾都」，即君主的奴隸。在俄國的羅曼諾夫王朝，最顯貴的領主都自稱是沙皇的奴僕，城郊居民和農民等而下之，只算沙皇的「賤奴」或「卑賤奴」。朝見沙皇只能用卑稱，如「奴才彼得」、「奴才伊凡」之類。為奧斯曼蘇丹效力的文臣與將士，統稱「庫勒」，意思是蘇丹的奴隸，普通百姓另稱「拉亞」，算是「受保護的羊群」，「蘇丹是他們的主人，他們是他的奴隸，他們的生命和財產完全由他支配」。

　　無獨有偶，中國君主的統治行為，古稱「牧民」，而「牧」字是牧牛之象形。古語又云「君者群也」，而「群」字是牧羊之象形。編戶齊民的身份被比擬為牛羊。「臣」字的本義就是奴僕，故臣、

15　不著撰人：《偏安排日事跡》，卷三，蘇松巡撫祁彪佳言，台北：大通書局1972年版，第61頁。

妾並稱。中國官僚對皇帝稱「臣」，官僚的母妻則對皇后稱「妾」。《宋書‧魯爽傳》:「虜 (指鮮卑) 群下於其主稱奴，猶中國稱臣也。」又《隋書‧突厥傳》:「隋國稱臣，猶此 (指突厥) 稱奴耳。」雖然「大臣」之稱後來變尊貴了，然而卑稱與尊稱就像錢幣的兩面。在清朝，滿族近臣能向皇帝自稱「奴才」，漢官卻不能，只能稱「臣」。「奴才」比「臣」更尊貴，反襯出了「臣」的真實地位。[16]日人尾形勇詳考中國古代的「稱臣」現象，總結説:「可以把『稱臣』理解為最下等的隸屬民 (奴) 擬制的自我表示。勿庸贅言，由此不可敷衍地直接地把當時的君臣關係比喻為『主奴』關係的擬制化。」[17]

必須指出，尾形勇並不是説中國皇帝把臣民全都變成奴隸了。這裏的「主奴關係」是政治意義的，而非法律意義的，並不是説臣民可以被君主任意出賣、剝奪、虐殺，[18]只是説君臣間存在着人身支配、人格依附，存在着無條件的統治與效忠，有如主人與奴僕。韋伯 (Max Weber) 曾有比較:一個公職人員的忠誠，「並不與封建或世襲的權力關係中臣僕或門徒所具有的忠誠相

---

16 可參陳垣:〈釋奴才〉，收入《陳垣史學論著選》，上海:上海人民出版社 1981 年版，第 603 頁以下。又魯迅〈隔膜〉:「滿洲人自己，就嚴分着主奴，大臣奏事，必稱『奴才』，而漢人卻稱『臣』就好。這並非因為是『炎黃之冑』，特地優待，錫以佳名的，其實是所以別於滿人的『奴才』，其地位還下於『奴才』數等。」《魯迅全集》，北京:人民文學出版社 2005 年版，第 6 卷，第 45 頁。較近的研究，參看祁美琴:〈清代君臣語境下「奴才」稱謂的使用及其意義〉，《清史研究》，2011 年，第 4 期，第 1–12 頁。

17 尾形勇:《中國古代的「家」與國家》，張鶴泉譯，長春:吉林文史出版社 1993 年版，第 155 頁。

18 即便在法律意義的主奴關係中，主人也並不總是擁有虐殺奴婢的權利的。在中國秦代，殺奴必須報官批准，稱「謁殺」。在漢代，主人虐殺奴婢即屬非法。光武帝詔:「其殺奴婢，不得減罪。」

同」、「政治官員——至少在充分發達了的現代國家裏——並不被人們看成是某個統治者個人的僕人」,[19]然而「在一個家產制國家裏,官吏必須得是君主的『家人』(familiaris)」。[20]在14世紀末的英國,文官被認定為「國王的臣僕」(Crown's servant),政府各部的經費被列為「宮廷開支」。[21]明治時代的法律規定,官吏是天皇的個人臣僕,直到民主改革之後,官吏才變成了「公僕」。[22]既具有「公共性」,又是帝王的家奴、臣僕,必需奉獻個人忠誠,恰好就是專制政體之下的官僚特點。

　　基於類型學視角,說一個東西是什麼,實際是以「另一些東西不是什麼」為參照的。君、臣、民身份關係亦然。首先是「無條件的統治與效忠」的問題。在另一些體制下,例如在封建等級君主制下,成為「主人」和提供效忠是需要一定條件的,多少含有一些「契約」意味,專制時代臣民的權利便被大大壓縮了,「君臣之義無所逃於天地之間」。所以,這裏為「統治與效忠」加上了「無條件」三字。進而從主奴關係的範圍看,在貴族制下,大貴族不一定被視為國王的奴僕;而在專制之下,即令極品官僚,也只能自居臣妾。在封建等級君主制下,臣民分別效忠於許多主

19　*From Max Weber: Essays in Sociology*, translated, edited and with introduction by H. H. Gerth and C. W. Mills, New York: Oxford University Press, 1958, p. 199. 中譯文又可參看彭和平、竹立加等編:《國外公共行政理論精選》,北京:中共中央黨校出版社1997年版,第37頁。

20　《韋伯作品集》III《支配社會學》,康樂、簡惠美譯,桂林:廣西師範大學出版社2005年版,第124頁。按,familia的本意是家僕、家奴。

21　楊百揆、陳子明、陳兆鋼、李盛平、繆曉非:《西方文官系統》,成都:四川人民出版社1985年版,第34頁。

22　閻樹森:《日本公務員制度研究》,北京:國家行政學院出版社2001年版,第33–34頁;劉文英:《日本官吏與公務員制度史:1868–2005》,北京:北京圖書館出版社2008年版,第188、212頁。

子，我領主的領主不一定是我的領主，我封臣的封臣不一定是我的封臣；而在專制之下，皇帝是唯一的主子，「海內皆臣」。秦漢以後，皇帝不斷刪除臣民的「稱臣」對象，例如禁止朝官向諸侯王稱「臣」，禁止王國屬官向國王稱「臣」，禁止太子宮官向太子稱「臣」，等等。所以對人身支配、人格依附，這裏為專制君主加上了「單一」、為臣民加上了「全體」二詞。

在亞里士多德的政體類型學中，除了統治者是一個人、少數人還是多數人之外，「為誰的利益而統治」，構成了又一個分類標準。據此，亞里士多德把六種政體分為「正宗」與「變態」兩大類：「一人或少數人或多數人的統治要是旨在照顧全邦共同的利益，則由他或他們所執掌的公務團體就是正宗政體。反之，如果他或他們所執掌的公務團體只照顧自己一人或少數人或平民群眾的私利，那就必然是變態政體。」[23]這樣，在「由誰來統治」的視點之外，「為誰而統治」就成了政體分類的又一視點了。博丹認為，主權者是全體人民、部分人民或是單獨一人的差異，分別導致了民主政體、貴族政體或君主政體。[24]博丹的這個分類，顯屬「由誰來統治」模式。阿奎那則沿着「為誰而統治」的模式繼續前行，以多數的幸福或少數人的私利為準，把他所討論的六種政體，劃分為正義和不正義的兩大類。[25]由此就可能出現這樣的觀點：中國皇帝不是為自己、為少數人，而是為公共利益而統治的，所以他們不是專制君主。

23　亞里士多德：《政治學》，吳壽彭譯，北京：商務印書館1965年版，第133頁。

24　博丹：《主權論》，李衞海、錢俊文譯，北京：北京大學出版社2008年版，第148頁。

25　阿奎那：《阿奎那政治著作選》，馬清槐譯，北京：商務印書館1982年版，第46–47頁。阿奎那的兩組六種政體，分別是平民制、貴族制、君主制；暴民制、寡頭制、暴君制。

　　「為誰的利益而統治」當然不是無關宏旨的。但若像某些文化學者那樣，把它歸結為君主所宣稱的政治理想、統治目標的話，事情就會模糊起來。集權君主們往往都有一套美好的政治理想，用來號召社會，爭取民心。法老們宣稱其使命是維護Maat（宇宙正義），臣民們也這樣謳歌法老：「他在人與人之間主持公道。」古巴比倫的漢穆拉比宣稱，他的使命是「使我公道與正義流傳國境，並為人民造福」，還以「確立真正福祉及仁政於國內」而自豪。孔雀王朝的阿育王宣稱，他在努力「向所有的人提供同樣的福祉和幸福」，貫徹Dharma（「正法」），以報答他從一切眾生那裏所受到的恩惠。孔雀王朝的宰輔、開國元勳考底利耶還編了一本《政事論》，書中申明「國王的幸福在於臣民的幸福，國王的利益寓於臣民的利益」。古波斯的居魯士大帝以仁愛慈祥留名後世，後人色諾芬在《居魯士的教育》一書中，盛讚他「總是不失時機、盡其所能地顯示他的善意」。文藝復興時期伊拉斯謨的《基督教君主的教育》一書，仍把居魯士視為理想君主的典範。尤西比烏斯用philanthropia（「仁愛」）來歌頌君士坦丁，後來這個philanthropia就被奉為拜占庭皇帝的義務了，查士丁尼還要求把它用為司法的基礎。沙皇彼得一世宣稱，國家利益高於他的個人利益，他是為國家服務的，他的最高政治綱領是每一個忠順臣民的「共同幸福」。不難看到，中國的皇帝與儒生高揚仁政、申說民生，但並沒有獨擅其美，古今中外的大型集權政權大都發展出了一套類似說辭。文化學者經常犯這樣的毛病：直接拿皇帝、儒生的政治宣示來定性政體。然而政治宣示是政治文化問題，政體是權力結構問題，二者不好混為一談。除此之外，還不宜採用「最終有利於廣大人民利益」的提法，這很容易陷入「本質主義」的泥淖。說「本質上」怎麼樣怎麼樣，過於迂曲，隨意性太大了。

　　列寧有一句話經常被人引用：「別相信空話，最好是看看對

誰有利！」[26]那麼「為誰的利益而統治」這個標準，怎麼運用更好一些呢？從歷史學者的實踐中，可以引申出另一種更合理的處理：直接看利益分配。比如說，去看國民收入中君主與民眾的各自所得份額。法老自命為 Maat 的維護者，然而農民的收穫物「法老必得五分之一」。阿育王宣稱他會報答眾生的恩惠，可是農民 1/6 的收成（實際上經常是 1/4）被徵斂，用以供養國王及其一大群官吏、70 萬軍隊和 1 萬輛戰車，留給農民的只夠糊口。一看利益分配，「共同幸福」之類宣示，便黯然失色了。

利益分配可以用來辨識政體嗎？盧梭早就說過：「我們認為一種制度，與其說是對他有害的人所發明的，不如說是對他有利的人所發明的。」[27]在新制度主義政治學看來，不同群體間「在政治結果上的對立利益，轉化為在政治制度形式上的對立利益」；[28]「社會聯盟的形成和轉化不僅受利益支配，也受制度限制，制度甚至可以決定利益本身」；[29]「制度歸根結底，是一種分配關係，是用來調整利益分配的」。[30]最大化了的權力，必定對應着最大化

26　列寧：〈對誰有利？〉，《列寧全集》，中共中央馬克思恩格斯列寧斯大林著作編譯局編譯，北京：人民出版社 1990 年版，第 23 卷，第 62 頁。

27　盧梭：《論人類不平等的起源和基礎》，李常山譯，北京：商務印書館 1962 年版，第 131 頁。

28　阿塞莫格魯、羅賓遜：《政治發展的經濟分析：專制和民主的經濟起源》，馬春文等譯，上海：上海財經大學出版社 2008 年版，序言，第 2 頁。

29　朱天飈：《比較政治經濟學》，北京：北京大學出版社 2006 年版，第 139 頁。

30　崔鑫生、李芳：《制度的性質》，北京：中國商務出版社 2007 年版，第 26、50 頁。又其第 27 頁：「如果制度可以看做是一個公共產品的話，那它也是物理範圍內的公共產品，即制度必然附屬於一個特定的既得利益集團或者分配佔優集團。制度對於利益分配處於劣勢的團體而言，是對其獲得利益分配份額的枷鎖和約束。」

的利益。如果把「利益」理解為各種佔有物或分配物，則統治者
（及其家族）所分割的份額，必定與集權程度成正比。

　　用「利益分配」來識別專制，不但合理，而且在實踐上簡便
易行。歷史學者在尋找、描述專制帝王時，大抵都會列舉那位帝
王（及其家族）的巨大財富與榮耀，如輝煌的宮殿、巍峨的陵墓、
堆積如山的財寶，成群結隊的妃嬪、宮女與宦官，以及尊君卑臣
的繁瑣禮制、像天神一樣的崇拜讚頌，等等。（特別是宦官現
象，甫一出現就跟君主集權相關，[31]並廣泛存在於專制政權。而
中國宦官體制的嚴密龐大，為世界史之最。[32]）如果你在某個國度
看到了上述的景觀，那麼其君主十之七八是一位專制者。總
之，從「利益分配」入手，把「為誰的利益而統治」落實在財富、
資源與榮耀的集中化程度上，「專制」的識別就更有可操作性了，
有大量史料可供徵舉。歷史學者一向就是那麼做的。由此又可
以形成一條延展性的定義，算是一個「操作定義」吧。

　　概而言之，在歷史學實踐中，所謂「專制主義」，主要通過
權力、身份和分配三方面來認定的。它們是：

31　宦官的使用，可以追述到赫梯帝國（前17–前12世紀）。參看芬納：《統治
　　史》第1卷《古代的王權和帝國：從蘇美爾到羅馬》，第109頁。最早的宦官
　　擅權現象，大約出現在公元前9世紀的亞述帝國。亞述國王扶植宦官，利
　　用這種集權工具對抗大將軍的權勢。參看國洪更：〈亞述帝國宦官的地位
　　與作用〉，《古代文明》，2015年，第2期，第2–12頁。

32　余華青：「就宮廷役使閹人的數量之眾多、持續時間之漫長久遠、制度規
　　範之完備嚴密等方面而言，中國在世界歷史上則是絕無僅有的。」見其《中
　　國宦官制度史》，上海：上海人民出版社1993年版，第4頁。又李新偉
　　等：「其制度之嚴密、數量之龐大，左右政治能力、影響之範圍，持續時
　　間之久遠，恐怕在世界上是絕無僅有的。」見其《宦官的歷史》，北京：中
　　國文史出版社2006年版，第13頁。

1. 高度集中化的權力結構。
2. 全體臣民對單一君主的人格依附與單一君主對全體臣民的人身支配，君臣間無條件的統治權利與效忠義務。
3. 財富、資源與榮耀高度集中於君主個人及其家族。

第1點體現了absolutism之「絕對」的詞義，第2點體現了despotism之「主人」的詞義。第3點體現了「為誰而統治」的模式，與此相應，第1、2點體現了「由誰來統治」的模式。這樣三點，看上去比較接近「歷史與邏輯的統一」。由此來辨識專制，包括中國皇帝是否專制，本不是什麼困難的事情。

總之，政體分類需要「系譜化」，把儘可能多的歷史政權用作參照比較。亞里士多德的視野中有158個城邦，[33] 還有「蠻族王制」等形式，這都被用作其政體分類的素材。歐洲近代的民主制萌芽，大大提升了人們對政體的興趣與敏感。孟德斯鳩等人比較了眾多政權，如古希臘、古羅馬、中世紀各封建政權、哈里發國、拜占庭、土耳其、莫臥兒等。安德森曾為西歐、東歐的專制政權建立「系譜」，還指出對非歐政權目前只是走馬觀花，有必要「實事求是地建立一種具體而準確的社會形態和國家體系的類型學」。[34] 中國史與世界史的學者不妨嘗試聯袂編制一份「專制國家的全球史系譜」。

專制政體是一種「統治形式」。而基於「政治體系」（political system）的政體分類，在現代政治學中得到了更大發展。對韋伯

33　亞里士多德：《政治學》，第175頁，註1。
34　安德森：《絕對主義國家的系譜》，劉北成、龔曉莊譯，上海：上海人民出版社2000年版，第566–567頁。

歸為傳統型統治的家長制、家產制（或譯世襲制）和封建制，[35]阿
爾蒙德（Gabriel A. Almond）、鮑威爾（Bingham Powell, Jr.）從「體系」
視角出發，闡述了其間的區別：「封建制和世襲制體系的結構分
化程度，比家長制體系的要高，而封建制體系則表現出比世襲制
體系有更多的次體系自主。」[36]上世紀50年代，拉斯韋爾（Harold
D. Lasswell）和卡普蘭（Abraham Kaplan）總結出了官僚體制、貴族
統治、倫理統治、民主統治、體力統治、財閥統治、技術專家治
國和意識形態統治等多種政體。[37]在此之後，學者動輒對數十百
個國家進行定性定量排比，以至1967年的國際政治學學會第7屆
世界大會，所有的分組會議全都在討論政體類型。艾森斯塔得
（Shmuel Eisenstadt）羅列了原始政治體系、家產制帝國遊牧或征
服帝國、城邦國家、封建政體、中央集權的官僚帝國，及各類現
代社會。[38]較近的作者如芬納，採用比喻，命名了宮殿式、論壇
式、教會式和貴族式四種「純粹政體」，進而推演出了十種混合
類型。[39]趙鼎新評價說：「這一分類框架使得費納（即芬納）能清
楚地區分所要討論的國家和地區政府的類型，並針對這一政府類
型建立有效的比較視角。」[40]基於「政治體系」的政體分析，反過

35　韋伯：《韋伯作品集》III《支配社會學》，第3、4章。

36　阿爾蒙德、鮑威爾：《比較政治學：體系、過程和政策》，曹沛霖、鄭世
　　平、公婷、陳峰譯，上海：上海譯文出版社1987年版，第83頁。

37　拉斯韋爾、卡普蘭：《權力與社會：一項政治研究的框架》，王菲易譯，上
　　海：上海人民出版社2012年版，第192頁以下。

38　艾森斯塔得：《帝國的政治體系》，閻步克譯，貴陽：貴州人民出版社1992
　　年版，第12頁。

39　芬納：《統治史》第1卷《古代的王權和帝國：從蘇美爾到羅馬》，前言，第
　　30頁。

40　趙鼎新：〈費納與政府史研究〉，《社會學研究》，2008年，第4期，第211
　　頁。

來為「統治形式」的識別提供了參考。例如在被艾森斯塔得列入「中央集權的官僚帝國」的政權，被芬納列入「宮殿式政體」——其最高決策權操於一人之手——的政權，基本就是通常被視為「專制」的那些政權，而且中國皇帝都在其列。

錢穆所提出的「有相權即非專制」，選舉制度使下層得以進入上層、故非「專制」等論點，若從現代政治學出發，大都可以輕易消解。作為行政首長的宰相，在專制政權中廣泛存在着，並與君主形成了「委託—代理」關係。埃及的法老任命塞涅寨米布擔任維齊，同時就給了他「國王一切工作之長」的頭銜。又如蘇美爾烏爾第三王朝的 Irnanna，赫梯的「副國王」，亞述帝國的 Tartan，波斯帝國阿黑門尼德王朝的宮廷總監，阿拔斯朝、奧斯曼帝國的維齊，拜占庭的 master of offices，波斯薩法維王朝初期和莫臥兒帝國的瓦吉爾（莫臥兒之前各印度王國，國王之下的帕丹等於是宰相），等等。在孟德斯鳩看來，宰相的存在，恰好就是專制政權的特徵：「在這種政體的國家裏，設置一個宰相，就是一條基本法律。」[41]

又，官僚制採用人才主義、功績制度，這就激活了官吏的流動性，所以不少專制政權中，都存在着卑微者大量進入上層的現象。赫梯國王從奴隸中挑選行省財政長官。古埃及的法老經常任用奴隸為官，任用僕役、使者、探子、法院差役、馬夫和轎夫之類為官，逐漸地，各種最高官職都席捲進去了。羅馬皇帝任用釋奴為官，這跟任用宦官的用意相近：容易駕馭。東羅馬帝國的查士丁一世，本來只是一名目不識丁的農民，後來加入了皇家衛

41　孟德斯鳩：《論法的精神》，張雁深譯，北京：商務印書館1961年版，上
　　冊，第18頁。

隊，最終由禁軍統帥榮登帝位。奧斯曼的穆罕默德二世，任命奴隸出身的人擔任大維齊。17世紀為重振奧斯曼做出貢獻的科普魯盧家族，其發跡始於大維齊穆罕默德・科普魯盧，此人出身於一個卑微的農民家庭。奧斯曼還有一個特殊制度：從奴隸中培訓和選拔官員，這做法抑制了官僚的世襲化，馬基雅維里（Machiavelli）評價説：「因為他們全是君主的奴隸和奴才，要收買他們是很困難的。」[42]俄羅斯彼得大帝的1724年敕令規定，出身低賤的士兵可以晉升軍官，得到貴族頭銜，大量平民由此成為新貴。彼得大帝經常強調能力而旁置出身：其陸軍大元帥緬什科夫童年曾在莫斯科街頭賣肉餅，其總檢察長雅古任斯基早年是牧童，其副外交大臣沙菲洛夫係店員出身。上下層的活躍對流，便於民情民意上達，從而使統治較為明智，但這通常不被認為是反專制現象。甚至相反：它強化了專制者的予取予奪能力，保證了選賢任能，削弱了傳統貴族。

錢穆又説中國太大了，所以皇帝無法專制。那麼，疆域規模、人口規模與專制相關嗎？孟德斯鳩的看法恰好與錢穆相反：「小國宜於共和政體，中等國宜於由君主治理，大帝國宜於由專制君主治理。」[43]俄羅斯的葉卡捷琳娜二世對孟德斯鳩的這個看法十分讚賞，想必正中下懷。古希臘的民主制，是在人數有限的城邦公民之中實現的。而君主的光輝要想把更遼闊的地區照亮，他自己就得格外奪目耀眼，即，君主要更集權才成。反過來說，更集權的政體就能控制更大的地面與人群。當然在現代，「威權主

42　馬基雅維里：《君主論》，潘漢典譯，北京：商務印書館1985年版，第19頁。

43　孟德斯鳩：《論法的精神》，上冊，第126頁。

義、專制主義、半民主、模仿民主、準民主政體和結構性寡頭政
體等可以在幾乎所有類型的國家中找到，不論是小國，中等國家
還是大國」。[44]孟德斯鳩說大國「宜於」專制，而不是說「必定」專
制。無論如何，對錢穆「國家大則皇帝無法專制」的說法，吉田
浤一已有批評。[45]在政體問題上，錢穆的眼光仍然殘留着「國學」
色彩，與現代政治學的觀察方式尚有不小距離。

　　還有人說，中國古代的文官制是很厲害的，所以皇帝就不是
專制的。這問題怎麼看呢？官僚組織雖然具有自主性，但這種組
織也是專制君權的維繫者。而且在非民主、非分權的體制之
下，官僚制本身就有專制性質。羅森伯格面對17至19世紀的普
魯士，便在「王朝專制主義」(dynastic absolutism) 之外，又看到了
一種「官僚專制主義」(bureaucratic absolutism)。[46]韋伯預言了「官
員專政」(official dictatorship) 的歷史趨勢。[47]托克維爾 (Alexis de
Tocqueville) 憂慮着「行政專制」(administrative despotism) 的可能

44　杜甘：《國家的比較：為什麼比較，如何比較，拿什麼比較》，文強譯，北
　　京：社會科學文獻出版社2010年版，第110–111頁。「政體的多樣性是各
　　種因素導致的，在其中，大小並不起作用。」順便說，嚴復也曾舉例說明，
　　專制與否跟國家大小沒有必然關係：南洋的小型島國仍是專制的，美國、
　　法國是大國，卻並不專制。參看孟德斯鳩：《法意》，嚴復譯，北京：商務
　　印書館1981年版，上冊，第176頁，嚴復批註。

45　吉田浤一：〈中國史上的兩個時代：春秋戰國與秦漢以後——專制國家論
　　序說〉，收入武漢大學中國三至九世紀研究所編：《中國前近代史理論國際
　　學術研討會論文集》，武漢：湖北人民出版社1997年版，第255頁以下。

46　H. Rosenberg, *Bureaucracy, Aristocracy and Autocracy, The Prussian Experience 1660–
　　1815,* Boston: Beacon Press, 1958, pp. 18–19, 38–41. 按英文「王朝」(dynasty)
　　特指某一王族的統治，即「家天下」。

47　*From Max Weber: Essays in Sociology,* p. 50.

性。[48]拉斯韋爾、卡普蘭認為：「極權主義是組織化統治最大化的一種形式。」[49]布勞（Peter M. Blau）、梅耶（Marshall W. Meyer）認為：「極權主義是科層制度下權力高度集中的一個極端。」[50]阿倫特（Hannah Arendt）認為：「極權主義統治的本質，而且恐怕所有的官僚制度的性質是把人變成官吏，變成行政體制中間的一隻單純齒輪。」[51]米歇爾斯（Robert Michels）斷言：「組織處處意味着寡頭統治。」[52]畢瑟姆（David Beetham）亦云：「官僚制統治更像是軍事專制和黨制政府、或其他形式的獨裁統治的一個特徵。」[53]那麼以文官制的發達為理由來否定專制的存在，這個理由並不充分。事情甚至是相反的：典型的專制政權，無不擁有發達的官僚組織。甚至不妨說，「專制」這東西就是通過一群官吏實現的。

三、「東方專制」、「絕對專制」與中文「專制」

「專制」概念之所以遭到質疑，還在於這樣一點：在西文中，absolutism（通譯「專制主義」或「絕對主義」）與despotism（通譯「專

48　托克維爾：《論美國的民主》，董果良譯，北京：商務印書館1988年版，第871頁。

49　拉斯韋爾、卡普蘭：《權力與社會：一項政治研究的框架》，第201頁。

50　布勞、梅耶：《現代社會中的科層制》，馬戎、時憲明、丘澤奇譯，上海：學林出版社2001年版，第10頁。

51　阿倫特：《耶路撒冷的艾希曼》，〈結語　後記〉，孫傳釗編：《耶路撒冷的艾希曼：倫理的現代困境》，長春：吉林人民出版社2011年版，第53頁。

52　米歇爾斯：《寡頭統治鐵律：現代民主制度中的政黨社會學》，任軍鋒等譯，天津：天津人民出版社2002年版，第334頁。

53　畢瑟姆：《官僚制》，韓志明、張毅譯，長春：吉林人民出版社2005年版，分別見導言第3頁、正文第108頁。

制主義」）是兩個不同的詞，部分西方學者把前者專用於西方，把後者通用於東方。魏特夫 (Karl Wittfogel) 的《東方專制主義》一書，在 despotism 之前冠以 oriental（東方）字樣。「東方專制」這個表述以東、西劃線，被指出了種種偏見、歪曲、歧視，及其背後的「冷戰」意識形態、「西方中心論」與「東方主義」色彩。有人還反駁說，斯巴達人也慣於服從，據稱「熱愛自由」的古希臘人後來也屈服於馬其頓了，現代法西斯主義也是一種專制，那麼既就「奴性」而言，也未必只是東方人的污點。

　　對「東方專制」概念的來龍去脈，特別是孟德斯鳩、黑格爾、馬克思、魏特夫等人同這個概念的關係，學界論述已多，無庸贅述。問題是「東方專制」概念的批判者，其態度也有兩種：有人不承認中國皇帝為專制，有人則非。日知較早對「東方專制」概念發難，力辯先秦無專制，但仍把秦始皇稱為專制君主，把秦漢以後的王朝稱為專制帝國。[54] 上世紀 90 年代，15 位中國學者聯手清算魏特夫，指出了其各種謬誤，但也沒有否定帝制中國為專制。[55] 有學者提出，馬克思、恩格斯都使用了「東方專制主義」概念，對之應取其精華、棄其糟粕。[56] 還有學者認為，任何民族都有偏見，不獨西方為然，中國人也曾用「天朝」的眼光觀察世界；西方學者對中國不是只有貶低，也有很多善意友好的讚揚，孟德斯鳩「對中國是褒多於貶」；而且「無論對貶華還是頌華，都應考

54　日知：〈東方專制主義問題：政治學、歷史學二千多年來的誤解〉，收入《中西古典學引論》，長春：東北師範大學出版社 1999 年版，第 365–381 頁。

55　李祖德、陳啟能主編：《評魏特夫的〈東方專制主義〉》，北京：中國社會科學出版社 1997 年版。

56　施治生、郭方：〈「東方專制主義」概念的歷史考察〉，《史學理論研究》，1993 年，第 3 期，第 55 頁。

察他們的論述究竟是否符合事實」。[57]

「東方專制」含有貶義，與東西兩方的專制主義是否存在差異，在學理上仍是兩個問題，前者的存在還不足以否定後者。不妨參考一個平行的例子。近年有人提出，「國民性」是個「東方主義」概念，滲透了西方對中國的「權力關係」，意味着中國學術被西方理論「殖民」了。然而如王彬彬所論：「要否定和質疑這種理論，就必須證明任何一個特定國家（種族）的民眾，並無這些方面的獨特性。」[58] 亦即，那種「權力關係」的存在，以及「國民性」討論的現存偏失，不等於中國人不具有獨特文化性格，不等於「國民性」這個論題本身沒有意義。

與之類似，如何看待「東方專制主義」的貶義，也應分成兩個層面：事實與態度。首先，東方是否存在過比西歐更強悍悠久的專制主義，甚至影響了兩方近代史的不同走向，影響到今天兩方的制度差異，仍須另行觀察。在漫長歷史上，生活在專制體制下的人口，一直是東方最多。近代之際，莫臥兒帝國、奧斯曼帝國、沙皇俄國、大清帝國都在「東方」。隨即再看「貶義」。人們恰好生活在一個崇尚民主自由的時代。率先獲得了民主自由的西方人，為此滋生了政治優越感。近代國人竟然也「自我貶低」、自認「專制」，那是出自對民主自由的熱切尋求。而且這種「貶義」不獨國人，比如説，日本、俄羅斯也不例外——日本近代的民權思想家對天皇制專制主義的貶斥，俄羅斯的民主革命者對沙皇專制的貶斥，與中國的改革者並無二致。

---

57 黃敏蘭：〈質疑「中國古代專制説」依據何在〉，《近代史研究》，2009年，第6期。

58 王彬彬：〈以偽亂真和化真為偽：劉禾《語際書寫》、《跨語際實踐》中的問題意識〉，《文藝研究》，2007年，第4期，第156頁。

　　薩義德 (Edward Said) 對「東方主義」的研究，引發了對 despotism 之輕侮含義的更多批評，然而對「東方主義」理論也有這樣的反批評：「但奇怪的是它又是非歷史的。因為它忽視了專制作為政權形式和政治概念的歷史和作用。」[59] 以客觀、理性、科學為追求的現代學術規範，是西方率先發展起來的，「東方主義」理論卻揭露了西方學術實踐中仍有大量「傲慢與偏見」，功不可沒。不過也得知道，「傲慢與偏見」也是相互的，若無意或刻意迴避這一點，就成了一種「單方主義」了，相應地也可以有「西方主義」了。[60] 進而在揭露「傲慢與偏見」之餘，還要隨即提供歷史實態，正面論述政體，否則就只好接受「非歷史」的反批評了。不過，要求「東方主義」主張者正面論述政體，要求他們闡述「專制作為政權形式和政治概念的歷史和作用」，那是苛求他們的能力了。

　　西文 despotism 一詞往往特指東方國家，但也不盡如此。比方說，這個詞也被用於攻擊西方的路易十四或教皇。18世紀後期，若干歐洲君主順應啟蒙、推行改革，史稱「開明專制」，即 enlightened despotism。普魯士國王弗里德里希二世，俄國女皇葉

59　《布萊克維爾政治學百科全書》(修訂版)，第209頁。

60　「西方主義」(Occidentalism) 概念的提出，據說可以看成是對「東方主義」概念的一個反彈。「西方主義」被定義為西方世界的去人性化 (dehumanizing) 圖像，參看布魯瑪、馬格利特：《西方主義：敵人眼中的西方》，張鵬譯，北京：金城出版社2010年版，第6頁；或林錚顗譯，博雅書屋2012年版，第19頁。不過實際上，也如網友對此書的批評：把日耳曼民族、俄羅斯精神以及日本說成西方文化 (主要是英法) 的敵人，顯係避重就輕，繞過了最敵視西方的勢力，只是最末一章對伊斯蘭教的分析，才算面對現實了。又，對中國當代文學中的「西方主義」研究，可參陳小眉：《西方主義：後毛澤東時代抗衡話語理論》，南京：南京大學出版社2014年版。與「西方主義」相關的中文論文已能看到若干篇了，不具引。

卡特琳娜二世，奧地利的瑪麗亞·特莉莎和她的兒子約瑟夫二世，西班牙的查理三世，瑞典國王古斯塔夫三世，及丹麥、葡萄牙、意大利等國的一些王公等，便是這樣的君主。儘管也有西方學者提出，把這種政治形態稱為 enlightened despotism，不如稱為 enlightened absolutism 恰當，[61] 但是畢竟，despotism 也曾被西人用於西方，而不是僅僅用於東方。

因歷史原因，圍繞着各種大權獨攬的君主，滋生出了很多西文語詞。同時因意義相去不遠，它們也經常混用。《布萊克維爾政治學百科全書》指出：「自 18 世紀末期，專制 (despotism) 一詞就與西方語言中的暴君混同了。作為意指擁有無限權力的政府的術語，它們已與絕對專制主義 (現代波拿巴主義意義上的專制)、獨裁和極權主義這些詞摻雜和混用了。」這部辭書把 despotism 釋為「擁有無限權力的政府」，把 absolutism 釋為「擁有絕對權力、且不受法律限制和憲法控制、通常是君主制的政府」，[62] 二詞的定義幾乎相同。

與此相應，中文「專制」與西文的 despotism 並不全等。首先如前所述，中文「專制」最初相當中性，本是不含「暴君」之意的；進而，中文「專制」的意義更寬泛，可以把 despotism、absolutism 同時包含在內，並無東西之別。略加檢索就不難看到，西文 despotism、absolutism、autocracy、dictatorship、tyranny、autarchy 等詞，在中文中都可以譯為「專制」。在各種辭書與譯著之中，此類例證實在太多，姑不贅舉。此外，還能看到把 caesarrism 譯

61　參看計秋楓：〈「開明專制」辨析〉，《世界歷史》，1999 年，第 3 期；常保國：〈西方文化語境中的專制主義、絕對主義與開明專制〉，《政治學研究》，2008 年，第 3 期。

62　《布萊克維爾政治學百科全書》(修訂版)，第 207、1 頁。

為「專制皇權」、「君主專制政體」，把authoritarian譯為「專制的」等情況。[63]雖然某些語詞另有更精確的譯法，但畢竟反映了中文「專制」一詞意義寬泛，它其實不是某個西文單詞的唯一對譯。

魏特夫《東方專制主義》中的一段論述，是這樣被移譯的：「誠然，歐洲並非沒有專制的政府(tyrannical governments)；資本主義秩序是和專制國家(absolutist states)同時興起的。但是，觀察評論家認為東方專制主義(eastern absolutism)肯定要比西方專制主義(western absolutism)來得更為全面，更加暴虐。他們認為，『東方的』專制主義(oriental despotism)表現了極權力量最殘酷的形式。」[64]這裏有幾個不同語詞都被譯作「專制」，而且還有eastern absolutism的提法。譯者當然知道那幾個語詞的區別。就算這樣翻譯略失精確，但也說明，中文「專制」兼容了多個英文語詞。又如美國《獨立宣言》，因交錯使用absolute despotism、absolute tyranny、arbitrary government、absolute rule等詞，中譯時只好強為之別，分別譯為專制統治、專制暴政、專制政府、極權統治等。[65]

---

63 《牛津高階英漢雙解詞典》，北京：商務印書館、香港：牛津大學出版社2009年版，第115頁；《新世紀漢英分類詞典》，上海：復旦大學出版社2003年版，第639頁；《社會科學百科全書》，上海：上海譯文出版社1989年版，第50頁。又，英國的《經濟學人》雜誌每年發佈160多個國家、地區的「民主指數」，把政體分為full democracy、flawed democracy、hybrid regime、authoritarian regime等四類，其中的authoritarian regime，在媒體中也譯獨裁政體、專制政體。

64 魏特夫：《東方專制主義：對於極權力量的比較研究》，徐式谷、奚瑞森、鄒如山等譯，北京：中國社會科學出版社1989年版，導言，第11頁。Karl A. Wittfogel: *Oriental Despotism: A Comparative Study of Total Power*, New Haven : Yale University Press, 1963, Introduction, p. 1.

65 康馬杰編：《美國歷史文獻選萃》，香港：今日世界出版社1979年版，第12–13頁。

有人斷言：「中文的『專制』和『專制主義』都由 despotism 翻譯而來，其來源不是兩個詞語。」[66]實際情況可能不是這樣的，而是相反。侯旭東考察了 despotism 在日文中譯為「專制」、隨後傳入中國的過程，其時就曾提示，autocracy 也是漢語「專制」之來源。[67]趙利棟廣泛搜考，得出如下結論：「就譯語而言，（專制術語）很可能是來源於多個英語單詞或詞組，如 absolutism、autocracy、despotism、absolute monarchy 等。」同時它們也曾被譯為多個語詞。例如在日文之中，absolutism、absolute monarchy 曾譯為君主獨裁、獨裁政治、專制主義；despotism 曾譯為放縱政事、任意政事、君主政治、專權、暴政、苛政、專制、專治。despotism、absolutism、autocracy 都有過眾多其他譯法，如獨操之權、自主之權、獨主之權、無限之權、強霸、霸道、虐政、苛政、全權、專制政治、君權無限之政體、獨裁政治等。[68]

這種以「專制」一詞對譯多個西文語詞的譯法，僅僅是一種「混亂」嗎？換一個角度看，這也表明，「專制」雖是外來語詞，但在其成為中文概念之初，就已「中國化」了，變成一個本土概念了。西文的不同語詞、中文的種種譯法，在中文「專制」二字中百川歸海。近代中國學人縱觀古今中外種種政體，他們感覺 despotism、absolutism、autocracy、dictatorship、tyranny、autarchy 等等，可以歸於同一個大類，其共同特點都是「國家之元首有無限權力，可以獨斷獨行」，完全可以化繁為簡，通名「專制」。

66　常保國：〈西方歷史語境中的「東方專制主義」〉，《政治學研究》，2009年，第5期，第107頁。

67　侯旭東：〈中國古代專制說的知識考古〉，第9頁，註5。

68　趙利棟：〈中國專制與專制主義的理論譜系——從戊戌到辛亥〉，《中國社會科學院近代史研究所青年學術論壇》，2007年卷，第237、255頁。

　　西方人曾把 despotism、absolutism 分別用於東方和西方，然而這個界溝，在中文「專制」一詞中已被填平。有學者呼籲取消 despotism、absolutism 之間的區別，但這已不是中國學者的任務了，這個區別，在中文「專制」二字中早已取消了。在西文中譯時區分 despotism、absolutism，無疑是必要的，後者可譯為「絕對主義」或「絕對專制」之類。不過在中文語境中，二者都屬「專制」。就算西文的 despotism 是個「西方中心論」、「東方主義」的概念，中文「專制」卻不是，它並沒有網開一面，給歐洲專制以自成一格、高人一等的特惠。在這一點上，甚至不妨說，作為本土概念的中文「專制」，優於西文的 despotism、absolutism。開句玩笑：不妨創制一個 zhuanzhiism，把它推薦給國際學界，用以取代 despotism、absolutism。

四、作為歷史現象的「專制主義」

　　近代以來的民主思想家們，曾激烈抨擊「專制」所造成的「恐怖」、所塑造的「奴性」。但同時，一百年來仍有大量歷史論著，在其之中，中國學者很中性地使用着「專制」一詞。僅以 1949 年後的大陸學術著作為例：說烏魯克城邦的吉爾伽美什「還是一個首領，而不是一個專制君主」，說薩爾貢創立的阿卡德王朝開始「向君主專制過渡」了，說希臘僭主是一種「個人專制獨裁統治」，說赫梯君主已是「專制國王」了，說公元 7、8 世紀傣族社會出現了專制君主「召片領」，說唐代的渤海國已是一個「君主專制政體」了，說 10 世紀中期的高麗王朝「中央集權的專制統治進一步加強」，諸如此類的表達，都是中性陳述，而非譴責指斥。學者還有「無論是遲是早，幾乎所有國家都必須在經歷了專制王權這個

階段之後，才能跨入近代世界的大門」之類論點，並不是只把「專制」看成罪惡的，也看到了它是近代化的一級階梯。在這些中性的歷史研究中，說法老專制，不等於貶低埃及文明；說波斯皇帝專制，不等於貶低波斯文明；說哈里發專制，不等於貶低阿拉伯文明；說拜占庭皇帝專制，不等於貶低拜占庭文明；說莫臥兒皇帝專制，不等於貶低印度文明；說沙皇專制，不等於貶低俄羅斯文明；說天皇專制，不等於貶低日本文明。

　　對於秦帝國與秦始皇，歷史學者曾頗有讚辭，如：其「封建專制主義中央集權制度是適應封建經濟基礎的新的上層建築」，[69]「秦王政創建了專制主義中央集權的政治制度，樹立了絕對皇權，鞏固了統一。秦王政的這些活動，把中國封建社會的歷史推進到一個新階段」，[70]「諸侯割據稱雄的封建國家結束，專制主義的中央集權的漢族統一國家開始了。這是古代歷史上特出的偉大事件」。[71]說秦始皇「專制」，當然也不等於貶低中華文明。人家沒那個意思，就不好強加。與暴君、暴政之類不同，在上述中性用法中，「專制」是被歷史地看待的，它曾在人類史上廣泛存在，東西方都有過；「專制」的正當性因時而異，兩千年前創立專制被說成是「進步」，兩千年後推翻專制也被說成是「進步」。如人所說：每個時代都面對着它自己的上帝。

69　郭沫若主編：《中國史稿》，北京：人民出版社1979年版，第2冊，第121頁。

70　翦伯贊主編：《中國史綱要》，北京：人民出版社1983年版，上冊，第99頁。

71　范文瀾、蔡美彪等：《中國通史》，北京：人民出版社1994年版，第2冊，第3頁。

近代啟蒙者的言論，給人以專制與自由水火不容、「漢賊不兩立」之感。普希金把專制者斥為魔王、兇手、惡棍，[72] 譚嗣同把兩千年的帝王斥為「大盜」。[73] 然而歷史學者卻要把更多事象納入視野。跟現代民主相比，專制確實是壓制民權、壓制自由的；但跟其他各種傳統政權、跟原生性社會相比，問題就複雜多了。

大型專制政權，要以發達的官僚組織為條件；而大型官僚組織的演生，又要以充分的社會分化和「自由流動資源」(free-floating resources) 作為條件。社會分化的推進，把人們從先賦的、親緣的、地域的和身份的傳統束縛中解放出來，由此出現了政治、經濟與文化資源的自由流動，這是官僚集權體制的社會基礎。[74] 不要忽略，大型專制政權多半都出現於經濟文化相當發達的文明，出現於更複雜、更流動的社會，在其之中，民眾得以超越了凝固的傳統，擁有了原生社會不曾有的諸多自由，其生活也更為豐富多樣，儘管集權政府在努力把社會納入管控。

「自由」總要先滋生出來，才能談管控。如果「自由」指的是更多的個人可選項，那麼就很難說，漢代農民比生活單調的周代井田農民更不自由，或者比歐洲貴族領地上的農奴更不自由。秦漢以來，民眾在選擇居地、選擇職業、支配私產、接受教育、擔任公職等方面的自由，比起西周春秋以上，肯定是增加而不是減少了。甚至平等程度也增加了：貴族性身份藩籬被突破，「選賢任能」為平民進入政府敞開大門。二千年中中國人的經濟生活，

72　普希金：〈自由頌〉，收入《普希金全集》，烏蘭汗等譯，杭州：浙江文藝出版社1997年版，第1卷，第337–338頁。

73　譚嗣同：〈仁學‧仁學一〉，《譚嗣同全集》(增訂本)，北京：中華書局1998年版，第337頁。

74　艾森斯塔得：《帝國的政治體系》，第30–31頁以下。

甚至婦女的實際生活，[75]並不比歐洲中世紀交納結婚稅、遷徙稅、繼承稅的農奴更差，[76]人身自由、財產自由更少。康有為說中國古代「上雖專制而下實自由」，[77]梁啟超也認為「故秦漢以降，我國一般人民所享自由權，比諸法國大革命以前之歐洲人，殆遠過之」。[78]又秦暉：「與其他前近代文明相比，中國人（中國『小農』）對社區（而不是對國家）而言的『自由』是極為可觀的。」[79]專制時代的中國社會經常呈現出旺盛活力，存在着形形色色的組織與活動，如詩文社、私學、教團、商團、慈善事業，及傳統的宗族及幫會等。倒不是說經濟文化的繁榮與生活之多樣化是專制帶來的，只是說大型集權體制的演生，要以經濟文化發達，以社會的複雜化、流動化為條件。給工商業一定自由，讓它們繁榮起來，政府的稅收就滾滾而來；給私學、書院一定自由，國家所需

---

75 彭慕蘭（Kenneth Pomeranz）提出，至少在18世紀中葉以前，中國人的生活水平可以跟歐洲相提並論。見其《大分流：歐洲、中國及現代世界經濟的發展》，史建雲譯，南京：江蘇人民出版社2003年版，有關部分。李伯重也看到，中國宋代的江南農業領先於世界大多數地區，並在17世紀依然保持着先進地位。見其《理論、方法、發展趨勢：中國經濟史研究新探》，北京：清華大學出版社2002年版，第231頁。李伯重還認為：「較之在宗教束縛下的中世紀乃至近代早期的歐洲許多地方的婦女，明清中國不少地方的婦女在社會中的實際地位可能要更高（至少並不低）。」見其〈問題與希望：有感於中國婦女史研究現狀〉，《歷史研究》，2002年，第6期，第156頁。

76 西歐封建時代農奴所須承擔的結婚稅、遷徙稅、繼承稅，可參看黃春高：《西歐封建社會》，北京：中國青年出版社1999年版，第235頁以下。

77 康有為：〈孔教會序二〉，收入《康有為政論集》，北京：中華書局1981年版，下冊，第735頁。

78 梁啟超：《先秦政治思想史》，北京：中國人民大學出版社2012年版，第5頁。

79 秦暉：〈「大共同體本位」與傳統中國社會〉，收入《傳統十論》，上海：復旦大學出版社2003年版，第91頁。

的人力與文化資源就能得到補充。其他大型集權帝國亦然。無論如何，專制與自由並不僅僅是對立關係，在特定意義上，它們也曾是伴生現象。

倫斯基（G. E. Lenski）還提出了這樣一個問題：「官僚政治與貴族政治的比重，無疑對社會生活的許多方面都有影響。對於統治者和執政階級以及接近執政階級的人來說，這具有明顯的意義，但對於普通老百姓、農民、手工業者、賤民、被遺棄者們的生活是不是有大的影響，不得而知。這是一個重要問題，值得更加細緻和更加系統的研究。」[80]倫斯基把君主、中間階層和民眾視為三方，分別觀察權力結構變化對三方的不同影響，這個思路頗有價值，值得發揮。專制的典型形態是君主與官僚的結合，而不是與貴族的結合；貴族制充分發展，就可能走向「封建」，「封建」是一種分權體制，在其中存在着眾多的自主單元。當政體在「專制」、「封建」之間發生變動時，權貴精英的權勢、身份和財富所受衝擊最大，下層平民就不一定了。

專制造成的所謂「恐怖」，首當其衝的是權貴精英。孟德斯鳩已注意到這一點了：「專制國家的大人物們的地位極不穩定；而君主政體的性質卻使君主國家的大人物們的地位穩固安全。」[81]又托克維爾：「羅馬皇帝可以濫用權力，蠻橫地奪去一個公民的財產或生命」，然而「他的暴政對某些人來說是沉重的壓迫，但

80　倫斯基：《權力與特權：社會分層的理論》，關信平、陳宗顯、謝晉宇譯，杭州：浙江人民出版社1988年版，第253頁。

81　孟德斯鳩：《論法的精神》，上冊，第95頁。又：「老百姓應受法律的裁判，而權貴則受君主一時的意欲的裁判；最卑微的國民的頭顱得以保全，而總督們的頭顱則有隨時被砍掉的危險。……多米先可怖的殘酷，使總督們非常畏懼，因而在他的治下的人民的生機略得到了恢復。這正像洪水毀壞了河岸的一邊，而在另一邊卻留下了田野。」同書，上冊，第27頁。

並未擴及大多數人。暴政只以幾個重大的人物為對象，並不施於其他人。暴政是殘酷的，但是有一定的範圍。」[82]周秦漢間，由封建制向帝制轉型，這時候「大人物」的沉淪，令賈誼感慨不已：「王侯三公之貴，皆天子之改容而禮也，……令與眾庶徒隸同黥、劓、髡、刖、笞、僇、棄市之法。」[83]一份考古研究顯示，戰國君權與貴族的此消彼長，在墓葬、都邑、人殉的等級規模上反映出來了：在貴族勢力較大的東方列國，君主、卿大夫、士的級差比較均衡；而在秦國，無論墓葬、都邑、人殉，都是秦王一家獨大，從而生動地展示了卿大夫階層的萎縮。[84]是否可以這麼看呢：專制帝王的巨大財富，主要是從「大人物」、從中間階層，而不是從小農那裏分割來的。

專制暴君往往橫徵暴斂，但很難說封建主在一己領地上，就不會橫徵暴斂。魯國的季孫氏「富於周公」，家臣冉求「為之聚斂而附益之」，這是領主搜刮民財的例子。魯哀公加倍徵收賦稅，還說「二，吾猶不足」，這是國君搜刮民財的例子。專制帝王令人「恐怖」，可封建主對其臣民奴僕，未必就是寬厚友好的。比如楚公子子木這傢伙，就曾「暴虐於其私邑」。中世紀的西歐領主在一己領地上，也是橫徵暴斂，無法無天的。[85]並非沒有這樣的皇帝：很惡劣地對待其大臣，加給民眾的賦役卻不沉重。「主昏於上，政清於下」的情況也有，「嚴明以馭吏，寬裕以待民」的

---

82 托克維爾：《論美國的民主》，第868頁。

83 閻益振、鍾夏：《新書校註》，北京：中華書局2000年版，第80頁。

84 梁雲：《戰國時代的東西差別：考古學的視野》，北京：文物出版社2008年版，相關各章。

85 贊恩：《法律的故事》，于慶生譯，北京：中國法制出版社2011年版，第185頁。

情況也有。嚴復已看到：「蓋專制之立，必有其所以立者。究其原因，起於卵翼小民，不使為強暴所魚肉。如一國之中，強桀小侯林立，必天王專制於上，尊無與並，而後其民有一息之安。」[86]又章太炎：「人主獨貴者，其政平。不獨貴，則階級起。……夫貴擅於一人，故百姓病之者寡。」[87]不妨說專制與封建，是一個「唯一的大恐怖」與「眾多小恐怖」的區別。因專制受害者首先是權貴精英，所以專制的抵制者或挑戰者，首先也是他們。工商精英、知識精英在民主化中獲益最大，故反抗專制最早最力。小農最終也將從民主化中獲益，然而他們遵行「生存倫理」和「安全第一」原則，天然地不歡迎變革，[88]其生計通常不會因民主化而立即改善，所以政治上相對消極。在馬克思看來，小農甚至是君主專制的社會條件——「波拿巴王朝是農民的王朝」。[89]

當然不是說，「大人物」的榮譽、財產與生命就可以任意踐踏。對任何人的不公平都是不公平。我們確信，「民主化」是更文明的、使所有人免於恐怖的政治競爭形式，不但民權得以伸張，「大人物」也將從中受惠。這裏只想説明，「專制」也是一個中性概念，專制與自由的關係，還可以從社會流動分化來認識；對專制與「恐怖」的關係，還可以把不同階層分開來討論。

86　嚴復：《政治講義·第八會》，《嚴復全集》，方寶川、林大津點校，福州：福建教育出版社2014年版，卷六，第66頁。

87　章太炎：〈秦政記〉，《章太炎全集》，上海：上海人民出版社1985年版，第4卷，第71頁。

88　斯科特：《農民的道義經濟學：東南亞的反叛與生存》，程立顯、劉建等譯，南京：譯林出版社2001年版，第1章，第16–43頁。

89　馬克思：《路易·波拿巴的霧月十八日》，《馬克思恩格斯全集》，中共中央馬克思恩格斯列寧斯大林著作編譯局譯，北京：人民出版社1961年版，第8卷，第216頁。

　　專制也是適應性演化的自然選擇。公眾是否接受這種政體，因時代、價值觀而異。也如傳統家庭、包辦婚姻之類，近代它們一度備受斥責——「家庭是黑暗專制到極點」，「『家』是寶蓋下面罩着一群豬」。[90]最終傳統家庭、包辦婚姻讓位於現代家庭、自主婚姻了，但這不意味着數千年的傳統家庭、傳統婚姻全都是悲劇、噩夢，它們曾有其存在的合理性。人類史上存在過奴隸制，但也不必因為譴責的存在就拋棄「奴隸制」這個學術概念，因為這種制度確實存在過。正如林達所說：「專制制度的存在並非奇恥大辱，因為每個國家都經歷過專制。它像奴隸制一樣，只是人類政治制度發展的一個階段，一種形式。只是，在現代文明已經非常深入人心的今天，作為一個大國，斷然拒絕走出專制，就有可能給自己帶來恥辱。」[91]人類史其實是很蒼涼的，有過壓榨、剝奪，有過征服、奴役，也有過專制。中國史並不是桃花源，理應直面正視，秉筆直書。

　　如果接受「中國專制主義」的話，還能帶來這樣一個學術便利：有利於解釋當代中國的某些重大現象。清帝國瓦解僅僅40年，一個新的中央集權體制便得重建。毛澤東掌握了巨大的個人權力，甚至出現了個人崇拜與文革悲劇。那僅僅是外源因素造成的嗎？1981年中國共產黨《關於建國以來黨的若干歷史問題的決議》認為：「長期封建專制主義在思想政治方面的遺毒仍然不是

90　分見沈雁冰：〈家庭改制的研究〉，收入《五四時期婦女問題文選》，北京：
　　生活·讀書·新知三聯書店1981年版，第247頁；曹禺：《家》，收入《曹
　　禺戲劇集》，成都：四川文藝出版社1985年版，第223頁。
91　林達：〈心有壁壘 不見橋樑〉，http://www.tianya.cn/publicforum/Content/
　　no01/1/259235.shtml。

很容易肅清的，……使黨的權力過分集中於個人。」[92]鄧小平也
指出：「權力過分集中於個人或少數人手裏，……這種現象，同
我國歷史上封建專制主義的影響有關」，「舊中國留給我們的，封
建專制傳統比較多，民主法制傳統很少」，現存的官僚主義、家
長制、君臣關係等等現象，都跟這種傳統相關。[93]反思文革原因
時人們沒太費力，就看到了兩千年政治體制的深遠影響。它就矗
立在那裏，舉目即見。中國共產黨業已坦率承認了「專制遺毒」
的存在，學者何必諱而不言呢！如果把帝制中國視為「專制主義」
的，那麼對領袖專權、個人崇拜、權力過分集中等現象，以及政
治民主化依然面臨的重重困難，就可以提供一種兼顧內源、外源
的學術解釋了。反之，如果說帝制中國並非「專制」的，甚至如
錢穆所說是「民主」、是「憲政」，那麼，那些現象就得統統歸結
為外源因素了。然而我很懷疑那種解釋的充分性。

五、名實之間：作為「標籤」的「專制主義」

　　是否晚清的改革者出於政治需要，給皇帝誤戴了一頂「專制」
大帽子呢？今之中國制度史研究，已深入到各個細微之處；相比
之下，一百年前的中外學人，也許只是觀其大要而已。但「通
覽」、「遙看」可以把握基本輪廓；埋頭深鑽某一細部，也會有「只
見樹木，不見森林」之病。今人可能比前人更客觀、更中立，但

92　中共中央文獻研究室編：《關於建國以來黨的若干歷史問題的決議》（註釋
　　本），北京：人民出版社1983年版，第39頁。

93　鄧小平：〈黨和國家領導制度的改革〉，《鄧小平文選》，北京：人民出版社
　　1994年版，第2卷，第329、332頁。

嚴復、康有為、梁啟超那一代人仍有一個學術優勢：他們曾真正生活在帝制之下，親歷身受，有切膚會心之感。這樣一點，又是今人所不及的。你說皇帝不專制，你見過皇帝嗎？今人對皇帝的認識是書本裏得來的，甚至是從小說戲劇影視中得來的。「紙上得來終覺淺，絕知此事要躬行」，「伴君如伴虎」是什麼光景，自居臣妾、三拜九叩是什麼滋味，嚴復、康有為、梁啟超們比我們清楚；他們遊歷歐美日印時，對各國政體巨大差異的強烈感受，也與今人判然不同。民國幾十年中，仍有不計其數的前清親歷者活在世上，他們對「皇帝專制」仍無異辭。今人可能更客觀，但也不能太自信了。比方說，告別文革才三十多年，親歷者與青少年的看法就大相徑庭了，後者的若干「紅色想像」，浪漫得讓人感嘆世事滄桑。今人未必就不受情感、時政左右了。因文化情感或政治需要，反過來一心讚美傳統政制，其可能性也是有的。

　　其實，「民主」最初不一定是正面語詞。柏拉圖 (Plato)、亞里士多德對雅典民主都有微辭。此後很長一段時間，歐洲人眼中的「民主」，是跟混亂、無政府、蠱惑宣傳以至血腥聯繫在一起的，令人搖頭扼腕。甚至在1830年波旁王朝被推翻之前的30年中，反民主的主張仍佔上風。[94] 只是現代科技、工業與市場，才給民主化提供了現實的空間與平台。直到20世紀，「反民主的公開論點作為一種概念，已經幾乎完全在世界上多數國家的公共辯論中消失了」。[95] 儘管厭惡民主者實際上為數甚眾，但「民主」依然成了國際公共論辯的主流話語了，以至有人另闢蹊徑，轉而在

94　馬斯泰羅內：《歐洲民主史：從孟德斯鳩到凱爾森》，黃華光譯，北京：社會科學文獻出版社1990年版，第49頁以下。

95　亨廷頓：《第三波：20世紀後期民主化浪潮》，劉軍寧譯，上海：上海三聯書店1998年版，第55頁。

傳統中尋找「民主」，或把某種體制説成「新式民主」。與之相應，「專制」一語相形見絀，黯然失色。文革之後，對「專制」的譴責再度升溫。所以對很多國人來說，「專制」就是一個貶義詞。帶着「溫情與敬意」捧讀國史，冷不丁冒出來「專制」一詞，難免刺眼傷心，面對西方人的歷史優越感，繼踵而來的還有不快。隨經濟崛起，歷史自豪感大增，對「中國專制」的排斥便與日俱增。

也如資本主義、社會主義之類語詞，雖然其差異是客觀存在的，兩個概念在學術上是有用的，然而它們又已政治化了。相對於事物的實態，國人更關注的是事物與自己的關係，[96]「好不好」比「真不真」更重要。對於常人，感情是不能討論的，正如信仰不能討論一樣。一個概念如果陷入了政治化，使用中它就會遇到障礙，由此降低了這個概念的便利度。與之同時，權力高度集中的那種君主制，又是客觀存在的。那麼又一個選擇浮現出來了：變換「能指」，另覓「標籤」。類似的事情，生活中時有其事。像指稱特殊群體的稱謂，就經常成為敏感詞，隨後出現替代語。

前文已指出了若干選項，例如：否定「專制」之為一種政體；或不否認專制政體，只否認「中國專制」。後一做法又包括兩種選擇，或否認中國皇帝是「絕對權力」，或承認它是一種集中化權力，但另覓一個更中性的提法。最後一個選擇，就等於是「換標籤」。

---

96 對人或現象行為的特點與規律，中國人往往把重點放在它們與自己的「聯繫」上，所以其描述有明顯主觀色彩，描述與評價混融，以評價為主；而西方人習慣於把重點放在對象的自身特點與規律上，偏重於客觀描述。以描述性和評價性的人格形容詞為例，二者西方各佔46%與53%，中國各佔38%與62%。參看王登峰、崔紅：《解讀中國人的人格》，北京：社會科學文獻出版社2005年版，第225頁以下。

中國史書中的「專制」本指臣下專權。今轉指君主專權，非其古義。日本學者多用「獨裁」，此詞與「專制」同義，現在也不是中性字眼兒了，卓別林的一部名片就題為《大獨裁者》。萬昌華建議參照《商君書‧修權》「權者，君之所獨制也」一語，名之為「君主獨制」或「君主獨制主義」。[97]平心而論，「獨制」確實兼合古義、今義。然而語言是約定俗成的，以「獨制」取代「專制」的前景黯淡。

有學者主張用「君主制」來代替「專制」，認為專制主義一般就是君主制，君主制就是個人獨裁。這做法可行嗎？我的看法是否定的。在亞里士多德那裏，「君主制」與「蠻族王制」是有區別的。在孟德斯鳩那裏，君主制與專制也有區別，區別在於是否存在分權制衡和強大的「中間階層」。絕大多數傳統政權都有君主，貴族制下也有君主，民主制下也有君主。籠統使用「君主制」一詞，無法反映其間差異。「專制」所提供的認知便利，就在於區分君權強弱，那麼，替代概念就應保留這個便利，保留其區分君權強弱的功能。

這樣看來，即便用「君主制」做替代，也應加上一個限定詞，比如「集權」二字。即，以「集權君主制」為替代。「集權」使之與非集權君主區別開來，「君主」表明存在君臣關係，存在臣民的人格依附與君主的人身支配，由此跟各種現代集權制區別開來。本文覺得，「集權君主制」是「專制」的較好替代，假如決意「換標籤」的話。

在一段時間中，中國學者往往用「集權」特指「中央集權」，用於中央與地方之間，與「君主專制」的提法分用並行。若放棄

97　萬昌華：〈一場偏離了基點的知識考古〉，《史學月刊》，2009年，第9期，第106頁。又據《史記‧李斯列傳》，李斯上書秦二世時，也使用了「獨制」一語：「主獨制於天下而無所制也，能窮樂之極矣。」

「專制」用語，「集權」一詞就要「一身二任」了。不過這問題不算太大，可以將就湊合。當然不要忘記，若放棄「專制」字樣，就應一視同仁，對所有同類政權一律免去「專制」之名。同時在中文英譯之時，不妨使用較為中性的 autocracy。

當然這裏所說的只是客觀選項，至於各人如何抉擇，那就只能「各行其是」了。每一種抉擇，都牽涉到了政治觀念、文化心理、民族感情等眾多因素。「包辦婚姻」或「奴隸制」離我們已遙遠了，所以這些語詞不至引起麻煩了；而「專制」一詞，是因民主化大潮而成為通用語的，所以，只要人類史上的這場民主化運動尚未曲終奏雅，與「專制」相關的學術糾葛就不會匿跡銷聲。至於本文的目的，只是儘量客觀地辨析這個概念的各種可能性。再說一遍：本文的中心詞是「分類便利」。

本文原刊於《北京大學學報》2012年第6期

第二章

「中國專制主義」問題續談

在2012年，我發表了〈政體類型學視角中的「中國專制主義」問題〉一文（後文簡稱〈政體類型〉）。[1] 因個人承擔中國古代政治制度史教學，閱讀寫作及教學答疑時，便經常面對「中國專制主義」這個概念，相應地就積累了一些資料，那篇文章就來自相關資料的積累。文章的寫作目的，並不是要提供標準答案，徑直回答「是」或「不是」，而是提供相關資料，辨析其間關係，以便給學生提供更多的觀察點。文章發表時，因篇幅關係而內容頗有刪削，在此之後，又積累了若干新的想法。現將曾經刪削者與近來積累者整理出來，續談如下，以用作教學參考資料。

1　閻步克：〈政體類型學視角中的「中國專制主義」問題〉，《北京大學學報》，2012年，第6期，第28–40頁。已收入本書。

一、實證與評價之間：孟德斯鳩

1. 實證與評價：「專制」概念的兩個層面

　　白樂日 (Étienne Balazs) 有這麼一句話，殊堪玩味：「初步印象常常是正確的。兩個人初次見面時是這樣，兩種文化初次接觸時也是這樣。」[2] 就連心理學研究也顯示，第一感覺的準確度，相當之高。清末東西方初次接觸時，雙方便形成了「第一印象」，中文「專制」概念就隨之誕生了。如我〈政體類型〉一文之徵引，這個概念的最初含義是「政令之權，全出於一國之君者，曰專制」。把初始含義用做基準點，可以為討論帶來特殊便利。

　　由此基準點看過去，此後論者語中的「專制」就逐漸「發散」，各自不同了。有人心中的「專制」是一種統治者，即暴君；也有人心中的「專制」是一種統治狀態，即暴政。而「政令之權，全出於一國之君者，曰專制」，指向一種體制，一種充分組織化，且權力高度集中於君主個人的體制。夏桀、殷紂、秦始皇、隋煬帝，不妨說都是暴君、都實行暴政，但在政治學的視野中，秦始皇、隋煬帝可以說是「專制君主」，若把夏桀、殷紂說成「專制君主」，就不合適了。

　　中文語境中習用的「君主專制」，日人多稱「君主獨裁」。「專」與「獨」意思相同，指的都是個人獨掌、個人獨斷。日人宮崎市定在討論宋代皇權時，對所謂「獨裁」二字有一個說明：「君主獨裁，並不是說君主恣意而為。從官制上來說，是把儘量多的機關置於君主的直接指揮之下，所有的國家組織，只由君主一人之手

2　白樂日：《中國的文明與官僚主義》，黃沫譯，台北：久大文化有限公司1992年版，第27頁。

統轄。」[3]面對這一段論述，王化雨就看到了一個中日之異：「『君主獨裁』，中日兩國的理解也有差異。日本學者提到『獨裁』，基本是在講一種制度化的行政模式，並不認為它意味着『天子的肆意妄為』，而中國學者在提到『獨裁』時，則常含有『天子肆意妄為』的意思。」[4]其實，若僅就辭書中的定義而言，中文語境中的「專制」定義跟宮崎市定所闡述的「獨裁」，無大不同，至今猶然。茲以《現代漢語詞典》為證，其釋專制：「（最高統治者）獨自掌握政權。」[5]許金龍在翻譯孟德斯鳩的《論法的精神》時，也特意向讀者提示，中文「專制」一詞不含有暴君、暴政之意，而在法文 despote、despotisme、despotique 所指的政體之下，臣民與奴隸無異，君主就是暴君。[6]

在孟德斯鳩的筆下，「專制的原則是恐怖」，「肆意妄為」被說成專制的一個特徵。這個命題顯然含有貶義，或說含有價值判斷，已不是單純的事實陳述了。休謨早就提出，「是不是」與「應該不應該」並非一事，不可混淆。[7]也許是有感於歷史學家不善區分二者，韋伯還特意提醒人們：「可以舉出我們的歷史學家的著作來證明，無論何時，一旦學者引進個人的價值判斷，對於事實

3　宮崎市定：〈東洋的近世〉，黃約瑟譯，收入《日本學者研究中國史論著選譯》第1卷《通論》，北京：中華書局1992年版，第191頁。

4　王化雨：〈「唐宋變革」論與政治制度史研究——以宋代為主〉，收入李華瑞主編：《「唐宋變革」論的由來與發展》，天津：天津古籍出版社2010年版，第175頁。

5　中國社會科學院語言研究所詞典編輯室：《現代漢語詞典》（第5版），北京：商務印書館2005年版，第1788頁。

6　許明龍：〈《論法的精神》譯者附言〉。孟德斯鳩：《論法的精神》，北京：商務印書館2015年版，譯者附言，第101–102頁。

7　休謨：《人性論》，關文運譯，北京：商務印書館1980年版，第509頁。

的完整瞭解，即不復存在。」[8] 根據這個「事實／價值二分法」，「專制」概念也有「實證」和「評價」兩個層面：一個是客觀的權力結構，一個是主觀的評價、態度。倒不是說皇帝不「恐怖」、不會肆意妄為，只是說孟德斯鳩的那段表述不中性，不是價值無涉（value free）的，含有孟德斯鳩的個人評價，含有這位偉大啟蒙思想家的愛憎取捨。而且，那也是其他西方啟蒙思想家，以及俄國、日本、中國改革者的愛憎取捨。現代公民得以享有民主自由，係啟蒙者、改革者之所賜。為此，人們對他們懷有深深敬意。如果說「專制」一詞含有貶義，那貶義就是這麼來的。「中國專制」概念的反對者，其所反對的，其實只是那個「貶義」而已。

然而「專制」概念，畢竟還有一個實證層面。前述中文辭書中的「專制」定義，就相當中性，並沒把「恐怖」、「肆意妄為」作為要件，這個「專制」並不是暴君、暴政的同義詞。在清末民初，無論革命派、維新派還是守舊派，對「中國專制」的提法，或接受、或默認，卻鮮有反對者。這現象很奇怪嗎？毫不奇怪。為什麼連守舊派都不反對「中國專制」呢？因為那種「政令之權，全出於一國之君」，恰好就是中國皇帝所追求的，也是守舊派全力維護的。至於維新派，他們也不是這麼對皇帝呼籲的：你的暴君之制、暴政之制必須改革了！他們是這麼呼籲的：「政令之權，全出於一國之君」的制度已不合世界潮流，皇上您不妨改弦更張。假設我們從秦始皇開始，一個一個地徵詢歷代皇帝：您覺得「政令之權，全出於一國之君」的制度好不好呢？我斷定皇帝們將欣然首肯，而不會怒目揮拳的。中國皇帝全都贊成「專制」，

8　韋伯：《韋伯作品集》I《學術與政治》，錢永祥等譯，桂林：廣西師範大學出版社 2004 年版，第 177 頁。

今人卻非說中國皇帝「不專制」，沒發現這很矛盾麼？

在清末，無論革命派、維新派還是守舊派，對「專制」這個概念本身都無異議，不同的只是態度取捨。就連清末的臣工奏摺，也已把現行帝制稱為「專制」了，也有說「實兼專制、立憲之美意」的。時人所云「專制」到底指什麼呢？孔子有言：「我欲載之空言，不如見之於行事之深切著明也。」[9] 在「專制」問題上，「空言」就是辭書之詞條、書本之釋義；「行事」就是實例，就是世界上具體哪些國家屬於「專制」。我主張兩路進軍、包抄合圍，不能僅僅在詞條、釋義上摳字眼兒，還應觀察清末人士心中的「政體譜系」，看他們把哪些國家視為專制國家。在此首先就能看到，對世界各主要國家的政體類型，包括其在古代、中世紀與近代的政體變遷，例如從家族制、酋長制到封建制、民主制、共和制的進化，清末民初的知識界在努力學習，反覆討論，細緻比較，而且已是通過「譜系」來識別「專制」政體的了。

清末學人已知道古希臘為民主制，古羅馬經歷了共和制、元首制了，這就不必說了。進而是當代政體。「今之言國體者，曰專制，曰立憲，曰共和」，[10]「俄、法、美、英、德、日本六大強國，為君主專制者一，為民主共和者二，為君民共主立憲者三。不相為謀，各取所適。」[11] 在此種「譜系」之中，美國、法國為民主共和，英國、德國、日本為君主立憲，莫臥兒王朝、沙俄、土耳其為君主專制，那麼大清帝國與誰為伍、同屬於哪種政體，不

9　《史記》卷一三〇〈太史公自序〉，北京：中華書局2004年版，第3004頁。

10　康有為：〈擬中華民國憲法草案〉，《康有為全集》，北京：中國人民大學2007年版，第10卷，第39頁。

11　楊纘緒等：〈具稟新疆省公民楊纘緒等〉，收入全國請願聯合會編：《君憲紀實》，1915年刊行，第51頁。

言自明。所以在清末，「政體譜系」本是一清如水的，假如什麼人忽然説「我大清不是專制」，那就是笑話，等於天方夜譚。若大清不是專制，難道還會是「大清式立憲」、「大清式民主」嗎？當時的清廷君臣沒那麼聰明。

說各種政體「不相為謀，各取所適」，意思説它們各自選擇了適合一己「國情」的那一種政體。政體優劣跟具體「國情」相關，對這一點，時人也有了明確認識。梁啟超還認為，專制與非專制各有其「極良」和「極不良」的形式，還説「非專制優於專制」的説法也是一種「武斷」。[12] 此處「武斷」一語指主觀價值評判，人們不能拋開具體情境，先行判定「非專制優於專制」。又章太炎：「民主立憲、君主立憲、君主專制，此為政體高下之分，而非政事美惡之別。專制非無良規，共和非無秕政。」[13] 又嚴復：「天下仍須定於專制。不然，則秩序恢復之不能，尚何富強之可跂乎？」[14] 又楊度：「以專制行立憲，乃以利國」，「挾專制之權以推行憲政」。[15] 20世紀30年代又有一場民主與專制的大討論，論戰的兩方分別以蔣廷黻與胡適為代表。蔣廷黻宣稱他主張「個人的

---

12 梁啟超：《開明專制論》，收入《梁啟超全集》，北京：北京出版社1999年版，第5卷，第1462頁。

13 章太炎：〈大共和報發刊辭〉，收入《章太炎政論選集》，北京：中華書局1977年版，下冊，第537頁。

14 嚴復：〈與熊育錫（一）〉，《嚴復全集》，馬勇、徐超、黃令坦編校，福州：福建教育出版社2014年版，第8卷，第603頁。

15 楊度：〈君憲救國論〉，收入《楊度集》，長沙：湖南人民出版社1986年版，第572頁。

大專制」，但不是「數十人的專制」。[16]以上「專制」之辭，顯然都不是「君主肆意妄為」的意思，而是指一種權力結構，而且這個意義是中性的。由此又見清末「專制」一詞，首先有一個中性詞義，其貶義是延伸出來的，是對這種權力結構的主觀取捨、價值選擇。

可以說，中國帝制屬於「政令之權，全出於一國之君」那種政體，在清末民初根本無須討論，除了「專制」，它還能是什麼政體呢？由此，國人在政體譜系中明確了中國帝制的位置，這是一個重大學術進步——此前國人只知道明君、暴君之別，卻不知道政體之別，而現在人們看到，大清之政體與沙俄、土耳其同屬一類，跟法、美，跟英、德、日迥然有別。君主專制、君主立憲、民主共和幾個新術語，照亮了現行政體，提供了未來選項。包括「專制」在內的這套政體概念，在當時不可或缺，沒有了它們，近代那場政體變革的偉大意義，就全都模糊了。

當然，「專制」一詞僅僅揭示了中國王朝體制的一個特定方面，即其皇權的特點，肯定不能概括其所有方面。着眼於中國王朝的其他特點，還須借助更多概念，這方面已經看到了「官僚帝國」、「儒教國家」、「選舉社會」、「士大夫政治」等語詞。但在描述中國皇權時，「政令之權，全出於一國之君」一點畢竟無法抹煞。百年來學者又考察了更多專制政權。它們的權力結構，它們的君臣關係，它們的內廷、后妃、侍衛、宦官制度，以至宰相、財政、軍政、司法、選官、監察、考課、文書、地方行政、

16　蔣廷黻：〈論專制並答胡適之先生〉，《獨立評論》，第83號，1933年12月31日。關於這場討論，以及各位參與者對「專制」概念的認識，可參看智效民編：《民主還是獨裁：70年前一場關於現代化的論爭》，廣州：廣東人民出版社2010年版，所收各篇論文。

基層組織等制度，或大同小異，或形異神似。那麼，除了政治需要或文化感情之外，還有什麼理由不把它們視為同類政體呢？「政令之權，全出於一國之君」這種事情，在古今中外是客觀存在的，即便不樂意叫它「專制」，也得另找一個詞語來指稱它。其實百年之後，到了21世紀，忽然有人力辯帝制中國不是「專制」了，這倒很值得深究，可以寫一部專著的。

2. 孟德斯鳩：權力分置與中間階層

《論法的精神》刊於二百六七十年前，篳路藍縷、前修未密之處，容或有之，近年仍能看到對其粗疏抵牾之處的指摘。不過孟德斯鳩的貢獻依舊積澱下來了。對專制他並不只是在道義上加以指斥，在實證和理論層面上，也贏得了不朽創獲。從歷史學出發，我認為其政體理論的最卓越處，是把如下兩個視點綜合起來了：

1. 是否存在立法、司法與行政的權力分置。如果那些權力集中於一人之手或一個機關之手，那麼，那個體制就趨於專制。
2. 是否存在着足夠強大的中間階層。領主、僧侶、貴族、市民等都可以構成中間階層。如果中間階層足夠強大，其時的君主就難以專制。

在我的理解中，前一視點，可以說是「政治制度的結構」；後一視點，可以說是「政治勢力的結構」。所謂「勢力」，包括各種群體、集團、階層、階級等政治力量。通俗地說，一個是「制」的方面，一個是「人」的方面，兩方面結合起來，就是「政治體制」。

　　從不同政治機關的權力關係來看專制，孟德斯鳩無疑是貢獻最大的學者。早在古希臘、古羅馬，對於不同機關分掌不同權力、並彼此協調的問題，就已出現過討論了。洛克（John Locke）期望通過分權來抑制專斷，我們由此反推，就是集權就將走向專斷。孟德斯鳩進而區分「三權」、主張「權力分置」，又邁出了決定性的一步。

　　至如從「政治勢力」的角度區分政體的思路，在古希臘的政治學中也有萌芽。亞里士多德曾説：「各種政體的差別就在於其權力階層的不同；例如有的政體由富人當權，有的由賢良之人當權，依照同樣的方式，其他政體由相應的其他階層當權。」[17]富人當政，就形成了寡頭政體；窮人當政，就形成了平民政體。這就意味着「權力階層」可以決定政體的性質。當然，亞里士多德的論述只能説是萌芽而已。這裏的「階層」概念不怎麼清晰（另一譯本把「階層」譯作「人們」[18]），只涉及了變態政體。其區分人群的尺度如品德、財富、門望等，也失於模糊。

　　在啟蒙時代，貴族勢力限制君權的政治功能，得到了人們的充分重視。培根云：「一個完全沒有貴族的君主國總是一個純粹而極端的專制國，如土耳其是也。因為貴族是調濟君權的，貴族把人們底眼光引開，使其多少離開皇室。」[19]孟德斯鳩進一步提

17　亞里士多德：《政治學》，顏一、秦典華譯，北京：中國人民大學出版社2003年版，第98頁。

18　參看亞里士多德：《政治學》，吳壽彭譯，北京：商務印書館1965年版，第152頁。「那些城邦因執掌主治機構的人們各不相同而性質各別：其一是以最高治權寄託於富戶〔寡頭政體〕；另一寄託於才德〔貴族政體〕；餘者類此，各有偏依。」

19　弗·培根：《培根論説文集》，水天同譯，北京：商務印書館1983年版，第46頁。

出：「最自然的中間的、附屬的權力，就是貴族的權力」，「在沒有貴族的君主國，君主將成為暴君」，「請把君主政體中的貴族、僧侶、顯貴人物和都市的特權廢除吧！你馬上就會得到一個平民政治的國家，或是一個專制的國家」。[20] 強大的中間階層，在當時就是貴族、僧侶及市民勢力，它們的存在足以使一個君主政體不至滑落到專制。由此可以看到，「政治勢力」確實是「權力結構」性質的決定因素之一。

在孟德斯鳩之後，偏重政治制度或偏重政治勢力，就成了觀察政體的兩種學術取向了。沿着「政治勢力」路線前進的政治學家，這裏暫以莫斯卡 (Gaetano Mosca) 作為例子。

在19世紀末，莫斯卡對亞里士多德的君主制、貴族制、民主制的分類，以及孟德斯鳩的絕對君主制、有限君主制、共和制的分類，提出了批評，認為這種着眼於「政府形式」的分類，並不能充分反映政體差異：有些國家同屬專制，其統治階級的狀況卻相當不同；分屬君主制與共和制的國家，又可以存在相似性。在他看來，政體差異應取決於「其領導者階級的構成和功能的不同」。為此，莫斯卡揭舉「統治階級」概念——這個概念所指的是一種「政治階級」(political class)，而不是馬克思的經濟意義上的階級——由此出發，莫斯卡提供了一個三對六類的政體模式：民主制與貴族制，自由制與獨裁制，封建制與官僚制。[21]

如前所述，亞里士多德、孟德斯鳩對政體與階層的關係已有觸及，所以莫斯卡批評他們忽略了「統治階級」，稍失公允。而

20　孟德斯鳩：《論法的精神》，張雁深譯，北京：商務印書館1961年版，上冊，第16頁。

21　莫斯卡：《統治階級：政治科學原理》，賈鶴鵬譯，南京：譯林出版社2002年版，或《政治科學要義》，上海：上海人民出版社2005年版，第2、3章。

莫斯卡本人的政體觀，不妨說是「政治勢力」視點的一個「深刻的
片面」。所謂「片面」，是就其過分淡化「政府形式」而言的；所謂
「深刻」，是說孟德斯鳩所謂「中間階層」，只是一種「中間的、附
屬的、依附的權力」而已，而莫斯卡的「統治階級」，已是一個「行
使所有社會職能，壟斷權力並且享受權力帶來的利益」的階級
了。由此，莫斯卡──還有帕累托 (Vilfredo Pareto) 等──開啟
了「精英研究」的學術潮流。拉斯韋爾、卡普蘭直接以不同類型
的精英支配為準，區分出了官僚體制、貴族統治、倫理統治、民
主統治、體力統治、財閥統治、技術專家統治與意識形態統治等
八種政體。[22] 政治學者還提出：「不同的社會群體，有時是社會
階級，在政治結果上有對立利益。這些在政治結果上的對立利益
轉化為在政治制度形式上的對立利益。」[23]「利益」作為紐帶，把
「人」與「制」兩方面聯繫起來了。又，傳統的民主理論聚焦於政
府內部制衡，而主張「多元民主論」的達爾 (Robert Dahl) 另覓途
徑，轉而探討利益集團、社會團體構成的多元制衡，[24] 也等於是
由「制」而向「人」偏轉了。

　　在近代之初，梁啟超對政治制度與政治勢力兩個視點，竟然
均已融會貫通。其〈中國專制政治進化史論〉有言：「貴族政治為
專制一大障礙。其國苟有貴族者，則完全圓滿之君主專制終不可
得而行」；「貴族政治者，雖平民政治之蟊賊，然亦君主專制之悍

22　拉斯韋爾、卡普蘭：《權力與社會：一項政治研究的框架》，王菲易譯，上
　　海：上海人民出版社2012年版，第192頁。

23　阿塞莫格魯、羅賓遜：《政治發展的經濟分析：專制和民主的經濟起源》，
　　馬春文等譯，上海：上海財經大學出版社2008年版，序言，第2頁。

24　達爾：《多元主義民主的困境：自治與控制》，尤正明譯，北京：求實出版
　　社1989年版，第37頁以下。當然達爾所關注的，主要是社會上的各種自
　　治組織。

敵也。試徵諸西史，國民議會之制度殆無不由貴族起」。[25]梁啟超利用貴族制、封建制、中央集權與皇帝專制等概念，把周朝定性為封建制、貴族制，把秦漢以下定性為中央集權制、皇帝專制，初次搭建了一個中國政治史框架。這篇名作，理應列入歷史系學生的必讀書。

對於中國史研究，這個「制度—勢力」二元觀照，也具指導意義。比如說，對戰國秦漢間的政治轉型，就可以解析出「制」與「人」兩條線索：「制」的方面，是君主集權體制和官僚行政體制的發展；「人」的方面，是官吏、軍人、士人諸階層的崛起，以及貴族的衰落。在分析傳統政治時，「貴族政治」、「軍人政治」、「士大夫政治」、「門閥政治」以至「宦官政治」、「外戚政治」之類用語，都是根據某集團的特殊權勢來命名政治形態的。日本學者把六朝隋唐看成是中國史的「中世」，其特點是「貴族政治」，這就是用政治勢力做時代標誌。韓國學者朴漢濟用「胡漢體制」、「僑舊體制」兩個概念，分指北朝的胡族、漢族勢力所支撐的政治形態，及南朝的僑人、吳人勢力所支撐的政治形態，[26]具有類似意義。業師田餘慶的門閥政治研究，集中於政治勢力，而我的

---

25 梁啟超：〈中國專制政治進化史論〉，收入《梁啟超全集》，第3卷，第777、782頁。

26 可參看朴漢濟：〈北魏王權的胡漢體制：有關北魏社會變質問題〉，收入韓國東洋史學會編：《中國史研究的成果與展望》，北京：中國社會科學出版社1991年版，第87–107頁；〈「僑舊體制」的展開與東晉南北朝史：為整體理解南北朝史的一個提案〉，收入中國魏晉南北朝史研究會編：《魏晉南北朝史研究》，武漢：湖北人民出版社1996年版，第21–35頁。中國學者對朴漢濟兩個「體制」概念的評價，可參看周偉洲：〈「胡漢體制」與「僑舊體制」論：評朴漢濟教授關於魏晉南北朝隋唐史研究的新體系〉，《中國史研究》，1997年，第1期，第164–168頁。

思考偏重於政治制度。若用「制度史觀」來把握魏晉南北朝這個時代，那麼兼綜「人」、「制」就有可能構成一個突破之點。

在〈政體類型〉一文中我談到，區分政體一向有兩個經典模式：「由誰來統治」，與「為誰而統治」。其中「由誰來統治」這一思路，被亞里士多德落實在「一個人」、「少數人」或「多數人」的區別之上了。而孟德斯鳩對貴族、僧侶、領主、市民等中間階層的討論，開啟了又一進步：把「由誰來統治」落實到相關政治勢力之上，進而把「政治制度」與「政治勢力」兩方面，有機結合起來了。這個「制度─勢力」的政體模式，歷史學家可以奉為指南。「中國專制」概念的贊成者或反對者，若在實證層面討論政體，則也需要在「制度」、「勢力」兩方面同時應答。那麼作為一種政治勢力的「官僚」問題，就順理成章地進入討論範圍了，詳下。

二、專制、官僚制、官僚帝國

在「中國專制」的討論中，文官制是一個聚焦之點。不乏這樣的看法：傳統中國的文官體制十分發達，文官並不是皇帝的奴僕，皇權受文官體制，特別是受相權的制約，所以皇帝不是專制的。

那麼首先，官僚組織的公共性、自主性，及官僚與皇權的關係，就都值得討論了。官僚制與政體是什麼關係，孟德斯鳩未及深論，因為直到19世紀，西方才發展出了較成熟的官僚體制，孟德斯鳩尚不及見，當然也沒預料到它在未來的重要性。然而百年來的政治學研究顯示，對認識傳統政體，尤其對認識帝制中國這類政體，官僚制舉足輕重。

1. 官僚制與專制

現代世界的官僚制與威權、獨裁、極權息息相關，已成學者共識。在〈政體類型〉一文中，我對之已有簡要引證。再從歷史上看，若某個君主擁有一大群行政官僚，那麼他是一名專制者的嫌疑，就大大增加了。

亞述國王「通過一個文官體系和常備軍來實施統治」。古埃及「法老政府的管理通常以中央集權的官僚主義制度為特徵」，這是一個「典型的官吏國家」。古羅馬共和國在走向帝國的過程中，「官僚機構急劇膨脹」了，「原來的機構末端已經成為延伸部分，成為中央機構的分支，被劃分成合乎邏輯的等級」。阿拔斯王朝的哈里發「建立了一個享有薪俸的官吏們所組成的官僚政體」。拜占庭的帝國官員由皇帝任命，他們的薪俸構成了財政開支的大頭，僅宮廷官吏即達5,000人，僅首都的政府機關就有2,500個之多，佔全國官署的1/6。在莫臥兒帝國，僅就擁有「曼薩卜達爾」身份的官員而言，1690年為11,456人（另說8,000人），他們並不是官吏的全部。奧斯曼的國務會議之下是「一整套精心完善的龐大官僚機器」，17世紀前期中期文官約3萬，武官約6萬，遍佈於各政府部門的文書們，日復一日地埋頭文牘。普魯士是一個「至高無上的官員隊伍的國家」，19世紀初約有2.3萬官吏，20世紀初，其法官與行政官膨脹到了39萬。19世紀中期的法蘭西第二帝國，「有龐大的官僚機構和軍事機構，有複雜而巧妙的國家機器，有五十萬人的官吏隊伍和五十萬人的軍隊」。

在擁有龐大官吏隊伍一點上，上述政權特徵相同。莫斯卡提出：「行使公職並從中央政府或者其他地方機構接受薪水的官

員數量越多，一個社會就越是官僚化。」[27]官吏在總人口中的佔比，跟這個社會的官僚化程度成正比。

中國這邊的情況呢？西漢末年的帝國人口是5,959萬，其時正編官吏達十二三萬。[28]這樣的政府規模與官民比，可以跟19世紀80年代的美國比肩，此時美國人口恰好在6千萬上下，公務員也是13萬餘。[29]西漢末的帝國官數是同期羅馬帝國官數的20倍之多。到了公元4至5世紀，羅馬帝國大大官僚化了，即便如此，西漢官數仍是它官數的4倍。[30]盛唐之時官、吏合計約36.8萬。[31]

27　莫斯卡：《統治階級：政治科學原理》，第133頁。

28　西漢末官數，據《漢書》是12萬餘，據《通典》是13萬餘。東漢官數，據《通典》是15萬餘。兩漢間的官數差異，除了其他因素之外，還跟編制擴充有關——西漢一些沒有進入編制的低級吏職，到東漢被納入編制，成為「員吏」了。參看拙作：《從爵本位到官本位：秦漢官僚品位結構研究》（增補本），北京：生活・讀書・新知三聯書店2017年版，第517–518頁。

29　1884年的美國公務員為131,208人。參看曹志：《資本主義國家公務員制度概要》，北京：北京大學出版社1985年版，第38頁。1880年美國人口為5,015.6萬，1890年為6,294.8萬。參看恩格爾曼、高爾曼主編：《劍橋美國經濟史》第2卷《漫長的19世紀》，王玨、李淑清譯，北京：中國人民大學出版社2008年版，第107頁，列表4.2。

30　P. Garnsey and R. Saller, *The Roman Empire: Economy, Society and Culture*, Berkeley: University of California Press, 1987, p. 20; H. Bielenstein, *The Bureaucracy of Han Times*, Cambridge: Cambridge University Press, 1980, p. 156. 分別轉引自李峰：《西周的政體：中國早期的官僚制度和國家》，吳敏娜等譯，北京：生活・讀書・新知三聯書店2010年版，緒論，第1頁，註2；芬納：《統治史》第1卷《古代的王權和帝國：從蘇美爾到羅馬》，馬百亮、王震譯，上海：華東師範大學出版社2010年版，第317頁。直到公元4至5世紀，羅馬帝國的職官也只有3萬個而已。

31　參看《通典》卷四〇〈職官二二・秩品五〉：「都計文武官及諸色胥史等，總三十六萬八千六百六十八人。」王文錦等標點，北京：中華書局1988年版，第1106頁。

清後期官、吏、衙役合計可達一二百萬，[32]這是1884年美國公務員總數的十幾倍。帝制中國的官吏數量，幾乎在各個時代都名列世界前茅，中國政府始終是世界上最龐大的政府。韋伯認為：中國「可說是近代特有的和平化與官僚化社會的最佳代表」。[33]在顧立雅（Herrlee Creel）看來，秦漢集權官僚制水準，超越了同期的羅馬帝國，跟20世紀的超級國家已很相似了。[34]參照芬納的幾個比較，可以認為漢朝的官僚制度比同期的羅馬帝國更為先進。[35]福山甚至斷言，秦始皇的制度是「強大現代制度」，「西漢的中國政府幾乎符合現代官僚機構的全部特徵」。[36]在中國學者這方面，1910年梁啟超率先指出，中國傳統政體是一個官僚政

32　太平天國之前，清廷的文武官職位約2.7萬，胥吏、差役的隊伍則非常龐大。費正清說，若把閣人、差役、轎班都算上，清朝官吏無疑有上百萬人，真正有官銜的則不會超過三四萬人。《美國與中國》，張理京譯，北京：世界知識出版社1999年版，第106頁。杜聯喆曾提出，清末約有4萬文官、120萬書寫人員和50萬以上的差役，總計170萬人以上。轉引自魏特夫：《東方專制主義：對於極權力量的比較研究》，徐式谷、奚瑞森、鄒如山等譯，北京：中國社會科學出版社1989年版，第321頁。據王雪華估算，僅州縣衙門的吏胥，總計便達130萬人。見其〈清代吏胥制度研究〉，武漢大學歷史學院2004年博士論文，第52頁。又據周保明估算，清朝有近200萬吏役。見其《清代地方吏役制度研究》，上海：上海書店2009年版，第210–211頁。

33　韋伯：《韋伯作品集》III《支配社會學》，康樂、簡惠美譯，桂林：廣西師範大學出版社2004年版，第162、183、234頁。

34　H. G. Creel, "The Beginning of Bureaucracy in China: The Origin of Hsien," *Journal of Asian Studies*, XXXII, 1964, p. 155.

35　芬納：《統治史》第1卷《古代的王權和帝國：從蘇美爾到羅馬》，王震、馬百亮譯，上海：華東師範大學出版社2010年版，第357頁以下。

36　弗朗西斯·福山：《政治秩序的起源：從前人類時代到法國大革命》，毛俊杰譯，桂林：廣西師範大學出版社2012年版，第126、131頁。

體：「全世界行官僚政治之國有四：曰德意志，曰日本，曰俄羅斯，曰我中國。」[37]

可以說，典型的專制政權，都以發達的官僚組織為特徵。甚至不妨說，「專制」這東西就是通過一群官吏來實現的。官僚制以系統、精準、高效的方式，落實了「絕對權力」。部落酋長、遊牧君主即便專橫暴虐，與專制帝王仍不能混為一談：他們的權勢沒有官僚制的穩定支持。日知認為，先秦的桀、紂、厲、幽不算專制君主，秦始皇才算。[38]其道理顯而易見：秦始皇擁有集權官僚制，夏王、商王、周王沒有。

在孟德斯鳩討論政體之時，官僚制的重要性，令人惋惜地被忽視了。而在孟德斯鳩之前，16世紀的馬基雅維里已看到，君主可以分為兩類：一類君主通過一群臣僕來統治，臣僕身份取決於君主的恩寵，如土耳其皇帝；一類君主與諸侯共同實行統治，諸侯擁有自己的領地臣民，如法蘭西國王。[39] 17世紀的盧瓦索區分開了兩種貴族：承擔公職的公共型貴族，享有土地的私人型貴族，前者支配臣民，後者支配奴僕。[40]對君主或貴族的上述分類，都以官吏或公職為着眼點，都涉及了一個漸進歷程：「臣僕」與公共型貴族，成了歐洲近代官僚之來源。官僚制之發展，與王權之強化，相得益彰。

37　梁啟超：〈官制與官規〉，《飲冰室文集點校》，昆明：雲南教育出版社2001年版，第2冊，第861頁。

38　日知：〈「東方專制主義」問題：政治學、歷史學二千多年來的誤解〉，《中西古典學引論》，長春：東北師範大學出版社1999年版，第365頁。

39　馬基雅維里：《君主論》，潘漢典譯，北京：商務印書館1986年版，第18–19頁。

40　盧瓦索：《貴族論》。轉引自狄驥：《公法的變遷：法律與國家》，冷靜譯，瀋陽：遼海出版社、春風文藝出版社2005年版，第19–20頁。

從古希臘直到孟德斯鳩的政體區分，主要着眼於統治者的不同類型。現代政體學有了較大變化，更多地採用「政治體系」視角，視線擴展到了整體結構。這樣一來，「官僚制」的問題就凸顯了。比如說，學者隨即就把封建制（及貴族制）與官僚制視為兩極了。亨廷頓概括說：官僚制國家是一個「金字塔式權威結構」，封建國家卻是一個「等級權威結構」，「官僚政治國家的實質是權力自上而下的單向流動，封建國家的實質是處於社會—政治—軍事結構中不同等級的人們分享權力和義務的雙向制度」。[41] 由於權力的分立制衡可以打破「權力自上而下的單向流動」，所以達爾指出：「在民主國家，政治和官僚精英力量固然強大，遠勝於普通公民，但他們還不是專制君主。」[42] 反過來說，如果沒有制衡機制，官僚制便是通往專制的康莊大道。李劍鳴：「單一的行政首腦體制具有先天的非民主特性。」[43]

2. 文官體制對皇權的限制

當然，對於專制皇帝，文官體制確實也可以構成限制的。皇帝的權力可以分為兩種，一種是基於制度、法律的規範化權力，一種是不受制度、法律約束的「為所欲為」權力。[44] 這樣兩種

41　亨廷頓：《變動社會中的政治秩序》，王冠華、劉為等譯，北京：生活·讀書·新知三聯書店1989年版，第134–135頁。

42　達爾：《論民主》，李柏光、林猛、馮克利譯，北京：商務印書館1999年版，第123頁。

43　李劍鳴：〈《世界歷史上的民主與民主化》導言〉，收入李劍鳴編：《世界歷史上的民主與民主化》，上海：上海三聯書店2011年版，第43頁。

44　可參看祝總斌：〈試論我國封建君主專制權力發展的總趨勢——附論古代的人治與法治〉，收入《材不材齋文集——祝總斌學術研究論文集》，西安：三秦出版社2006年版，下編，第16頁以下。

權力的並存，也是官僚體制的固有特點。[45]當上峰試圖大刀闊斧突破慣例時，下屬既可以因其不合成規而加抵制，也可能因其既得利益受損而加抵制。那麼首先，文官體制對皇帝的後一種為所欲為的權力，確實是有限制作用的。「政治的支配者在面對訓練有素的官吏時，經常會發覺自己就像個面對着『專家』的『外行人』。」[46]官僚行政是一種「專家行政」，操縱這架複雜機器，就不能無視技術規程。進而，官僚們還經常發展為利益集團。皇帝好比僱主，官僚好比僱員，若僱員聯合起來跟僱主鬥心眼兒、爭利益，這僱主就有麻煩。

余英時甚至斷言：「君權的行使在事實上所遭到最大的阻力，則來自傳統的官僚制度。」儒家意識形態當然也限制了皇帝——文化學者往往過分誇大這種限制——可余英時認為，那些文化性的限制其實相當微弱，只有官僚制的限制才比較真實。史實表明，即令是「絕對權力」，也可能在官僚面前一籌莫展。余英時舉例說：普魯士的腓特烈大帝屢次下詔廢除農奴，都受阻於官僚而失敗了，可見若得不到官僚們的支持，國王也不能有何作為。[47]密爾（John Mill）也提到了這樣一點：「沙皇本人也沒有權力反對那個官僚集團；他能把那個集團的任何一人放逐到西伯利亞，但是他不能脫離他們或者違反他們的意志而進行統治。他們對於沙皇的每項詔令都有一個不聲不響的否決權，只要不把它付

45　具有可比性的是，克羅齊埃認為領導人擁有兩種權力：制定和頒佈規章制度的權力；做例外處理、對規定視而不見的權力。兩種權力要找到最佳結合點。見其《科層現象》，劉漢全譯，上海：上海人民出版社2002年版，第199頁。

46　韋伯：《韋伯作品集》III《支配社會學》，第71頁。

47　余英時：〈「君尊臣卑」下的君權與相權〉，《歷史與思想》，台北：聯經出版事業公司1976年版，第52頁。

諸實施就得了。」[48]又如奧斯曼帝國的官僚們，也時不時地跟皇帝鬥心眼，抵制改革。

不過，余英時最終這樣總結：「官僚制度畢竟只是傳統政治體系中的一部機器，它本身在很大的程度上仍是受君權操縱的。它只能要求操縱者遵守機器運行的合理軌道，但是卻無力阻止操縱者運用這部機器去達成甚至是相當不合理的任務。」熟悉中國古代政治的學人，對此必能心領神會。孔飛力的名著《叫魂》頗受讚揚，此書獨到之處之一，就在於揭示了清朝皇帝是如何以反常規手段，來馴服官僚的「常規權力」的。[49]在中國，官僚與皇權間的角力勝利者，通常都是皇帝。那麼第一，文官體制所限制的，主要是皇帝的「為所欲為」權力，但並不危及，甚至是維護皇權神聖性的；第二，官僚「常規權力」形成的限制，也經常被中國皇帝輕易突破。

官僚階層的自主性大小，因時而異，更準確地說，因其與統治者的關係而異。在17至19世紀的普魯士，羅森伯格看到了兩種情況：在弗里德里克‧威廉一世這個惡霸的統治下，官僚「出於恐懼而屈從於權威」；而拿破崙時代的普魯士由一群職業官僚統治着，君主宛如一名「最高行政長官」。羅森伯格把前者稱為「王朝專制主義」（dynastic absolutism），把後者稱為「官僚專制主義」（bureaucratic absolutism）。[50]二者都屬專制主義，但在「官僚專制主義」之下，王權的亮度下降，官僚的權勢變得耀眼了。

48　密爾：《論自由》，許寶騤譯，北京：商務印書館1959年版，第133頁。

49　孔飛力：《叫魂：1768年中國妖術大恐慌》，陳兼、劉昶譯，上海：上海三聯書店1999年版，第248–250頁。

50　H. Rosenberg, *Bureaucracy, Aristocracy and Autocracy, The Prussian Experience 1660–1815*, Boston: Beacon Press, 1958, pp. 18–19, 38–41.

如果官僚階層的權勢與自主性繼續增長，發生了特權化、封閉化以至世襲化，還可能發生「官僚的貴族化」。拉斯基指出：「在極端的情況下，官僚還會變成世襲階級（a hereditary caste），為他們的個人私利而操縱政權。」18世紀的法國官僚就曾經蛻變為貴族。[51] 艾森斯塔得把兩種不同的官僚取向區分開來了：「服務取向」與「自利取向」，後一取向的極端發展，會使官僚變成貴族的一部分。[52] 倫斯基提出了一個以官僚與貴族為兩極，以此來「衡量官僚和貴族的連續統」的分析法，[53] 不同政權中的官吏在這個「連續統」上處於不同位置，可能偏向官僚一端，也可能偏向貴族一端。

官僚制與貴族制的此消彼長，官僚、貴族與王權之間的「打」或「拉」，是具有普遍性的重大歷史現象。阿拔斯王朝的哈里發，以官僚來取代了阿拉伯貴族；普魯士的弗里德里克‧威廉一世讓中產階級出身的官員擔任高職，「因為這些人比貴族更聽話」；在法蘭西第二帝國，專制者與官僚合作，「消滅人民群眾和國家權力之間的貴族中間階梯」。類似的此消彼長、或打或拉，在傳統中國也經常發生。戰國變法的目的之一就是打擊貴族，實行官僚政治，最終迎來了皇帝專制；而魏晉以來情況相反，此時官僚的主體蛻變為士族門閥，學者稱之為「官僚貴族化」。[54] 在上述「官

51　Harold J. Laski, "Bureaucracy," *Encyclopaedia of the Social Sciences*, New York: The Macmillan Company, 1930, vol. II, pp. 70–71.

52　艾森斯塔得：《帝國的政治體系》，第280頁以下。

53　倫斯基：《權力與特權：社會分層理論》，關信平、陳宗顯、謝晉宇譯，杭州：浙江人民出版社1988年版，第253–254頁。

54　如宮崎市定：《九品官人法研究：科舉前史》，韓昇、劉建英譯，北京：中華書局2008年版，第三篇第一節「貴族制與官僚制」，第329–333頁；王亞南：《中國官僚政治研究》，北京：中國社會科學出版社1981年版，第7篇「官僚貴族化與門閥」，第79–89頁。

僚─貴族」的「連續統」上，中古官僚向「貴族」一端偏轉了很多。
士族權勢一上升，皇權便相形失色了。對漢晉南朝門閥與皇權的
此消彼長，田餘慶的《東晉門閥政治》一書提供了卓越闡述。而
在北朝，那種「此消彼長」是反向的，如黃惠賢所論：「十六國北
朝時期由少數族軍事貴族專政向專制主義中央集權過渡，皇權的
極度強化，促使少數族貴族走上官僚化道路。」[55]

中古皇權的「盛─衰─盛」的歷史軌跡告訴我們：官僚是可以
限制，甚至削弱專制的，不過那是通過「官僚貴族化」的方式來實
現的，而這反過來就侵蝕了文官體制自身。此時文官體制扭曲衰
敗，而不是更成熟發達了。用文官制的成熟發達來論證某個政體
「非專制」的學者，不能不把此類現象考慮在內，修訂一己之見。

3. 作為政體概念的官僚制

由此看來，一大群官吏的存在，本身就是一種決定政體的因
素。因時代關係，18世紀的孟德斯鳩對官僚制問題，還未及充
分考慮。到了19世紀，歐洲的官僚制贏得了長足發展，隨即就
有人把官僚制看成一種統治形式、看成一種 rule by the bureau 的
政體了。[56] 隨後拉斯基概括說：「官僚制這一術語通常用於一種
政體，它完全由官員控制，以至於官員的權力損害了普通公民的
自由。」[57] 阿爾布羅（Martin Albrow）評述說：「如果徑直以『誰掌

55　黃惠賢：《中國政治制度通史》（白鋼主編），北京：人民出版社1996年
　　版，第4卷（魏晉南北朝卷），第17–20頁。

56　畢瑟姆：《官僚制》，韓志明、張毅譯，長春：吉林人民出版社2005年版，
　　第3頁。

57　Harold J. Laski: "Bureaucracy," *Encyclopaedia of the Social Sciences*, vol. II, pp.
　　70–71.

握權力』而不是『權力對誰有利』這種方式提出問題，那麼，官僚制、君主制或貴族制的概念，就可以看作是對在任何時候都掌握權力的群體或個人的性質的說明」；「政權的類型劃分應以不同群體的相對權力作為基礎，某一社會可能比其他社會更具官僚制性質。」[58]若用「政治勢力」區分政體，那麼，領主們塑造了封建制，貴族們塑造了貴族制，僧侶們塑造了神權制，平民或市民塑造了民主制，官僚們憑什麼就不能塑造一種官僚制呢？

拉斯基的歷史觀是「歷史乃是各集團間鬥爭的紀錄」，[59]其政體觀，可以歸為「政治勢力」那一類模式，而且含有馬克思「國家是統治階級的工具」論點的影響。20世紀以來，一些馬克思主義學者也日益感覺，官僚制的問題已無法繞行，必須給予更大的重視。囿於經典的階級理論，托洛茨基等人認為官僚尚不能構成一個階級，但也開始使用「官僚專制」概念了。[60]德熱拉斯（Milovan Đilas）、魏特夫則創造性地發展了階級理論，前者把蘇聯等國家

58　阿爾布羅：《官僚制》，閻步克譯，北京：知識出版社1991年版，第84–85頁。

59　拉斯基：《國家的理論與實際》，王造時譯，北京：商務印書館1959年版，第74頁。

60　托洛茨基：《被背叛了的革命：蘇聯的現狀及其前途》，柴金如譯，北京：生活‧讀書‧新知三聯書店1963年版，第182頁。恪守馬克思的階級理論、認為官僚並不能構成階級的學者，還有波朗查斯（Nicos Poulantzas），見其《政治權力與社會階級》，葉林、王宏周、馬清文譯，北京：中國社會科學出版社1982年版，第5編，第3、4章；以及曼德爾：《權力與貨幣：馬克思主義的官僚理論》，孟捷譯，北京：中央編譯出版社2001年版，第32頁。當然曼德爾（Ernest Mandel）也看到：「人們認為工人國家裏的官僚們的某些表現與一個社會階級的表現沒有很大區別：無限的權力，精神和物質上的特權，對既得的和需要保護的特權的集體意識。」《關於過渡社會的理論》，王紹蘭、高德平譯，北京：人民出版社1982年版，第82–83頁。

中的官僚視為一個階級，後者把東方專制政權的官僚視為一個階級，一個足以決定政體類型的統治階級。[61]梅洛蒂(Umberto Melotti)繼踵而來，申說「官僚主義的集體制」概念，[62]這在上世紀80年代對中國學人產生了不小影響。(附帶説，毛澤東也曾有「官僚主義者階級」的提法。[63])

在前述莫斯卡的三對六類政體中，「官僚體制」居於其一，跟封建制構成一對。拉斯韋爾、卡普蘭根據不同精英的支配地位而區分出的八種政體中，官僚體制單獨列為一種。[64]阿倫特闡述了「傳統官僚政體」跟現代極權主義的區別——也就等於把二者聯繫起來了，前一種政體在歐洲的實例，是沙俄帝國與奧匈帝國，它們是「藉由官僚直接統治人民(不僅僅是剝削而已)的政府」。[65]艾森斯塔得的《帝國的政治體系》，為「歷史官僚帝國」(historical bureaucratic empires)這種體制，[66]構建了一整套分析框架，可以視為傳統專制官僚政體的教科書。

61　德熱拉斯：《新階級》，陳逸譯，北京：世界知識出版社1963年版，第34頁。魏特夫提出，東方專制國家的經濟是「一種管理者的和純屬政治性質的經濟」，其「國家政權都是階級結構的一個主要決定因素」，因此「需要有一種關於階級的新的社會學」。《東方專制主義：對於極權力量的比較研究》，第13、315、314頁。這就把馬克思的階級理論推進了很大一步。

62　梅洛蒂：《馬克思與第三世界》，高銛、徐壯飛、涂光楠譯，北京：商務印書館1981年版，第157頁以下。

63　毛澤東：〈對陳正人關於社交蹲點情況報告的批語和批註〉，收入《建國以來毛澤東文稿》，北京：中央文獻出版社1998年版，第11卷，第265頁。

64　拉斯韋爾、卡普蘭：《權力與社會：一項政治研究的框架》，第192頁。

65　阿倫特：《帝國主義》，蔡英文譯，台北：聯經出版公司1982年版，第178、182頁；《極權主義》，蔡英文譯，台北：聯經出版公司1982年版，第259頁。

66　艾森斯塔得：《帝國的政治體系》，閻步克譯，貴陽：貴州人民出版社1992年版，第12頁。

韋伯的「家產官僚制」概念,對歷史學者也有一定影響。韋伯把「傳統型」支配形式,區分為家父長制 (patriarchalism)、家產制 (patrimonialism)、家產官僚制 (patrimonial bureaucracy) 等。家父長制以個人性的「恭順」為基礎。若主宰者擁有了行政官吏和軍事手段,家產制就出現了,「臣民」也出現了。封建制便被認為是一種家產制。如果官吏制度繼續發展,就登上了家產官僚制的台階,告別封建制了。進入現代社會,支配形式進化為「法理型」官僚制。韋伯這個模式,是以支配形式的「三分法」為基礎的:傳統型、法理型和卡里斯瑪型。近年來,政治學者仍在嘗試用「家產官僚制」概念,協助理解傳統中國政治。[67]

百年來對官僚政體的研究,收穫頗豐。如果忽略了相關進展,仍舊拘泥於孟德斯鳩的政體理論,那就是一個很大的缺憾。可以這麼説,所有未能充分考慮官僚制現象的中國政體討論,都必定變得陳舊,而且已經陳舊了。劉澤華云:「皇帝與官僚的結合,是中國古代君主專制政治的主體。」[68]這是一個恰當論斷,也是很多學者的共同看法。我曾設想,若對「專制」一詞懷有排斥心理,那麼也可以改稱「集權君主制」。現在又可以補充説,「官僚帝國」也是「換標籤」的一個可選項。「帝國」二字表明這是一個由帝王統治的大型政體,「官僚」二字顯示了發達官僚機關和龐大官僚隊伍的存在。

---

67 就我最近閲讀所見,周雪光教授〈國家治理邏輯與中國官僚體制:一個韋伯理論視角〉即是一例,見《開放時代》,2013年,第3期,第5–25頁。

68 孫立群、馬亮寬:《士人與社會》「秦漢魏晉南北朝卷」,天津:天津人民出版社1992年版,主編劉澤華〈序說〉,第1頁。

三、法制、專制、「官僚制的法」

1.「依法統治」與「既無法律又無規章」

　　除了權力結構之外，還存在着一種做法：根據是否「依法統治」來辨識「專制」。孟德斯鳩說：「專制政體是既無法律又無規章，由單獨一個人按照一己的意志與反覆無常的性情領導一切」，君主制政體（monarchy）則不相同，它雖然由一人執政，然而是依法執政的。[69]「專制政體是既無法律又無規章」這個認知傳播甚廣，都進了高中生的閱讀資料和歷史考題了。這個「是否依法統治」的視角，其實又給下述論點留下了空間：中國皇帝是依法統治的，所以不是專制君主。

　　確實，若論是否「依法統治」，帝制中國決不是「既無法律又無規章」的。秦始皇開創「海內為郡縣，法令由一統」之局，「秦法繁於秋荼而網密於凝脂」。漢承秦制，法律繁密，「律令塵蠹於棧閣，吏不能遍睹」。唐律是中華法系發達成熟的里程碑，被視為「東亞刑律之準則」。中田薰、仁井田陞看到：「而像唐律那樣的刑法發達程度，可以說在當時世界上無有望其項背者。也就是說，連歐洲劃時代的加洛林法典，不但在時間上比唐律晚了九百多年，其發達程度也不及唐律。甚至和歐洲19世紀的刑法典相比，唐律也毫不遜色。」[70]斯坦頓爵士盛讚《大清律例》的正規、精密和理性：「我們很少發現有歐洲國家的法律像它那樣豐富、

69　孟德斯鳩：《論法的精神》，上冊，第8頁。

70　仁井田陞：〈唐律的通則性規定及其來源〉，收入《日本學者研究中國史論著選譯》，姚榮濤譯，北京：中華書局1992年版，第8卷《法律制度》，第102頁。

連貫、嚴謹，……擺脫了錯綜複雜、頑固褊狹和主觀臆斷。」[71]
至少在12世紀之前，西歐通行的仍是因地因人而異的民俗法，
神判法長期大行其道，周密系統的制定法是人們所陌生的。[72]除
了刑法，中國龐大繁複的行政法規，也極其搶眼。完全可以
說，帝制中國的統治一直「有法可依」，自秦始皇以來，中國皇
帝就是「依法治國」的。那麼，為什麼皇帝「依法治國」、「有法可
依」的中國反倒是專制，領主們各行其是、為所欲為的西歐卻不
是專制呢，好像說不過去吧。

　對此孟德斯鳩也有所解釋：中國的典章制度因專制主義而失
去了效力。他還提出一個原理：專制下的民法、刑法都是簡單
的，民法簡單是因為一切屬於君主；刑法簡單是因為君主意志至
上、民權無足輕重。不過史實似乎更複雜：羅馬帝國趨於專制之
時，民法變簡單了嗎？漢武帝刑法趨繁之時，專制弱化了嗎？魁
奈 (François Quesnay) 的意見與孟德斯鳩明顯不同，其《中華帝國的
專制制度》一書認為：「中國的制度係建立於明智和確定不移的法
律之上，皇帝執行這些法律，而他自己也審慎地遵守這些法律。」[73]
似乎專制帝王可以分成兩類：守法和不守法的。這意味着守法的

71　轉引自何天爵：《中國人本色》，張程、唐琳娜譯，北京：中國言實出版社
　　2006年版，第31頁。譯文又見楊鴻烈：《中國法律發達史》，上海：上海
　　書店1990年，第6頁；衛三畏：《中國總論》，陳俱譯，上海：上海古籍出
　　版社2005年版，上冊，第276頁。

72　中世紀的西歐缺乏系統化的成文法、專門的司法制度、職業法律家及法律
　　著作，參看伯爾曼：《法律與革命》，賀衛方、高鴻鈞、張志銘、夏勇譯，
　　北京：法律出版社2008年版，第46、64、72頁。關於西歐中世紀的神判
　　法，參看 Henry Lee, *The Ordeal*, Philadelphia: University of Pennsylvania Press,
　　1973；巴特萊特：《中世紀神判》，徐昕、喻中勝、徐昀譯，杭州：浙江人
　　民出版社2007年版。

73　談敏譯，北京：商務印書館1992年版，第24頁。

帝王也可以是專制。是這樣嗎？

在國人中，嚴復最早發現了孟德斯鳩的這個理論缺陷：法家主張以法治國，秦帝國法律周密，「而自今觀之，若為專制之尤者。豈孟氏之說非歟？抑秦之治，固不可云專制歟？」嚴復自己的看法是「國君則超乎法之上，可以意用法易法，而不為法所拘，夫如是，雖有法，亦適成專制而已矣」，於是他提示讀者，孟氏「其說多漏義」，「勿遂視為定論也」。[74] 後來蕭公權用「法律不過為佐治之工具」和「其性質殆近於君主意志之成文紀錄」，來解釋法家與秦法，[75] 而這也是很多學者的共識。事實上，專制政權完全可能發展出、並遵循着系統化的法律，同時仍然同現代法治以鴻溝相隔。在這一點上，拜占庭帝國也算一個例子。秦暉指出，拜占庭的法律相當先進，然而其立法精神，卻比古典羅馬距離近代法治更遠，如奧勃連斯基所論，拜占庭是「君主本人根據他頒佈之法律進行統治」。[76] 在拜占庭，「帝國意志的權威性不為法律屏障所約束」，查士丁尼法典包含着「統治者高於法律的觀念」。[77]

孟德斯鳩強調立法權、司法權、行政權不能集中於一人或一

74　嚴復：〈《法意》按語〉，《嚴復全集》，鄭有國、薛菁點校，福州：福建人民出版社2014年版，第4卷，第24頁。又，其時沈家本也認為法家學說是「專制之尤」，西方法治則是保障自由的：「申、韓之學，以刻核為宗旨，恃威相劫，實專制之尤。泰西之學，以保護治安為宗旨，人人有自由之便利，仍人人不得稍越法律之範圍。二者相衡，判然各別。」《寄簃文存》，北京：商務印書館2015年版，第210頁。

75　蕭公權：《中國政治思想史》，瀋陽：遼寧教育出版社1998年版，第251頁。

76　秦暉：〈「大共同體本位」與傳統中國社會：兼論中國走向公民社會之路〉，收入《傳統十論：本土文化的制度、文化和變革》，上海：復旦大學出版社2003年版，第89頁。

77　參看哈耶克：《自由秩序原理》，鄧正來譯，北京：生活・讀書・新知三聯書店1997年版，上冊，第210頁。

個機關，否則自由就不存在了，[78]這個視角非常精彩。那麼對孟德斯鳩「單獨一個人按照一己的意志領導一切」之言，就應結合三權關係來理解。辭書表明，下述觀點已成通識：專制「這種制度的本質是，統治權不受任何其他機構（無論是司法、立法、宗教、經濟或選舉機構）的經常的監督和制約」。[79]立法、行政與司法三權分立，乃英國法治史的發展主線之一。哈耶克特別強調，在涉及公民的財產、人身時，行政部門的自由裁量權必須接受獨立法庭的制衡，這是法治的決定性因素。[80]一旦三權被一個人或一個機關總攬，法律跟政策、政令、指示、意見——古稱制、詔、諭、旨、教、令的那些東西——的分界，就會模糊起來，從而接近了阿倫特所説的「命令統治」（rule by decrees）了。[81]

兩個問題橫亘在這裏了：第一個問題，「王在法上」還是「王在法下」？前者意味着社會中存在這樣一個人，他高居法律之上，永遠不會違法，他的意志就是法，全體官民必須俯首聽命，那麼即便此時法典山積、法制嚴明，也不應視為法治。第二個問題，rule of law 還是 rule by law？Rule of law 係現代法治的核心特徵，rule by law 卻是「統治者以法治國」的意思，類似於 rule by decrees。白剛主編的 10 卷本《中國政治制度通史》指出傳統中國「皇帝就是法律」，張晉藩主編的 10 卷本的《中國法制通史》指出

---

78 孟德斯鳩：《論法的精神》，上冊，第 156 頁。
79 *Britannica Concise Encyclopedia*, Encyclopaedia Britannica Inc, 2006, p. 7，左欄，absolutism。
80 哈耶克：《自由秩序原理》，上冊，第 271–272 頁。
81 阿倫特：《帝國主義》，第 178 頁。「從立法的立場來看，官僚政體的政府是由『命令』支配的政府。」

皇帝「至高無上的權力包括行政、立法和司法都不受制約」，[82] 其意義都不言自明。

2. 柏拉圖與孟德斯鳩的「依法統治」

中西法律傳統各有千秋，各方心目中的「法」，其實不太一樣。西方人更關注君主是否守法，關注是否「法律高於國王」；而中國人更關注君主是否暴虐，即令「守法」也不掩其暴。所以用「是否依法統治」區分政體，在某些地區和時代還算適用，另一些國家和地區就大相徑庭，扞格難通了。

柏拉圖說：「根據是否依法統治，可將每一種（政體）一分為二。」君主制、貴族制是依法統治的，如果不依法統治，它們就分別蛻變為僭主制、寡頭制了。[83] 亞里士多德在比較政體時，也有「專制統治並不同於依法統治」之言，還依據在多大程度上依法統治，把僭主制分成了三種類型。[84]

柏拉圖、亞里士多德心目中的「法」，是什麼樣子呢？在其晚年著作《法律篇》中，柏拉圖認為，法律應出自首領與臣民的約定，若國王保證遵守法律，臣民就保證服從統治。柏拉圖這樣的看法，既是城邦政治的現實反映，也是城邦精神的理論昇華。平民與顯貴的鬥爭引發了一次次改革、一次次立法，構成了希臘

82　白剛主編：《中國政治制度通史》，北京：人民出版社1996年版，第1卷（總論卷），第186頁；張晉藩主編：《中國法制通史》，北京：法律出版社1998年版，第2卷，第61頁。

83　柏拉圖：《政治家》，302D、302E。洪濤譯，上海：上海人民出版社2006年版，第90–91頁。

84　亞里士多德：《政治學》，第12、136頁。

城邦成文法的主要來源。梭倫變法時便制定了一批新法律。據亞里士多德之記述，那些法律被寫在木板上，豎立在王室的柱廊裏，九名執政官須向其發誓：若僭越了某條法律，就得獻塑一座金像。那些法律被沿用了上百年，然而「僭政時期由於廢置不用，梭倫的法律被取消了」。[85] 除了雅典城邦，斯巴達城邦也有每月一次的宣誓，國王發誓恪守法律，監察官則代表城邦宣誓，若國王守信，他們就擁戴國王。[86]

這樣看來，君主依法統治、僭主不依法統治之說，有理有據：「理」就是柏拉圖、亞里士多德的法治主張，「據」就是希臘城邦的法律現狀。問題是，走出希臘城邦法而步入其他法傳統，「是否依法統治」的政體兩分法，依然適用嗎？

再來看孟德斯鳩的「專制政體無法律」。孟德斯鳩的這類論述，似乎可以從修辭學、歷史學、政治學多方理解。

在孟德斯鳩的筆端，韋爾希尼一眼就看到了「修辭」，看到了「感性」與「憤怒」。「他還經常將『一切』和『沒有任何』用作對比和反襯，我們千萬不要因他的刻意斧鑿而中計，說到底，『一切』和『沒有任何』只不過是一種假設的和有意用於簡化的辯證手法」。[87]「既無法律又無規章」、「一個人按一己意志領導一切」的表述，不能說不帶有「極而言之」的意味。一旦論及專制，他這種筆法就激揚起來了：「法律僅僅是君主的意志而已」、「法官本身就是法律」、「膽怯、愚昧、沮喪的人民是不需要許多法律的」。在這類

85　亞里士多德：《雅典政制》，顏一譯，《亞里士多德全集》，北京：中國人民大學出版社 1997 年版，第 10 卷，第 8、25 頁。

86　安德魯斯：《希臘僭主》，鍾嵩譯，北京：商務印書館 1997 年版，第 7 頁。

87　洛朗‧韋爾希尼：〈《論法的精神》導言〉，許明龍譯《論法的精神》，北京：商務印書館 2015 年版，第 83–85 頁以下。

修辭的背後，是孟德斯鳩的立場與態度。專制國家當然也有典章法規，然而在其「法的精神」裏，「人類理性」的含金量太低了，伏膺「自然法」的孟德斯鳩，難免滋生出「惡法非法」的心態來。

當孟德斯鳩為了寫作而廣搜資料時，西歐史上已積累了更多「法律高於國王」的實例，自由之船已在歷史的海平線上露出了桅尖。與此同時，「至高無上的蘇丹」們，塑造了孟德斯鳩對「東方」的第一印象。孟德斯鳩的《波斯人信札》中所說的「東方」（及「亞洲」），往往特指奧斯曼、波斯（及莫臥兒）王朝。[88] 當時矗立在法國人視野中的「東方」，主要也是它們。在那些宗教光暈籠罩的蘇丹政權裏，宗教法（religious laws）取代了世俗法（civil laws），沙里亞法院和卡迪們承擔着民事審判，政府居然沒有立法權，只能頒佈「行政命令」。[89] 只是在《論法的精神》問世百年之後，奧斯曼帝國才開始制訂歐式的商法典、刑法典，設置世俗法院。[90] 如韋尼埃所指出：在這些東方國家裏竟然看不到一部法律，這就讓孟德斯鳩感覺荒唐了，因為他不認為教規可以看成民法。[91] 蘇丹們的顯赫權勢和世俗法的匱乏闕略，看來就給「既無法律又無規章」之說，提供了事實依據。可是，若把那些蘇丹國當做「專制」典範，拿另一些政權來削足適履，是否就以偏代全了呢？

---

88 例如〈信八十〉說到「亞洲政治規則」，後文敘述的是土耳其、波斯和莫臥兒，「那裏的君主本身就是法律」；〈信一百〇三〉說到「亞洲各國君主」、「東方各國國君」、「這種政府是專制與暴虐的」，原註提示：東方「指近東」。羅大岡譯，北京：人民文學出版社1958年版，第141、176頁。

89 高鴻鈞：《伊斯蘭法：傳統與現代化》（修訂版），北京：清華大學出版社2004年版，第100頁。

90 庫爾森：《伊斯蘭教法律史》，吳雲貴譯，北京：中國社會科學出版社1986年版，第124頁。

91 轉引自洛朗・韋爾希尼：〈《論法的精神》導言〉，許明龍譯《論法的精神》，第57頁以下。

　　從政治學上看，在涉及政體之時，孟德斯鳩所説的「法」，
經常特指「基本法」(La loi fondamentale, fundamental laws)。其書
第2章第1節：「那些法直接產生於政體的性質，因而也就是最重
要的基本法。」這段譯文引自許明龍譯本，其「最重要的基本法」
這句譯文，嚴復《法意》作「根本之法典」，在張雁深譯本中是「最
初的基本法律」，其他譯本各有異文。「基本法律」的提法容易被
理解寬泛了，「基本法」則係特定概念，至今已成專名。[92] 基本法
用以確定基本政治原則與政治制度。憲法就是一種基本法。有
人還強調，基本法是用來約束主權而不是約束人民的，不在司法
的範圍之內。當時的法國基本法，涉及了繼承法、國王莊園的不
可轉讓性、貴族和教會和高等法院的特權、貴族和高等法院等中
間權力機構等等。孟德斯鳩既然説基本法「產生於政體的性質」，
就等於在憲法層次上討論問題了。由此，對他的「君主政體即單
獨一人借助基本法治國的政體」、「專制政體國家裏根本沒有基本
法」那些話，就比較好理解了：君主制有基本法，而專制政權沒
有基本法。「沒有基本法」，等於説王權沒有憲政約束，可這還不
等於沒有任何法典規章。

　　總的看來，古希臘學者的「依法統治」，是以城邦法為背景、
為條件的。孟德斯鳩「專制政體是既無法律又無規章」之説，不
能從其總體陳述中割裂出來，只從字面理解。它可能來自對蘇丹
政權的世俗法狀況的觀感，又含有評價成分與修辭意味，不能算
純中性的事實陳述。至於專制政體沒有基本法的論斷，係孟德斯

92　在當代，被稱為「基本法」的法典有兩種，一種是憲法式的，一種是非憲法
　　式的。前者如1949年聯邦德國的基本法，本身就是憲法。香港基本法、澳
　　門基本法雖然只適用於特定地區，但也具有憲法的性質。至於非憲法式的
　　基本法，見於日本、韓國及台灣等地區。

鳩的思想精華之所在，可僅僅把它表述為「不依法統治」，字面
上就看不出那是特指基本法了。

即便把「依法統治」的「法」理解為「基本法」，孟德斯鳩的這
個論斷仍有重大漏洞：假如統治者在「基本法」中明文規定他本
人擁有絕對統治權、終身統治權及家族世襲統治權，那麼這是
「依法統治」還是「不依法統治」呢？這個「基本法」你依不依呢？
孟德斯鳩居然沒意識到這個漏洞的存在，確實非常奇怪，應是他
所熟悉的法律傳統的有限性，遮蔽了他的視野吧。近年已有學者
指出：西方「法治」── rule of law ──的原義是「王在法下」，然
而當它跟中文的、法家式的「以法治國」── rule by law ──混淆
起來之後，歧義便滋生了，以至這「法治」一詞是否還算一個有
效的分析概念，都有疑問了。[93] 就連「治國」二字本身，在中文語
境中都難以洗清傳統意味，暗示着「治人者」與「治於人者」一分
為二，暗示着某個人或某個集團的居高臨下的「治國」特權。

用是否「依法統治」來判斷政體的作法，在現代政治學中已
被放棄，或說很少被直接採用了。即便打算繼承孟德斯鳩這個提
法中蘊含的理念，也應另覓更恰當的語詞取而代之。

3.「官僚制的法」

與「法治」相對，還有一個「人治」的提法。人治、法治二者
是什麼關係，曾在中國法學界引發了很多爭議。[94] 無論如何，「人

93　參看於興中：〈「法治」是否仍然可以作為一個有效的分析概念？〉，《人大法律評論》，2014年，第2期，第3–16頁。

94　可參看張恆山主編：《共和國六十年法學論爭實錄·法理學卷》，廈門：廈門大學出版社2009年版，第73–105頁，第三專題「法治與人治：關於法治問題之爭論」。

治—法治」仍然成了觀察古今法律的一個模式了。就連學生們也經常這樣提問：中國古代是「人治」呢，還是「法治」呢？說它是「人治」吧，中國古代存在着發達的法規典章，也不乏宣揚「依法而治」的學者、官員甚至統治者；說它是「法治」吧，它跟現代法治又大相徑庭。在這地方，昂格爾 (Roberto Unger) 的「官僚制的法」概念，提供了一個解決方案。

昂格爾獨具匠心，區分開了三種法律制度：習慣法、「官僚制的法」和「法律秩序」。所謂「官僚制的法」，「專屬中央集權的統治者和他們的專業助手的活動領域。這種法律是由政府蓄意強加的，而不是社會自發形成的」，中國古代就是這種情況，「在中國古代，行政命令與法律規則之間並無明確界線」，而現代「法律秩序」的特點，則是行政與立法分離，審判與行政分離，存在着不同系統間的權力制衡。[95]

昂格爾的這個論點，得到了滋賀秀三的支持。滋賀通過對清代民事訴訟的具體考察，認為清朝的司法是「行政式」的，等於是官僚機構的社會管理，可以說是一種「父母官訴訟」，跟西歐的那種「競技型訴訟」迥然有別。[96]當然，也有一位安守廉 (William P. Alford)，對昂格爾提出了激烈批評。[97]然而在我看來，安守廉的批評不僅苟碎牽強，尤其是他沒能力提供一套理論，來撼動昂格爾的高屋建瓴。跟「人治—法治」相比，「官僚制的法」

---

95 昂格爾：《現代社會中的法律》，吳玉章、周漢華譯，北京：中國政法大學出版社1994年版，第45、92頁。

96 滋賀秀三：〈中國法文化的考察：以訴訟文化為素材〉，王亞新譯，收入《明清時期的民事審判與民間契約》，北京：法律出版社1998年版，第16頁。

97 安守廉：〈不可思議的西方？昂格爾運用與誤用中國歷史的含義〉，高鴻鈞譯，收入高道蘊等編：《美國學者論中國法律傳統》(增訂版)，北京：清華大學出版社2004年版。

展示了更強勁的解釋力，它有效解釋了這類法律體系的如下特點：既擁有系統繁密的法典規章，又同現代法治涇渭分流。這是一種行政化的法，國家主義的法。

與「人治—法治」的對舉相似，昂格爾的「官僚制的法」與現代「法律秩序」，看上去也構成兩極。然而昂格爾也指出了二者之間存在着重合區，比如說在系統性、複雜性、普適性、確定性上，二者呈現出了「交集」。這個「交集」也是「官僚制的法」塑造的。如韋伯所論，官僚制是一種「法理型的權威」，是「依法行政」的。即：建立關於職責與職權的完備法規，用法規指導一切組織行為。昂格爾還說，「官僚制的法」有時甚至還會展示出一定的「自治性」來，包括實質的、方法論的、機構的和職業的自治。[98]

中華法系與其他法傳統之間，當然會存在「公約數」，例如，都以維護社會正義為任。但是同時，因專制官僚體制的巨大權重，這個法系的重心向一個特定方向偏轉了很多，也就是說，向維繫這個體制的權力架構、身份關係和行政管理的方向，偏轉了好多。「諸法合體」，「民刑合一」，「重刑輕民」，「公法文化」，行政化的法司、法官與法典等，凡此種種，無不發散着「官僚制的法」的氣息。在「人治」、「法治」二詞之外，我認為「官治」、「王法」之辭，更能凸顯這一法系的特徵。學者已看到，這是「一種典型的以行政為主導的法律運行模式」。[99]作為一種國家主義的、高度行政化的法體系，一直影響到當代。在當代，「法是統治階

98　昂格爾：《現代社會中的法律》，第60頁。

99　張洪濤：《國家主義抑或人本主義：轉型中國法律運行研究》，北京：人民出版社2008年版，第237頁。

級的意志體現」、「法是體現執政者意志的社會規範的總和」之類
定義，長期佔據主導地位、深入人心；[100]「中國特色社會主義法
律體系的建構，體現出濃重的國家主義色彩」；[101]「國家主義作為
一種歷史傳統和意識形態，熔鑄在共和國成立以來的理論建構與
制度實踐中」；[102]「國家本位主義是我國刑事訴訟立法中最為根本
的指導思想」；[103]「以國家權力和當事人義務為主要特徵的立法指
導思想，是民事程序立法中國家本位主義指導思想的最為核心的
內容」。[104]而法律國家主義傾向，以及司法行政化的特點，除了
外源性的影響，還被認為跟悠久的「官治」、「王法」傳統，息息
相關。[105]

---

100 這類法定義，在相當程度上承襲了蘇聯法學家，主要是維辛斯基等人的
　　法學理論。可參劉穎：〈蘇聯法概念在中國：1949–1958〉，西南政法大學
　　2010年博士論文。特別是第97–100頁。

101 張建昇、薄振峰：〈法律體系、國家主義與民族國家建構：中國特色社會
　　主義法律體系形成之後的思考〉，《經濟研究導刊》，2012年，第29期，第
　　182頁。

102 于浩：〈共和國法治建構中的國家主義立場〉，《法制與社會發展》，2014
　　年，第5期，第173頁。

103 蔡杰、毛忠強：〈對我國刑事訴訟法中國家本位主義的反思〉，《天津市政
　　法管理幹部學院學報》，2004年，第3期，第15頁。

104 廖中洪：〈民事程序立法中的國家本位主義批判：對我國民事訴訟立法指
　　導思想的反思〉，《現代法學》，2002年，第5期，第63頁。

105 參看郝鐵川：《中華法系研究》，上海：復旦大學出版社1997年版，第9
　　章，第1節；周永坤：〈法律國家主義評析〉，《雲南大學學報(法學版)》，
　　1997年，第1期；呂世倫、張小平：〈論中國法律文化傳統中的國家主
　　義〉，《金陵法律評論》，2001年，第1期。

〰️

艾森斯塔得認為，官僚帝國的特點，是其社會分化程度處於傳統與現代之間，屬「有限分化」，這種政權既要容納一定水平的自由流動資源和已分化的政治活動，又要維持傳統的合法性與政治態度，所以這類帝國所面臨的問題，可能跟正在經歷現代化的「新興國家」類似。[106]「社會分化」是一個跟「現代化」相關的指標，而「有限分化」可以看成是傳統與現代的一種居間狀態。在此意義上，「歷史官僚帝國」是具有一定「現代性」的。拿它跟「新興國家」做比較，確實能引發不少思考。

韋伯把「官僚制化」視為現代社會的基本特徵。官僚制以科層架構來設置官署、分配資源，嚴格依照法律規章、充分利用文書檔案，及文官擇優錄用與專家行政。「它的精確性、穩定性、紀律的嚴厲程度，以及它的可靠性，無不優越於任何其他形式。」[107] 雖然「官僚制是低效組織」的看法也是久已有之，當代「新公共管理」的申張者仍持「低效組織」之說，然而並沒有真正撼動韋伯。[108] 自近代以來，不光政府組織，而且大型企業及社會團體等，幾乎都採用這種形式。傳統官僚帝國的「行政合理化」雖達不到現代水平，這種帝國也難免衰敗動盪，但其行政體制的穩定程度與法制化程度，仍是其他傳統體制不能企及的。

---

106 艾森斯塔得：《帝國的政治體系》，第4–5頁。

107 韋伯：《經濟與社會》，閻克文譯，上海：上海人民出版社2010年版，第1卷，第330頁。

108 黃小勇評價「新公共管理」，便認為「沒有充分的理由可以推斷出，市場取向的行政改革真正超越了正統官僚制行政模式」。見其《韋伯官僚制理論研究：現代化進程中的官僚制》，哈爾濱：黑龍江人民出版社2003年版，第251頁。「市場化」改革並沒有創造出那麼高的行政效率，足以支撐「官僚制是低效組織」之說。

　　20世紀以來，在蘇聯、南美和東亞，集權官僚制都曾創造出遠高於早期資本主義的發展速度。在探索東亞崛起的原因時，人們看到了一項歷史遺產：講求績效、擇優錄用並能高效管理的文官體制，以權威和服從為特點的組織化社會，以及富有同質性的世俗文化。由於這種傳統，在大多數後發展國家需要同時建設民族國家和發展資本主義之時，中國只需解決後一問題：發展資本主義。[109]

　　與改革之初不同，在「行政主導」的經濟改革成功之餘，有學者轉而強調傳統官僚行政的「適應性」了：「兩千多年來，中國發生了無數巨變，但是『行政力量支配社會』這一特性從未改變」，它「具有巨大的適應能力，不僅可以適應農業經濟，也可以適應工業經濟，不僅可以適應計劃機制，也可以適應市場機制，甚至也可以適應全球化。」[110]這類論述，馬上讓人聯想到韋伯——韋伯有感於「勢不可擋的官僚制化趨勢」，預言未來將是一個「官員專政」的世界。當然，因恪守自由理念，韋伯是用蒼涼的眼光看待這個未來趨勢的。

　　中國傳統集權官僚體制的早熟，及其數千年的連續性，在世界史範圍中名列前茅、無出其右，並展示出了巨大的歷史慣性。

109　相關討論非常之多。這裏主要參看羅榮渠：《現代化新論：世界與中國的現代化進程》（增訂本），北京：商務印書館2009年版，第201–202頁；趙鼎新：〈路徑不依賴、政策不相干——什麼才是中國經濟成功的關鍵〉，《學海》，2016年，第2期。當然羅榮渠也指出了集權官僚制阻礙經濟繼續發展、阻礙政治進步的一面。趙鼎新也看到一旦變革完成，官僚就在新體制下再度崛起，還提示中國大陸的經濟起飛比日本、韓國、新加坡及台灣、香港晚了數十年，也展示了「強國家傳統的暗面」。

110　康曉光：〈再論「行政吸納政治」：90年代中國大陸政治發展與政治穩定研究〉，收入其《新保守主義政論集》，自印本，2002年版，第64頁。

集權體制與民權傳統、神權傳統鼎足而三，呈現為三大政治文化體系，各自涉及了十幾億人口，各有其所嚮往的世界未來。幾百年的現代化運動，是以反集權、反神權發端的，引導人類走出了中世紀的，但此價值觀的社會支撐，已因其族群結構的變化而有了衰頹跡象。人類史將發生新的轉向，各種傳統開啟了又一輪的升降起落。這也是眼下討論的意義之一。

本文原刊於《北京大學學報》2017年第2期

第三章

家長主義與儒家的家國一體論

對於帝制中國的政體類型，我曾有兩篇文章進行梳理。[1]本文原是其中的一部分，後來因篇幅關係，在發表時刪掉了。隨後加以充實補充，單獨成文，並曾在2019年岳麓書院的「中古中國思想與政治國際學術研討會」上報告。此文與前兩篇文章一樣，都來自對一向積累的備課資料的整理編排。

本文是圍繞「家長主義」而編排成文的。在歷史上，「家長主義」這東西同「政治體制」，曾有過各種各樣的複雜關係。

亞里士多德在討論政體的時候，曾揭舉了一種「家長統治」，這種統治是兼顧被統治者的利益的，因為被統治者就是他的妻子兒女。在現代社會科學中，「父家長統治」（patriarchy）或「家長主義」（paternalism）早已成為有效的分析概念了，用以指稱一種體制類型或觀念類型。而中國儒家的政治社會理想，就是一種「忠孝家國一體化」的理想，認定「齊家」與「治國」具有同一性，呼籲統治者「作民父母」，不僅對民眾施加統治，還應該施以父母

1　閻步克：〈政體類型學視角中的「中國專制主義」問題〉，《北京大學學報》，2012年，第6期；〈中國傳統政體問題續談〉（即〈「中國專制主義」問題續談〉），《北京大學學報》，2017年，第2期。均已收入本書。

之愛。在漫長歷史中，「父母政府」、「仁愛國家」的理念確實影響到了現實政治並積澱在中國人的集體心理之中了。近年還有人把儒教的這種政治理想，稱之為「保育式政體」，認為它體現了傳統中國政治的特殊性。[2]

儒學本身只是一種思想學說，而政體是一種權力結構，區分政體首先應以權力結構為準。但我也同意這一認識：政治文化跟政體並不是沒有關係的。當今世界上最具重要性的政治文化，不妨說就是集權傳統、民權傳統、神權傳統這三大傳統了。它們對個人、群體，對權利、義務，對自由、平等的認知，各有千秋。不同的政治文化，構成了不同制度的溫床；而同樣的制度，在不同政治文化環境中，其運作又可能貌合神離。就此而言，討論政體之異時兼及政治文化之異，就有了特殊的意義。

首先，「家長主義」這個概念本身，就提示了家長式政體的兩個基本特徵：父權與父愛。隨後，就來具體討論儒家的忠孝家國一體論的內容、結構與特點。這時還將特意提示：在儒家的「為民父母」設計中，對「母」這個文化符號之運用，很富有「中國特色」。西方近代以來，個人主義的政治哲學興起，隨後那種家長式統治便被啟蒙思想家視為一種專制形式了。近代中國也有部分學人，開始質疑家長式統治的正當性。基於全民族的「富強」渴望，大多數國人依然持整體主義的國家觀，對以「為民父母」為內涵的「仁政」，持讚揚態度。若嘗試將視線擴大到東亞地區，則忠孝家國一體化的傳統，在建立現代政體時所發揮的作用，因當地政治、社會與文化特徵而異，在特定階段與條件情況下，也可能成為積極因素。

---

2 閻小波：〈保育式政體：試論帝制中國的政體形態〉，《文史哲》，2017年，第6期，第5–18頁。

一、漫談家長主義：父權與父愛

　　古希臘學者亞里士多德在政體分類上，頗有建樹。他的分類尺度之一是統治目的：照顧公共利益的，就是正宗政體；只照顧一個人或部分人私利的，就是變態政體。以此為據，亞里士多德區分出了三種正宗政體和三種變態政體。然則在亞里士多德看來，「為誰的利益而統治」一點，是足以構成政體差異的。此時我們所注意的，是在運用這個尺度時，亞里士多德特意指出了「主人統治」與「家長統治」存在區別：「主人執掌統治權力時，總是盡多地注意着自己的利益」，然而「家長對於妻子和子女以及一般家屬的統治是第二個種類；這種統治主要是為了被統治者的利益，同時也為了統治和被統治兩方面的利益」。[3]

　　父家長的統治被認為「主要是為了被統治者的利益」，這個認識似乎是合於生活常識的。親情乃亙古長存的基本人性，家庭是最古老的「命運共同體」。「家」作為基本社會單元，始終發揮着養育、照顧和情感功能。亞當·斯密（Adam Smith）相信個體行為的動機是自身利益的最大化，然而在《道德情操論》一書之中，他又看到了新的東西，轉而強調父母對子女的無私之愛，以及人們對父母、子女、兄弟、姐妹的那種「最熱烈的感情」了。[4]諾貝爾經濟學獎得主貝克爾（Gary Becker）也發現，跟利己主義的市場經濟行為不同，家庭居然是一種「利他主義單位」：「我們認為，絕大部分父母對他們的孩子是利他主義的。這種利他主義觀點，可以從父

3　亞里士多德：《政治學》，吳壽彭譯，北京：商務印書館1965年版，第131頁。

4　亞當·斯密：《道德情操論》，蔣自強、欽北愚、朱鍾棣、沈凱璋譯，北京：商務印書館2003年版，第171、283頁。

母經常為孩子做出犧牲的行為中得到證明。」[5]父母把子女幸福視為自己的效益一點，由此得到了經濟學的周密論證。羅爾斯（John Rawls）討論何為正義，也把「父母愛他們的孩子」、「父母的情感是無條件的」作為前提。[6]就連動物亦然：「動物中最普遍且明顯的利他性行為的例子，是父母、尤其是母親對待子女所表現的行為」，如生物學家道金斯（Richard Dawkins）之所論。[7]

當然，亞里士多德的「家長統治」中的「家長」，是真實的家長，也就是家戶中的父親或丈夫，所以在這裏他討論的只是家政，不是國政。但是隨後，亞里士多德也由家政而及國政，把父權與王權加以比較了：「父權對於子女就類似王權對於臣民的性質，父親和他的子女之間不僅由於慈孝而有尊卑，也因年齡的長幼而分高下，於是他在家庭中不期而成為嚴君了。……作為一個君王，他應該和他的臣民同樣出生於一個族類，而又自然地高出大眾之上；這種情況同父子關係中長幼慈孝的體制完全相符」，「君王正是家長和村長的發展」。[8]

君權源於父權，或者君權可以比擬父權的古老看法，在相當程度上是包含着歷史真實的。古羅馬pater（父親）一詞的原義，並不是生育者，這是一個rex或basileus（王）的同義詞，意為統治者、主人──家長就是家人與奴隸的主人。[9]pater或mater指的

5　貝克爾：《家庭論》，王獻生、王宇譯，北京：商務印書館2005年版，第438頁。

6　羅爾斯：《正義論》，何懷宏譯，北京：中國社會科學出版社1988年版，第450–451頁。

7　道金斯：《自私的基因》，盧允中、張岱雲、王兵譯，長春：吉林人民出版社1998版，第8頁。

8　亞里士多德：《政治學》，第6、37頁。

9　繆勒利爾：《家族論》，王禮錫、胡冬野譯，北京：商務印書館1935年版，第263頁。

主要是一種權威，至於對血緣意義上的父母，另用genitor或genetrix來表示，「家庭父親的地位與生父的身份毫不相干。更確切地說它是源於一種特殊的權威地位」。[10]對於家庭這種社會單位，社會學領域裏存在着幾種不同定義。一種是結構性定義，以血緣與婚姻為基礎，還有一種是功能性定義，以家戶的管教和養育功能為基礎。拉丁語familia的本義是家僕、家奴，後來又把家宅中的妻兒及主人包括在內，由此，familia才有了血親單位的意思。[11]那麼，familia顯然是一個功能性定義了。到了中世紀，直到17、18世紀之前，歐洲人所説的「家庭」都是一個共同生活單位，其成員不限於血親和姻親，還包括非親族成員如傭人、學徒、寄居者等。[12]又，despotism（專制主義）這個詞，源於古希臘的despotes。despotes的原義是「戶主」、「一家之主」，因為家中還有婦女與奴隸，此詞便有了「奴僕的主人」的意思。這似乎暗示，西方史上的父家長統治，跟專制主義難捨難分，父家長自初就是一位專制者。

到了中世紀，familia的使用又擴大到了政治身份。比如說，封臣被視為諸侯的「家人」（familiaris），為國王服役的封建領主則是「皇家人」（familia regalis）。[13]歐洲中世紀的蠻族君主稱king（國王），而「『國王』（king）一詞之本意是家族（kin）或部落之子。遂

10　米特羅爾、西德爾：《歐洲家庭史：中世紀至今的父權制到夥伴關係》，趙世玲、趙世瑜、周尚意譯，北京：華夏出版社1987年版，第7頁。

11　比爾基埃等主編：《家庭史》第1卷《遙遠的世界 古老的世界》，袁樹仁、姚靜、肖桂譯，北京：生活‧讀書‧新知三聯書店1998年版，第14頁。

12　俞金堯：《西歐婚姻、家庭與人口史研究》，北京：現代出版社2014年版，第256–257頁。

13　米特羅爾、西德爾：《歐洲家庭史：中世紀至今的父權制到夥伴關係》，第7頁。

有史家指出，『王 (rex) 只是一個戶主 (household-lord) 的古書的大寫』。[14] 梅因 (H. S. Maine) 認為，父家長握有生殺大權，子女與奴僕幾無區別的那種家共同體，就是氏族、部落、城邦的源頭。[15] 與梅因同時代的馬克思也認為，在氏族時代的末期出現的父系家長制公社，「以縮影的形式包含了一切後來在社會及其國家中廣泛發展起來的對抗」。[16] 除了「對抗」之外，我們不妨猜想，這種公社也「以縮影的形式」，包含着後來在社會及國家發展起來的合作與互惠。韋伯闡述了家父長制、家產制、官僚家產制等與「家」相關的支配形式，其中的家父長制 (patriarchal rule)，是以家父長之支配與個人之「恭順」為基礎的。[17]

父權與君權的真實關係，是一個純歷史學問題。至於「家長式統治」的主張，則是一種文化建構、社會理想，是一種把父權與君權連結起來、融為一體的理論努力。在這時候，不同的主張者各有所好，或強調「父權」，或強調「父愛」，或「剛」或「柔」。

孔雀王朝的阿育王，看上去是強調「父愛」的：「所有的人都是我的孩子。正像對我自己的孩子，我們希望能向他們提供在此世和彼世中的全部福祉和幸福那樣，我也希望向所有的人提供同

---

14 孟廣林：《英國封建王權論稿：從諾曼征服到大憲章》，北京：人民出版社 2002 年版，第 187 頁。

15 梅因：《古代法》，沈景一譯，北京：商務印書館 1996 年版，第 71 頁以下。

16 馬克思：〈劉易斯·亨·摩爾根《古代社會》一書摘要〉，收入《馬克思恩格斯全集》，中共中央馬克思恩格斯列寧斯大林著作編譯局譯，北京：人民出版社 1985 年版，第 45 卷，第 366 頁。

17 韋伯：《韋伯作品集》III《支配社會學》，康樂、簡惠美譯，桂林：廣西師範大學出版社 2004 年版，第 90、162、183、234 頁。

樣的福祉和幸福。」[18]無獨有偶，古巴比倫第六王漢穆拉比這樣
自我頌揚：「吾主漢穆拉比，誠人類之慈父。」[19]14世紀的意大利
人佩脱拉克嚮往的，是一位愛臣民如兒女的君主，他向其保護
人、帕多瓦的君主進言：「您必須做您臣民的父親，而不是做他
們的主人，必須愛他們如您自己的兒女，如您自己的手足。」[20]
霍爾巴赫（Paul Holbach）看到了一個古老的心理：「人們心目中始
終有一個政府的原型。它們誕生在由父親當家的家庭裏，永遠不
會忘記這點」，「社會想把君主看成為了親愛的兒女的幸福而管理
兒女的父親。做父親的從兒女的幼年時代起就關心他們的安
全，看到兒女弱小就保護他們，體察兒女的需要，滿足他
們……」[21]

　　宗教改革開始之後，新教徒曾利用「當尊重汝之父母」之誡
條，來論證人們對教師、對牧師和對長官的服從義務。[22]也就是
說，這時新教徒借助了「父權」。博丹把家長視為妻兒奴僕的絕對
主宰者，借此來證明王權至高無上：正如一個家庭只能有一個主

18　庫爾克、羅特蒙特：《印度史》，王立新、周紅江譯，北京：中國青年出版
　　社2008年版，第81頁。

19　楊人楩主編：《世界史資料初集·古代埃及與古代兩河流域》，日知選譯，
　　北京：生活·讀書·新知三聯書店1957年版，第126頁。又見《漢穆拉比
　　法典》，北京：法律出版社2000年版，第121頁。

20　布克哈特：《意大利文藝復興時期的文化》，何新譯，北京：商務印書館
　　1979年版，第7頁。

21　霍爾巴赫：《自然政治論》，陳太先、眭茂譯，北京：商務印書館1994年
　　版，第50–51頁。

22　米勒等主編：《布萊克維爾政治學百科全書》（修訂版），鄧正來譯，北京：
　　中國政法大學出版社2002年版，第571頁。

人一樣，一個國家也只能有一個主權者。[23] 近代以來，借助父權來論證王權的學者，還有坦普爾 (William Temple) 的《政府的起源及其性質》、菲爾麥 (Robert Filmer) 的《父權論》、波蘇埃 (Jacques-Bénigne Bossuet) 的《政治學》等等。坦普爾主張治國之道應該同於治家之道，這個說法跟中國的孔子與儒生如出一轍，而坦普爾確實也曾對孔子讚賞有加。[24] 菲爾麥提出，君主的稱號是從父親的身份得來的，每個人一出生便成為生他的父親的屬下，這種兒女對父親的服從是一切君權的淵源。此種論調，洛克認為事關重大，便在《政府論》那部名著中，對菲爾麥長篇駁斥。[25]

被統治的命運雖然無從選擇，但對不同的統治方式，臣民的心中仍然是有取捨的。若在「主人對奴隸的統治」與「父家長對兒女的統治」之間二者擇一，後者是溫情脈脈的。做君王的「兒女」，比做君王的奴隸好太多了。家長制誠然也是一種專制，然而它還有一個「父愛」的方面，比之單純的君主專制，二者在監管的方式與手段上是相似的，在監管的目的與結果上卻是相反的。正如父母們那句歷久彌新的口頭禪：「我是為了你好。」兒女不是監管的受害者，而是受益者。當然，因為父子關係是與生俱來的，那麼，若選擇了家長式統治，視君如父，便又意味着統治

23　Jean Bodin: *Six Books of the Commonwealth*, abridged and translated by M. J. Tooley, Oxford: Blackwell Publishers, 1955, pp. 9, 18. 家戶只能有一個主人，「假如有一個以上的領導者，就會出現命令間的衝突和不斷的家內騷亂」；在城邦與國家問世之前，「一個家庭的主人就是這個家戶中的主權 (sovereignty)，有權決定其妻兒之生死」。

24　轉引自范存忠：《中國文化在啟蒙時期的英國》，上海：上海外語教育出版社 1991 年版，第 12–13 頁。

25　洛克：《政府論》，瞿菊農、葉啟芳譯，北京：商務印書館 1997 年版，第 2 章「父權與王權」，上冊，第 5–13 頁。

者是與生俱來的，臣民不可選擇。奴隸可以逃亡、可以反抗，兒女若逃亡、若反抗父親，那就是違反天倫。統治者的榨取虐待，通常都會招來臣民的怨恨詛咒，可是，若統治者成功地灌輸了一種「君王如父」的觀念，仇視、反抗就化解於無形了。《舊約》說「凡咒罵父母的總要治死他」，這在各處都是主流觀念。古羅馬的父家長掌握着妻兒的生殺大權，可以把兒女出賣甚至處死。既然家父對妻兒可以如此這般，「君父」對臣子這麼做，便也天經地義。

另一個概念paternalism即「家長主義」一詞，與本文的相關性更大一些。這個概念的詞根是pater。在拉丁語、希臘語和梵語的宗教文獻中，pater一詞也被用於神祇，所以此詞在用於家戶之長時，便意味着他在家中擁有神一樣的權勢和尊嚴。[26]Patriarchy與當代社會科學中的paternalism一詞有所不同。Patriarchy一詞偏重「父權」（及男權），指男性家長在家戶之中的支配權（還有男子在社會上的支配權）；而在當代語境中，paternalism意謂着「像父親那樣」、「像家長對待孩子那樣」。經濟學家和法學家所使用的paternalism，所強調的不是「父權」而是「父愛」，所以這個詞又譯「父愛主義」。

在經濟學領域，科爾內（János Kornai）使用「父愛主義」一詞，把子女對父母的經濟依賴分為0至4五等，以此來類比國家對企業的保護程度，及企業對國家的依賴程度。[27]這種經濟上的保護與依賴關係，很像那種「無私」的、「不計報酬」的父子關係。

26　G. Hamilton, "Patriarchy, Patrimonialism and Filial Piety: A Comparison of China and Western Europe," *The British Journal of Sociology*, vol. 41, No. 1 (Mar., 1990), p. 80.

27　科爾內：《短缺經濟學》，李振寧譯，北京：經濟科學出版社1986年版，下卷，第22章，第272–276頁。

　　法學中的「法律家長主義」概念，意指因當事人缺乏決定能力，為了增進其福利或令其免於傷害，不顧其自願與否，而限制其選擇自由。在法律經濟學的維度上，這種干預在特定情形下是有效的；在價值維度上，它觸及了自我決定的權利與自由。[28] 因自由主義是美國的主流意識形態，所以，若不經其同意就強行為當事人利益而行事、並強制其接受，就會被認為是「非美國式」的做法。然而美國法律史上依然存在着法律家長主義因素。像限制煙酒令，便是一種家長主義法令。在1927年，反吸煙法被法院撤銷了，撤銷理由是「除非這種限制能合理地提高公共福利，公民的個人自由不受干涉」。不過，美國法律仍嚴格限制向18歲以下的青少年出售香煙（有些地方還提高到了21歲）。還有最低飲酒年齡，美國聯邦法律規定為21歲。少年兒童被認為心智不夠成熟，所以對其權利、自由必須加以限制，世界各地的法律，大抵如此。通常是年齡越小，則當事人的自主範圍越小，由監護人代決的事項越多。

　　我們拿經濟父愛主義、法律家長主義對比「政治家長主義」（這是我的措辭），不難發現它們息息相通：第一，它們都設定了一個無所選擇、不容拒絕、必須接受的監護權威；第二，它們都明示或默認當事人處於幼稚狀態，以至於那些心智成熟者足以自決的事項，須由監護者代決；第三，它們都是一種「保護」、一

28　參看張文顯：《20世紀西方法哲學思潮研究》，北京：法律出版社1996年版，第549頁以下；孫笑俠、郭春鎮：〈美國的法律家長主義理論與實踐〉，《法律科學：西北政法學院學報》，2005年，第6期；孫笑俠、郭春鎮：〈法律父愛主義在中國的適用〉，《中國社會科學》，2006年，第1期；王一行：〈從倫理到法律的抉擇：西方家長主義理念嬗變〉，《中南林業科技大學學報》，2009年，第5期；黃文藝：〈作為一種法律干預模式的家長主義〉，《法學研究》，2010年，第5期。

種「善意的強制」，其目的是當事人的最大福利——其間隱含着這樣一個邏輯：動機既然是善意的，則效果必定是好的，正像父母對子女的管教一樣。大致說來，凡同時具有「天然監護人」、「事事干預」及「善意」三個特徵的統治模式，就可以看成「家長式政體」。政權干預的範圍越大、代決的事項越多，則此政權的家長主義性質就越強、越濃。其時的強度、濃度是可以比較、可以測量的。不妨羅列出幾十、幾百或幾千條相關事項，去看一看，在哪些地方它們由政府拍板，在哪些地方它們由公民自決。倘有什麼人認為民智未開，領導人不能由大眾選擇，政治應由賢能者代決，那麼在西人眼中，這便是一種家長主義論調。

二、家國一體論：君、父之間

「父家長統治」、「家長主義」之類概念以及「干預或自主」二元論，是西歐近代才出現的思維方式。在其他眾多傳統文化中，本不存在「干預或自主」這類兩難抉擇，唯一通行的是「父權—父愛」意識。渴望自己的君主是一位「為了親愛的兒女的幸福而管理兒女的父親」，原是「東海西海，心理攸同」的。當然在這方面，各民族仍然各有千秋。儒家的禮教算是其中的一種類型、一個典型了，其「忠孝家國一體化」的理論，特別深厚，獨具特色。

周人是這樣歌頌君主的：「樂只君子，民之父母」；「豈弟君子，民之父母」。[29]因為君主「養民如子」，相應地，「民奉其君，

29　《詩·小雅·南山有台》及《大雅·泂酌》。這兩處「君子」都指君主。高亨謂：「這是一首為周王或諸侯頌德的詩。」見其《詩經今註》，上海：上海古籍出版社1980年版，第417頁。

愛之如父母，仰之如日月，敬之如神明，畏之如雷霆」。[30]在這片土地上，臣民對君主懷有對父母那樣的「畏」與「愛」。「無父何怙？無母何恃？」、「民之父母」的比擬，極大地拉近了君民距離。猴群中的猴子或鹿群中的鹿，是不「愛」猴王或頭鹿的，人卻不一樣，親情可以浸潤於君民之間。因為君主與臣民好惡利害與共：「民之所好好之，民之所惡惡之，此之謂民之父母。」[31]一方面，君主把臣民的利益視為他自己的利益，另一方面「臣之於君也，下之於上也，若子之事父，弟之事兄」。[32]這樣的國家，簡直就是一個溫暖的大家庭，一個「命運共同體」了。

因家、國一體化了，在孝、忠之間，便呈現出了互相滲透、互相補充的關係。「孝」本來是事親的道德，而儒家聲稱它也是事君的道德：「孝者，所以事君也」，[33]「事君不忠非孝也」。[34]把二者溝通起來的手法，是「移」，即所謂「移孝作忠」。「子曰：君子之事親孝故忠，可移於君；事兄悌故順，可移於長。」[35]所以「求忠臣必於孝子之門」，[36]官員應該從孝子裏面選拔，預期他能移孝

---

30 《左傳·襄公十四年》。楊伯峻：《春秋左傳註》（修訂本），北京：中華書局2016年版，第1117頁。

31 《禮記·大學》。朱彬：《禮記訓纂》，饒欽農點校，北京：中華書局1996年版，第868頁。

32 《荀子·議兵》。王先謙：《荀子集解》，沈嘯寰、王星賢點校，北京：中華書局2016年版，第316頁。

33 《禮記·大學》。朱彬：《禮記訓纂》，第868頁。

34 《大戴禮記·曾子立孝》。孔廣森：《大戴禮記補註》，王豐先點校，北京：中華書局2013年版，第96頁。

35 《孝經·廣揚名》。皮錫瑞：《孝經鄭氏註》，吳仰湘點校，北京：中華書局2016年版，第108頁。

36 《後漢書》卷二六〈韋彪傳〉引孔子，註云「《孝經緯》之文也」。北京：中華書局1965年版，第918頁。

作忠、自居「臣子」，以此誘導民眾自甘「子民」。漢廷選官，特設「孝廉」一科，就是「移孝作忠」的一個制度碩果。

　　忠孝一體、「移孝作忠」，當然只是一種意識形態的虛擬。在事實層面，家、國不但有別，二者間甚至會發生衝突。對這種衝突，法家看得極為清晰。韓非持「性惡論」，極意強調忠與孝不可能兩全：「君之直臣，父之暴子也」，「父之孝子，君之背臣也」。[37]君主專制以臣民的「無條件服從」為條件，而這是通過暴力或高壓才能實現的，所以，法家努力剝去溫情脈脈的「為民父母」包裝紙，以免君王對「子民」心慈手軟。跟三晉法家有所不同，東方的齊法家對「民之父母」說法，口頭上並不排斥，但所強調的不是君王「為民父母」，而是臣民「奉君為父母」：「予之在君，奪之在君，貧之在君，富之在君，故民之戴上如日月，親君若父母。」[38]「民之戴上如日月，親君若父母」的前提，是君主的予奪貧富能力。這倒也揭開了人性的秘密：你掌控了他的飯碗，他就對你俯首帖耳，拿你當爹當媽。

　　對家、國、忠、孝相衝突的方面，古人的對策之一是「門內之治恩掩義，門外之治義斷恩」。統治者標榜「以孝治天下」，也願意給親情留下一席之地，允許在家門之內「恩掩義」，甚至允許官員丁憂離職，服三年喪，不憚因私廢公。然而同時又規定君喪重於父喪，在為君主服喪時若父親忽然去世，那也不許旁置了

37　《韓非子‧五蠹》。王先慎：《韓非子集解》，鍾哲點校，北京：中華書局1998年版，第449頁。

38　《管子‧國蓄》。黎翔鳳：《管子校註》，梁運華整理，北京：中華書局2004年版，第1263頁。「齊法家」概念，見馮友蘭：《中國哲學史新編》，北京：人民出版社1998年，上冊，第252頁以下。胡家聰認為《管子‧國蓄》是田齊法家作品，見其《管子新探》，北京：中國社會科學出版社1995年版，第321頁。

君喪，轉而為父服喪，必須接着給君主穿喪服，因為「君重親輕，以義斷恩也」，[39]君臣之義重於父母之恩。然而這主要是帝制時代的説法。先秦儒者觀念中的「門內」的空間，顯然比帝制時代大得多了。郭店出土戰國簡本《六德》云：「為父絕君，不為君絕父。」[40]當君喪、父喪發生衝突時，《六德》認為君喪應該讓位於父喪，[41]而這跟漢代以後的觀念，恰好相反。[42]進入帝制時代，「為父絕君」之説就成了絕響了。[43]

面對暴政、暴君，激進派孟子有「則臣視君如寇讎」之言，民眾也會燃起「撫我則後，虐我則讎」的怒火。在這地方，「家國

39　陳澔：《禮記集説》卷四〈曾子問〉，萬久富整理，南京：鳳凰出版社2010年版，第151頁。

40　荊門市博物館編：《郭店楚墓竹簡・六德》，北京：文物出版社2002年版，第27頁。

41　劉樂賢釋「絕」為「減省」：「當服父喪與服君喪衝突時，可以將君服做減省，而不是為服君喪而減省父喪。」見其〈郭店楚簡六德初探〉，《郭店楚簡國際學術研討會學術論文集》，武漢：湖北人民出版社2000年版，第386頁。但彭林釋「絕」為「斷絕」：「若君喪、父喪同時發生，兩者喪服之規格與時間相同，則服父之喪而不服君之喪。」見其《〈六德〉柬釋》，《簡帛研究2001》，桂林：廣西師範大學出版社2001年版，第155頁；又參其〈再論郭店簡《六德》「為父絕君」及相關問題〉，《中國哲學史》，2001年，第2期。若參考更多資料，彭林之説較強。

42　又如《韓詩外傳》卷七：「齊宣王謂田過曰：『吾聞儒者喪親三年，喪君三年，君與父孰重？』田過對曰：『殆不如父重。』」許維遹：《韓詩外傳集釋》，北京：中華書局1980年版，第237頁。又郭店楚簡《語叢三》：「父無惡。君猶父也，其弗惡也，猶三軍之旆也，正也。所以異與父，君臣不相戴也，則可已。不悦，可去也。不義而加諸己，弗受也。」陳偉等：《楚地出土戰國簡冊十四種》，武漢：武漢大學出版社2016年版，上冊，第327頁。

43　與先秦學者的「為父絕君」之説不同，漢唐禮家的主流態度是君喪重於父喪，參看李存山：〈「為父絕君」並非古代喪服之「通則」〉、〈再説「為父絕君」〉、〈三説「為父絕君」：兼論人倫之道「造端乎夫婦」〉，均收入其《先秦哲學與儒家文化》，北京：華文出版社2021年版。

一體論」可以提供理論滅火器。雍正宣稱：「『撫我則后，虐我則讎』之言，亦非正論。夫君臣、父子皆生民之大倫，父雖不慈其子，子不可不順其親；君即不撫其民，民不可不戴其后！」「撫我則后」這個「后」，意思是君。面對雍正天威，罪犯曾靜趕緊改口：「君臣之倫，大過父子之親」，「蓋臣之忠君，乃天命之當然，所性之自然，豈計君恩之輕重哉！」[44]

這個「忠孝家國」模式起源甚早，是在周代宗法封建制的搖籃中萌生的。周朝政體特點，是「君統」與「宗統」相輔相成，[45] 也就是政治系統與親緣系統相得益彰。為此，侯外廬把中西早期國家的不同發展道路，表達為「維新」與「革命」之別，二者的主要區別之一，就是周政權的「宗法紐帶」。[46] 徐中舒又提示，除了貴族家族生活外，周代農村公社中的互助互愛傳統，也啟迪了孔子，推動孔子去闡述君臣父子的辯證關係。[47]

在周代，作為公共權力的國家，事實上已跟家族分化開來了。戰國秦漢間集權官僚制又贏得了巨大發展，於是譚嗣同就看到了一場「家、國分離」：「自秦以來，封建久湮，宗法蕩盡，國

44　雍正：《大義覺迷錄》，《清史資料》，北京：中華書局1983年版，第4輯，第84-86頁。

45　瞿同祖、曾資生、童書業、李宗侗、楊寬、杜正勝等，都認為周之君統與宗統是合一的。劉家和的辨析尤其簡要清晰，見其〈宗法辨疑〉，收入《古代中國與世界》，北京：北京師範大學出版社2010年版，第166-179頁。

46　侯外廬、趙紀彬、杜國庠：《中國思想通史》，北京：人民出版社1957年版，第16—17頁。

47　徐中舒：《先秦史論稿》，成都：巴蜀書社1992年版，「十三、先秦的兩種公社和學術思想」，第290頁以下；〈孔子的政治思想〉，收入《徐中舒歷史論文選輯》，北京：中華書局1998年，下冊，第1172、1177頁。

與家渺不相涉。家雖至齊，而國仍不治；家雖不齊，而國未嘗不可治。」[48]

　　因為「國與家渺不相涉」了，這樣一點便鮮明起來了：君主並不是臣民的真實父母，儒家「忠孝家國一體化」的宣示申說，不過是一種意識形態的「構擬」而已。而意識形態這東西離不開宣傳、教化、啟迪、誘導，以喚起民眾之敬畏、以說服統治者之躬行。進而宣傳、教化、啟迪、誘導，還需要一群人來承擔，還需要一個架構做支持。那群人就是儒生，那架構就是「士大夫政治」。古文明孕育出了一個士人階層，這個階層自初就是政治取向的，他們不打算像教團教會那樣與政治體制分庭抗禮，而是相反，尋求「學以居位」、「得位行道」，把禮教的紅旗插上集權官僚制大廈。而統治者也很快就認識到，這套忠孝家國之說有助於長治久安，可以用來號召社會、凝聚人心，遂把士人引入了原先充斥着刀筆吏的朝廷。既同秦式的刀筆吏不同，也同恪守政治中立的現代職業文官不同，中國士人在承擔行政職務的同時，還承擔了意識形態。學者兼為官僚的「士大夫政治」，就是忠孝家國理想的絕佳政治載體。承擔教化、以「師」自任的文化人，由此不可或缺，君、親之外還須尊「師」。而且君、親、師三者三位一體：每一個居於上位者對其下屬，都有君、親、師三重身份，都有施治、施愛、施教三項權責。他們既是君長（或官長）、又是家長、又是師長。王國維論周禮精神：「然尊尊、親親、賢賢此三者，治天下之通義也。」[49]這三項基本原則的人格化，就是

48　譚嗣同：〈仁學二〉，《譚嗣同全集》（增訂本），北京：中華書局1984年版，第368頁。

49　王國維：《觀堂集林》卷一〇《史林二‧殷周制度論》，石家莊：河北教育出版社2001年版，第240頁。

「君、親、師」。《國語‧晉語一》：「民生於三，事之如一。父生之，君食之，師教之。」儒生還為三者分別制定了相異相比的奉侍之禮，如「事親有隱而無犯」、「事君有犯而無隱」、「事師無犯無隱」之類。[50] 甚至歷史寫作，遇到君、親、師便有特殊筆法：「為尊者諱，為親者諱，為賢者諱」。「天地君親師」的牌位，供奉在無數傳統家庭的堂屋正中。[51] 張舜徽說：「真正徹底瞭解『天地君親師』五個字的來源和作用，對整個中國封建社會的內幕，可算是了解了一大半。」[52]

對暴斂嚴刑悲憤無奈的蟻民，以及對蟻民的悲憤無奈有切膚之痛的儒生，「民之父母」就是他們的最好願景了。明智的統治者也深知「載舟覆舟」的道理，不拒絕「為民父母」的義務，甚至以之自律。中國刑法史上的「廢肉刑」這個重大進步，也算是「為民父母」理念所催生的。漢文帝云：「《詩》曰：『愷弟君子，民之父母。』……夫刑至斷支體，刻肌膚，終身不息，何其刑之痛而不德也！豈稱為民父母之意哉？其除肉刑，有以易之。」漢元帝也曾如此自責：「政有所虧。咎至於此，朕甚自恥。為民父母，若是之薄，謂百姓何？」、「朕為民父母，德不能覆，而有其刑，甚自傷焉。其赦天下！」[53]

西人何天爵是這樣看的：中國的被統治者數千年來竟能樂天知命，則其權力形式一定存在着某些能夠吸引和呼喚人類良好天

50　《禮記‧檀弓上》。朱彬：《禮記訓纂》，第77、78頁。

51　對供奉「天地君父師」牌位這個民俗的討論，可參徐梓：《天地君親師源流考》，《北京師範大學學報》，2006年，第2期，第99–105頁。

52　張舜徽：〈再與友人論今後歷史考證工作所應走的路〉，《訒庵學術講論集》，長沙：岳麓書社1992年版，第587頁。

53　分見《漢書》卷二三〈刑法志〉、卷九〈元帝紀〉，北京：中華書局1962年版，第1098、288、290頁。

性的東西。他隨即看到，皇帝被視為「所有臣民的衣食父母」，「皇帝就是所有臣民的家長」。[54]孟德斯鳩也發現，在中國，尊敬父親這個事情，跟尊敬老人、師傅、官吏、皇帝聯繫起來了，而老人、官吏、皇帝也要向他們回報以父愛，「正因為人人都具有這種感情才構成了這一帝國的統治精神」。[55]

「為民父母」、「愛民如子」的政治理想，塑造了一代代君主與民眾的政治態度，陶冶了民眾的親和與服從，正當化了來自朝廷的家長式干預；同時也增加了「民之父母」的民生責任感，降低或減少了可能的暴虐，對沖了專制主義的嚴酷無情。溫情脈脈的家長主義留下了這樣一些心理：以「家長」的形象視元首，以「父母」的身份視政府，以「兒女」的心態自視；樂於容受來自權力的道德訓誡與超政治干預，認同各種集體優先、責任優先的制度設計。

三、家國一體論：父、母之間

《儀禮‧喪服》：「父，至尊也。」又曰：「天子，至尊也」、「君，至尊也」。[56]「父」是家之主，「君」為國之主，雙峰並峙。子對父、臣對君，都必須奉上最大的敬畏。「君父」與「臣子」成為

54　何天爵：《真正的中國佬》，鞠方安譯，北京：中華書局2006年版，第21、24–26頁。

55　孟德斯鳩：《論法的精神》，張雁深譯，北京：商務印書館1961年版，上冊，第315頁。

56　《儀禮註疏》卷二九，阮元校刻《十三經註疏》，北京：中華書局1980年版（以下簡稱「阮本」），第1100頁下欄、第1101頁中欄。

對稱。而且不久，「君父」一語又可以特指「君」了，[57]「君」又兼有「父」的身份，一身二任。

同時今人所論較少的，是在君、父兩個角色之外，古人還念念不忘「母」的存在，在弘揚「家國一體論」時，若有機會，儒生就讓母親登場現身。在「民之父母」的表述中，「母」與「父」比肩並列，並沒有被「父」的高大身影完全遮蔽。這樣一來，人類史上父權與君權的相關性，在中國這個地方，便因為「父」與「母」的辯證關係而複雜化，繁衍為君、父、母三者的相關性了。儒者雙管齊下，把父、母這兩種不同的家庭角色，弄成了兩個政治符號，「父」、「母」二者在君主形象的構擬上分工合作、各有所司。這個「父母二元論」極有「中國特色」，所以本節做專門討論。

把「父」、「母」區分為兩個不同的政治符號，進而再着眼於他們與「君」的關係，還發展出了不同的理論建構。那麼我們也得分別觀之了。

建構之一出自《孝經》：

《孝經・士章第五》：資於事父以事母而愛同，資於事父以事君而敬同。故母取其愛，而君取其敬，兼之者父也。

邢昺《正義》引劉炫：母，親至而尊不至，豈則尊之不極也？君，尊至而親不至，豈則親之不極也？惟父既親且尊，故曰兼也。

又引劉瓛：父情天屬，尊無所屈，故愛敬雙極。[58]

57　如《京氏易傳》卷上〈乾〉：「配於人事為首，為君父。」北京：中華書局1991年版，第1頁。

58　《孝經註疏》卷二，阮本，第2548頁中欄。

在《孝經》的這個模式中，與「君」、「父」、「母」相涉的，有「親」、「尊」兩種性質，有「愛」、「敬」兩種態度。參照二劉，即劉炫與劉瓛兩位經師的解說，就可以看到：

> 「君」的性質是「尊」，「事君」的態度是「敬」，但其「親」的程度低於「父」、「母」。
>
> 「母」的性質是「親」，「事母」的態度是「愛」，但其「尊」的程度低於「君」、「父」。
>
> 「父」身兼「親」、「尊」，「事父」的態度「愛敬雙極」。

對「君」、「父」、「母」三者，其「親」、「尊」、「愛」、「敬」的不同含量，略如圖1所示：

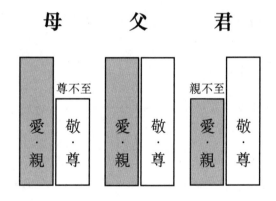

圖1《孝經·士》的建構圖示

《孝經》這個模式所採用的，可以說是「子民視角」，係個人奉事尊長之道。具體說，就是「君」、「父」、「母」三者對於個人的不同意義，以及個人奉事「君」、「父」、「母」的不同態度。看上去這個模式與「為父絕君」觀念密切相關，二者間應存在着某種特殊聯繫，所以是「父」而不是「君」，居「親」、「尊」、「愛」、「敬」之極。

在此之外，《禮記》中還有另一個建構，其所採用的是「君主視角」，係君主君臨子民之道。請看孔子之如下言論：

> 《禮記‧表記》：今父之親子也，親賢而下無能。母之親子也，賢則親之，無能則憐之。母親而不尊，父尊而不親。[59]
>
> 《禮記‧表記》：《詩》云：「凱弟君子，民之父母。」凱以強教之，弟以說安之，樂而毋荒，有禮而親，威莊而安，孝慈而敬，使民有父之尊，有母之親。如此而後，可以為民父母矣！[60]

《禮記‧表記》的建構，也採用「父」、「母」、「尊」、「親」這樣的觀照，但其邏輯與《孝經》明顯不同。《孝經》的方法論，是比較「父」、「母」、「君」三種角色的不同「尊」、「親」含量，或說「尊」、「親」的不同比重。《禮記‧表記》的方法論，則逕以「父」為「尊」的符號，「母」為「親」的符號。孔子所說的「母親而不尊，父尊而不親」，還真的就是人之常情——父親重視兒子的能力，母親珍存骨肉的情感。既然「父」、「母」各有其偏，那只有雙親合作，才能讓「尊」、「親」並行不悖、各得其宜了。孔子把這個道理推廣到政治層面，「為民父母」就更全面、更豐滿、更充實了：一位理想的統治者在人民面前，應該「有父之尊，有母之親」，也就是「尊」、「親」兼備，「恩」、「威」並施。參看圖2：

59　《禮記正義》卷五四，阮本，第1641頁下欄。
60　《禮記正義》卷五四，阮本，第1641頁中欄。

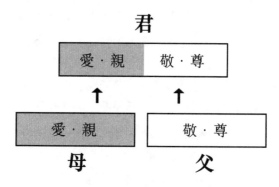

圖2《禮記・表記》的建構示意

在《孝經・士》的模式中，「父」於「尊」、「親」一身二任，「兼之者父也」。《禮記・表記》的模式中，於「尊」、「親」一身二任的人是「君」，可以說是「兼之者君也」了。這就是二者間的一個關鍵差別。

無論「《孝經》模式」還是「〈表記〉模式」，這樣的「親尊父母辯證法」，都集中體現了中國政治文化的獨特性。尤其在《禮記・表記》的模式中，理想君主的形態是「父」「母」雙兼。若同西方文化加以比較，就能看出差別了：西文中的patriarchy、paternalism等語詞，都以「父」為詞根，家長權也就是家父權（pater familias），而這就暗示了母親在家庭中微不足道，進而就可以推論，「母」在中國古代所發揮的那種符號功能，所代表那種文化精神，在西方古今闕如。

為了比較不同地方「母」的符號功能，首先就要觀察「母」的歷史社會地位。在西方人類學中，曾出現過一個「母權制」概念。在19世紀後期，人類學家巴霍芬（Johann Bachofen）、麥克倫南（John McLennan）、摩爾根（Thomas Morgan）等，都主張在史前時代普遍存在着母權制。據說母權制後來被父權制取而代之了，恩格斯便這樣評述：「母權制的被推翻，乃是女性的具有世界歷史

意義的失敗。」[61]然而逐漸地，又有很多學者認為「母權制」只是一個「神話」而已，歷史上並沒有過「母權制」這種東西。[62]無論如何，大約從犁耕時代開始，婦女便因經濟價值低廉而從屬男性了，[63]無「權」可言了。

荷馬史詩把宙斯稱為「諸神和萬民的父親」，基督教徒把上帝稱為「聖父」。「聖父比每一教徒小家中確切存在的親生父親重要得多。大寫的『父親』(Father)是神甫的專屬名稱。大寫的兄弟姐妹和母親(Brothers、Sisters、Mothers)是修士、修女、資深修女的專屬名稱。」[64]在《馬可福音》第3章中，耶穌說：「凡遵行上帝旨意的人就是我的弟兄姐妹和母親了。」神祇與神職人員採用親稱，宗教生活便分流了世俗家庭的親情。基督教文化更重視的是男人和女人的角色，而不是父親和母親的角色。[65]中世紀

61　恩格斯：《家庭、私有制和國家的起源》，《馬克思恩格斯全集》，中共中央馬克思恩格斯列寧斯大林著作編譯局譯，北京：人民出版社1965年版，第21卷，第69頁。

62　羅薩多(Michelle Rosalto)等16位美國女人類學家的論文集《婦女、文化與社會》，聲稱沒有任何證據可以支持「母權社會」的神話。參看童恩正的引述：〈摩爾根模式與中國的原始社會史研究〉，《中國社會科學》，1988年，第3期，第177–196頁。又林惠祥指出：「但真的母權即女性統治者卻從不曾在任何社會中發現過。『母系』(matrilineal family metronymy)即女性世系非不普通，但這應當和母權分別。」見其《文化人類學》，北京：商務印書館1991年版，第171頁。即就「母系」而言，在原始社會中，母系社會也只佔15%左右，參看古德：《家庭》，魏章玲譯，社會科學文獻出版社1986年版，第165頁。

63　赫特爾：《變動中的家庭：跨文化的透視》，宋踐、李茹等編譯，杭州：浙江人民出版社1988年版，第175頁。

64　笑思：《家哲學：西方人的盲點》，北京：商務印書館2010年版，第8頁。

65　薩哈：《第四等級：中世紀歐洲婦女史》，林英譯，廣州：廣東人民出版社2003年版，第106頁。

的貴族文學之所崇拜的，也是女性，對母親、母性、母愛，則視若無睹。究其原因，也許跟西歐的貴族子女跟父母共同生活的時間相對較短，有某種關係[66]──跟父母共同生活的時間短，母愛的追憶便不濃厚。12世紀在西歐開始流行的聖母崇拜，跟家庭中的母親角色關係很小，這位被眾生所歌頌的「萬民之母」，更多地被視為傳達上帝恩典的中介。[67]西方民眾對馬利亞的喜愛，有一丁點類似中國民眾對「大慈大悲觀世音菩薩」的喜愛。弗羅姆（Erich Fromm）有這樣一個概括：「直至第一次世界大戰末，父系制度在歐洲及美國，仍舊巋然不動，這就使那種主張婦女是社會和宗教結構的中心的觀點顯得不可思議、荒誕無稽了。」[68]也許父家長在歐洲家庭史上太過顯赫了，所以些許的「父愛」都格外珍貴。人們渴望着君主能成為「臣民的父親」，卻不說君主應成為「臣民的母親」。「母權」黯淡無光，「母愛」便跟着黯淡無光了。

為了反駁菲爾默的「君權來自父權」之說，洛克倒是曾經借助了母親之力：「對於兒女的生育，不能否認母親與父親有同樣

66　根據斯通對16、17世紀382名英國貴族的考察，當時貴族通常把嬰兒交給乳母撫養而不是留在家中，男孩稍大，便被送到其他貴族家裏去做侍從，或者進入了學校。當時「家庭制度是由法律、習俗和利益結合起來的，而不是以感情或愛情為紐帶」的。見其《貴族的危機：1558–1641年》，于民、王俊芳譯，上海：上海人民出版社2010年版，第270頁。斯通的這個「中世紀的家庭缺乏情感」的論點，後來受到了一些抨擊，但仍然是一種普遍的意見。

67　可參看劉文明：《上帝與女性：傳統基督教文化視野中的女性》，武漢：武漢大學出版社2003年版，第191頁。

68　弗羅姆：《精神分析的危機：論弗洛伊德、馬克思和社會心理學》，許俊達、許俊農譯，北京：國際文化出版公司1988年版，第88頁。

的功勞，所以父親的絕對權力是不會從兒女的生育這件事來的。」[69]洛克對母親的作用的引證，只算是對「母」的一種技術性利用罷了。而在19世紀的人類學研究中，「母系社會」、「母權制」等概念明亮起來了，隨後母權制與父權制的關係，便成了一大論題，不但引發了一系列實證研究，[70]還點燃了巴霍芬等人的靈感，構造出一種二元文化思辨，把母權制的精神說成是自由、平等、和平、慈愛的，父權制則聯繫着等級結構、抽象思想、法律與國家，認為母親的溺愛會讓孩子幼稚化，父親的嚴厲又會導致其對愛與和平的冷漠。這樣，一個辯證的綜合便呼之欲出了：要讓母愛裏面也有正義和理性，要讓父愛裏面也有仁慈與和平。[71]吳飛對巴霍芬的「父母二元論」還有另一個概括：「母權代表了物質性的自然，父權代表了精神性的文化。」[72]

當代美國語言學家萊考夫（George Lakoff）揭舉「嚴父」（the strict father model）和「撫養式父母」（the nurturant parent model）兩個政治隱喻，隨即把保守派和自由派的各種對立，都塞入了這個二元模式，聲稱在自由派的觀念中看到了如下因素：國家

69　洛克：《政府論》，上冊，第47頁。

70　例如馬林諾夫斯基（Bronisław Malinowski）的「兩性社會學」，大致仍限於人類學、心理學範圍之內。《兩性社會學：母系社會與父系社會之比較》，上海：上海人民出版社2003年版，第2、5、11章。

71　弗羅姆：《精神分析的危機：論弗洛伊德、馬克思和社會心理學》，第88、92頁。

72　吳飛：〈父母與自然：「知母不知父」的西方譜系（下）〉，《社會》，2014年，第3期，第17頁。由這個「自然—文化」二元視角出發，吳飛還對中國古代的「父母與文質」問題進行了討論，見其《人倫的「解體」：形質論傳統中的家國焦慮》，北京：生活‧讀書‧新知三聯書店2017年版，第163–201頁。

如家庭，政府如家長，人民如子女。[73] 萊考夫的這個二元論，我覺得不過是一種「喻」而已，甚至是一種雕蟲小技，「抖機靈」，它能否代表美國人的一般思維方式，大有疑問。很難說，美國人民把政府──聯邦政府及州、縣、市、特區政府，八萬多個政府──的首腦視同父母，而自己以子女自居。然而在中國，各級官府的長官們都是被奉為「父母官」的。西方人所斤斤計較的是個人主義與集體主義之爭，在笑思看來，「家哲學」簡直就是西方人的思考「盲點」。[74]同精緻豐厚的儒家忠孝家國論相比，我以為「盲點」這個評價理直氣壯，無可置疑（這當然不是說西方人的家庭生活一塌糊塗）。在西方學術界，比之實證研究的滾滾洪流，上述那種作為文化思辨的「父母二元論」只是涓涓小溪，肯定不是學術主流。

　　西方有一個maternalism的概念。這個詞意謂着母性，甚至母親的溺愛，同時也是一種強調女性特徵的主張之名──其主張因此而遭非議。同時在實證層面人們又看到，「父性」每每與政治權力聯繫在一起，這一現象引發了很多很有價值的實證研究。比如威斯納－漢克斯（Merry Wiesner-Hanks）指出，「世襲的君主如國王、皇帝及沙皇被美稱為其子民之父，他們使用父性語言以期建立或維持自己的權力」；納粹德國把自己的國家讚美為fatherland，而非motherland，納粹領袖是一個超級男性化的形

73　萊考夫：《別想那隻大象》，閆佳譯，杭州：浙江人民出版社2013年版，第13頁及第15頁以下。又George Lakoff, "Metaphor, Morality, and Politics, Or, Why Conservatives Have Left Liberals In the Dust," http://www.wwcd.org/issues/Lakoff.html。據其所論，「嚴父模式」是力量型的（the Strength Complex），父親是強大嚴厲的一家之主；「撫養式父母」是慈愛型的（the Nurturance Complex），家長不分男女，推崇「共情與責任」。

74　笑思：《家哲學：西方人的盲點》。

象。父性語言又被借用為革命語言：在法國革命之時，國王被斥責為不關心子民的壞父親。[75]無獨有偶，在蘇聯的政治生活中，「父性語言」也被大量使用着。赫魯曉夫就有如下名言：「列寧和斯大林站在每一個蘇維埃共和國的搖籃旁，保護它們不受外來威脅，慈父般地幫助它們發展壯大」，「我們各族人民非常熱情地以兒子般的熱愛把偉大的斯大林叫做自己的生身父親、偉大的領袖和天才的導師」。[76]

　　總的説來，「母」作為一個符號，在西方政治文化中沒有特殊意義，或者更準確地説，沒有它在儒家的忠孝家國一體論中那麼大的意義。

　　反觀中國傳統觀念，雖然跟各個傳統社會相去不遠、同樣重男輕女，法律也重男輕女，但務請注意，「女」與「母」並不是同一概念。女人、包括妻子，一旦成為母親（及婆婆），則地位大變。中國法律給予了母親以一定的家長權與財產權，[77]這些權利高於《漢穆拉比法典》、《摩奴法典》、古希臘法典與羅馬法中的相關規定。[78]再看《唐律》中的如下條文：「尊長，謂祖父母、父母、伯叔父母、姑、兄姊是也。」[79]則家族中的女性長者、男方

75　威斯納－漢克斯：《歷史中的性別》，何開松譯，北京：東方出版社2003年版，第125、127頁。

76　《赫魯曉夫言論》，北京：世界知識出版社1966年版，第2集，第63頁。

77　賈艷紅：〈以唐代為例看封建社會的「母權」〉，《史學月刊》，2003年，第7期，第123–126頁。

78　張志京：〈中國古代女性法律地位的再認識〉，《沈家本與中國法律文化國際學術研討會論文集》，北京：中國法制出版社2005年版，下冊，第878–881頁。

79　《唐律疏議》卷二〈名例〉，劉俊文點校，北京：中華書局1983年版，第41頁。

的女性近親長輩，都被法律認定為「尊長」了。由唐至明，母喪的規格扶搖直上，一直到與父喪比肩。[80]

傳統文化對「慈母」、「良母」的讚頌，源遠流長。我就「二十四孝」故事做了一個簡單統計，故事中的孝敬對象有10位父親，23位母親，母親是父親的2倍多。[81]也就是說，「孝於母」的故事遠遠多於「孝於父」的故事。究其原因，可能因為相對於父親，母親是弱者，所以特別需要兒子的孝敬呵護。然而肯定不僅如此，更重要的原因，應是「母愛」對中國人來說特別地溫暖，中國人對「母」的依戀特別地深沉。伏羲與女媧、東王公與西王母、玉皇大帝與王母娘娘之類神話，不妨說，也都為中國人的「父母二元論」的思維模式提供了支持，或者說是由「父母二元論」的思維模式催生的。性別不明的觀音在漢文化中被女性化了，號稱「大慈大悲觀世音菩薩」，還變成了「送子娘娘」，也是因觀音代

80　朱成實、伍純初：〈試論中國古代「母親」概念的異化：以服母喪的變化為視角〉，《中華女子學院山東分院學報》，2004年，第3期。

81　我依據《新刊全相二十四孝詩選》與《新刻官板全像二十四孝日記故事》，就「孝於父」或「孝於母」一點，做了一番統計。所涉人物共計27位，其中孝於父者4例，即董永、黃香、楊香、庾黔婁；孝於母者（含繼母、婆母）17例，即曾參、閔損、劉恆、蔡順、郭巨、姜詩、陸績、江革、王哀、孟宗、王祥、唐夫人、黃庭堅、朱壽昌、張孝‧張禮、韓伯俞。孝於母者是孝於父者的4倍。當然，此外還有同時孝於父母者6例，即舜、老萊子、郯子、子路、丁蘭、吳猛。如果把這6例分別計入，則所涉孝敬對象有10位父親，23位母親，母親是父親的2倍還多。《新刊全相二十四孝詩選》與《新刻官板全像二十四孝日記故事》二書關係，可參看陳正宏：《漫話二十四孝》，上海：上海文化出版社1992年版，第二章〈二十四孝故事的纂集與流行〉。

表了一種女性長者所能提供的「類母親」的溫厚慈祥，所以深得廣大人民群眾的嚮往喜愛。[82]

胡適已利用「父母二元論」討論孔孟之異了：「若用西方政治學的名詞，我們可說孔子的，是『爸爸政策』（paternalism 或譯父性政策）；孟子的，是『媽媽政策』（maternalism 或譯母性政策）。爸爸政策要人正經規矩，要人有道德；媽媽政策要人快樂安樂，要人享受幸福。」[83]徐翔循跡而來，且後來居上，借助萊考夫的兩分法，修訂胡適之說，論定孔孟同揆，均不屬「嚴父」型，都可以歸於「慈愛父母」模式。[84]儘管中國與蘇聯政治制度相同，但中國政治生活更多地使用母性語言，而不是父性語言，這地方就顯示出了傳統文化的影響。正如何金梅所指出的那樣，「在現代的國家主義敘事中，『母親』這一符號的使用頻率相當高」，「『母親』不是具體的媽媽，而是一個象徵性事物，在不同的語境裏有各種各樣的變體。如母親形象與民族、國家、大地、領袖、政

82　朱光磊指出：「古代印度受到其本土文化的男女不平等的影響，故多以男身描述觀音。由此，在漢地的觀音的女身形象就有對治之效」，「女身觀音形象具有母親般的寬愛，不論子之善惡，只要一心懺悔，母親即來救濟幫助」。見其〈觀音形象在漢地女身化的途徑與原由〉，《世界宗教研究》，2016年，第6期，第70頁。羅夫·史坦（Rolf Stein）評價「白衣觀音」：「『白衣』是以觀音為首的蓮花部的母親」；卡蘭·郝內（Karen Horney）評價「送子觀音」：「祂是母性慈愛新的表徵」，儘管並非母性。均見《中國的觀音信仰（下）：女性觀音》，香光寺2000年版，第46、55頁。此書對境內外的觀音研究，引述頗多，可參看。

83　胡適：《中國哲學史大綱》，石家莊：河北教育出版社2001年版，第223頁。

84　徐翔：〈重審儒家的家國觀——從喬治·萊考夫的道德政治論說起〉，《開放時代》，2011年，第3期，第49–54頁。

權、河流等無數巨大的事物相關聯」。[85]在「法律父愛主義」之外，近年來又有國人揭舉「司法母愛主義」概念，用以指稱刑事司法中對青少年的挽救與感化。[86]

　　無論如何，中國傳統文化中的「母」之形象，相當明麗耀眼。在這個現象的背後，便是芸芸眾生對「母愛」的渴求，一種孩子式的渴求。作為文化符號，「母」早有妙用。在那個男權至上的時代，男性君王的「人設」中卻被添加了「慈母」的元素。「為民父母」的呼籲者不憚性別抵牾，嘗試給鐵腕鐵面的帝王，換裝一顆柔軟的慈母之心。而專制帝王們，也在「家嚴」形象之外，努力做出「家慈」的慈祥可親狀。嚴父與慈母，構成了儒家式統治者的兩張面孔。黑格爾只強調在中國「皇帝猶如嚴父」，[87]雖不無所見，卻不全面，未免遺略了中國皇帝形象中的「慈母」成分。我敢這麼說：所謂「為民父母」的「父母」，其實是一個偏義複合詞，「父」這個詞素只是陪襯，其重心是「母」，「為民父母」的真諦是「為民之母」。

　　「親親」與「尊尊」，係周代禮教之核心。對這一點，牟宗三有一概括：「周公制定的禮雖然有那麼多，但主要是分成兩系，一個是親親，一個是尊尊。所謂親親之殺，尊尊之等。親親就着家庭骨肉關係說。親其所親。……尊尊是屬政治的，它也有等級。尊尊下面又分兩系，一系是王、公、侯、伯、子、男，另

85　何金梅：〈古代敘事中母親形象的文化解讀〉，《玉林師範學院學報》，2006年，第2期，第8頁。

86　郭雲忠：〈刑事司法中的母愛主義〉，《法律科學》，2009年，第2期，第54–62頁。

87　黑格爾：《歷史哲學》，上海：上海書店2001年版，第122頁。

一系是王、公、卿、大夫、士。」[88]因「尊尊」而有義、有忠，因「親親」而有孝、有仁。由血親之愛外推，「老吾老以及人之老，幼吾幼以及人之幼」，「四海之內皆兄弟」，那就是「仁」了。「親親多仁樸」，「尊尊多義節」，[89]「親親之恩莫重於孝，尊尊之義莫大於忠」。[90]「親親」體現同宗同種、相親相愛，「尊尊」表明貴賤有等、尊卑有差。連禮樂、天地、陰陽等概念，也被拿來充實這套二元模式：「樂者為同，禮者為異。同則相親，異則相敬。……禮義立，則貴賤等矣；樂文同，則上下和矣。……樂由天作，禮以地制；……仁近於樂，義近於禮」，[91]「樂由陽來者也，禮由陰作者也」。[92]這一堆二元概念整齊地組合起來，若加以羅列，便如圖3所示：

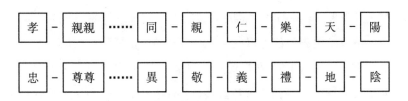

圖3 忠孝尊親二元論示意

由此，忠孝家國之秩序昇華為天地秩序，跟天地宇宙同構。

88　牟宗三：《中國哲學十九講》，上海：上海古籍出版社2005年版，第46頁。

89　董仲舒：《春秋繁露・三代改制質文》。蘇輿：《春秋繁露義證》，鍾哲點校，北京：中華書局1992年版，第205、208頁。

90　《漢書》卷八〇〈宣元六王傳・東平思王劉宇傳〉，第3320頁。

91　《禮記・樂記》。《禮記正義》卷三七，阮本，第1529頁中欄。

92　《禮記・郊特牲》。《禮記正義》卷二五，阮本，第1446頁下欄。

四、近代挑戰：「子民」還是「公民」

自然界的基本法則，是「物競天擇」。對於動物來說，舉足輕重的是「群」。在一個魚群裏，某一條魚的憂樂存亡，無足輕重；在一個羊群裏，某一隻羊的憂樂存亡，無足輕重。自然界中一個個延續着的主體，是種群。個體轉瞬即逝。如果離開了群體，個體「什麼也不是」。與之同理，在各個傳統社會中，相對於家、族、國及各種團體，個人總是無足輕重的。

正如馬克思所云：「我們越往前追溯歷史，個人，從而也是進行生產的個人，就越表現為不獨立，從屬一個較大的整體。」[93] 古希臘的政治哲學，就是以城邦為本位的，個人只是城邦的一分子，只有為城邦盡了義務，才能實現一己權利。伊斯蘭教所珍視的是「烏瑪」（Ummah，穆斯林共同體），對安拉和對共同體的義務，被認為優先於個人權利。[94] 傳統中國文化所關注的「人」也不是「個人」，而是個人在群體中、社會上所承擔的角色，如君臣父子夫妻等等。各種角色各盡其責才能各得其所，個人的生命價值大小，跟他所履行的責任義務成正比。「民」無疑是一個集合概念，「為民父母」的統治模式當然也是群體本位的，或說是「家國天下本位」的。

93　馬克思：〈巴師夏和凱里〉，《馬克思恩格斯全集》，第46卷，中共中央馬克思恩格斯列寧斯大林著作編譯局譯，北京：人民出版社1974年版，上冊，第21頁。

94　1981年《伊斯蘭世界人權宣言》：「根據我們對安拉的原初盟約，我們的義務優先於權利。」A. K. Brohi：「國家權威與個人之間不存在衝突，因為兩者都必須服從真主的法律。」參看高鴻鈞：〈伊斯蘭人權觀〉，《世界宗教研究》，1995年，第3期，第2頁；《伊斯蘭法：傳統與現代化》（修訂版），北京：清華大學出版社2004年版，第325–326頁。又參劉精忠：〈伊斯蘭人權觀與世俗化略論〉，《西亞非洲》，2003年，第1期，第39–43頁。

　　從自然界到人類社會，本來都是群體本位的。可是到了近代，在廣袤世界的一個角落裏——西歐，零零星星地有幾個人，開始申張個人本位了。「人」、「個人」、「每個人」之類語詞，引人注目地充斥着他們的著述。這是一種「一個都不能少」的理論。魚群裏死幾條魚、羊群裏死幾隻羊，對魚群、羊群無足輕重。然而，恰好你就是那條魚、你就是那隻羊，該你去死呢？在「個人本位」的價值觀中，每一個人的生命、自由和幸福，都至高無上，「一個都不能少」。在悠久深厚的整體主義國家觀之外，個體本位的國家觀異軍突起。同以家富國強為思考起點的傳統政治觀念不同，「每個人的權利」這個嶄新的思考起點，蘊育出了嶄新的政體偏好。傳統的制度設計思想，通常是「最能富國強兵的制度就是最好的」，近代以來一種新思想萌生了：「能最大限度地保障每個人的權利的制度就是最好的。」

　　「近代完整的個人主義國家觀，應該以霍布斯（Thomas Hobbes）和洛克的社會契約論為代表，它徹底地重構了個體與國家的關係。」[95]霍布斯認為，「自然狀態」中的個人即已擁有全部權利了，國家是從「社會契約」開始的。洛克把個人的生命、自由和財產視為自然權利，只是為了保障每個人的權利，國家才被組建出來。「人類天生都是自由、平等和獨立的，如不得本人的同意，不能把任何人置於這種狀態之外，使受制於另一個人的政治權力。」[96]基於「個體自主」的原則，每個人的命運都應由他自己來決定，進而誰來統治我，也不容強加，也應該經過我的同意。若依此理念，則民主制度勢在必行。

95　王樂理等：《美德與國家：西方傳統政治思想專題研究》，天津：天津人民出版社 2015 年版，第 59 頁。

96　洛克：《政府論》，下冊，第 59 頁。

　　康德宣稱：「沒有人能強制我按照他的方式而可以幸福，而是每一個人都可以按照自己所認為是美好的途徑去追求自己的幸福。」[97]自由的真諦，就在於自己做自己的主人，就是由自己來安排自己的生活、決定自己的命運。密爾相信「自己規劃其存在的方式總是最好的，不是因為這方式本身算最好，而是因為這是他自己的方式」。密爾進而弘揚「個性」（individuality），認為每個人都獨一無二、與眾不同，「個性」至高無上、不容化約。所以事務由個人處理，就比交給政府更好，即便政府做得較好，仍以交給個人處理為宜。[98]那麼大社會、小政府的制度設計，也勢在必行。這種對「個性」的尊崇，也深深影響了馬克思、恩格斯，為此他們把共產主義社會描述為「這樣一個聯合體，在那裏，每個人的自由發展是一切人的自由發展的條件」。[99]

　　不難看到，制度、文化難解難分，不同的政治文化，就是不同制度建構的理念起點，或說是其土壤、搖籃、溫床。隨着對個人本位、個體自主的日益崇尚，「家長式統治」、「父權政治」變成了貶義詞，甚至被看成一種專制形式了。先來看康德之言：

　　　　一個政權可以建立在對人民仁愛的原則上，像是父親對自己的孩子那樣，這就是父權政治。因此臣民在這裏就像是不成熟的孩子，他們不能區別什麼對自己真正有利或有害，他們的態度不得不是純消極的，從而他們應該怎樣才會幸福便僅僅有待國家領袖的判斷，並且國家領袖之願意這樣做便僅僅有待自己的善心。這樣一種政權乃是可能想像的最大的專制主義，（這

97　康德：《歷史理性批判文集》，何兆武譯，北京：商務印書館1996年版，第182頁。

98　密爾：《論自由》，許寶騤譯，北京：商務印書館2007年版，第80、131頁。

99　《馬克思恩格斯選集》，北京：人民出版社1972年版，第1卷，第273頁。

種政權取消了臣民的一切自由，於是臣民也就根本沒有任何權利。)[100]

標榜「仁愛」的那種政權形式，康德認為是一種「父權政治」，進而是最大的專制主義，因為它居然拿臣民當孩子。這樣的論述，會讓國人目瞪口呆、驚詫莫名嗎？至少我曾深為感慨。又如文藝理論家赫爾德 (Johann Herder)：

> 父為子綱，君為臣綱，君王通過層層官吏，像對待自己孩子那樣保護和統治子民，難道世上還有比這更完善的治人準則嗎！……可是……在一個國家裏，倘若孩童般的順從沒有限度，倘若人們硬要把這種只有未成年的孩子應盡的義務強加給那些已經成了爸爸的成年男子漢……那將會出現什麼樣的情形呢？[101]

中國的君王竟然像保護孩子那樣保護其子民，這讓赫爾德為之驚嘆，然而他內心又十分排斥，因為他厭惡那種「孩童般的順從」。又如托克維爾：

> 在這樣的一群人之上，聳立著一個只負責保證他們的享樂和照顧他們的一生的權力極大的監護性當局。這個當局的權威是絕對的，無微不至的，極其認真的，很有預見的，而且是十分和善的。它很類似父親的權威，那種以教人長大成人為目的的權威，其與父親的權威相反的是，它尋求讓他們永遠滯留在童稚階段。它喜歡公民們享樂，而且認為只要設法享樂就可以了。

100　康德：《歷史理性批判文集》，第182–183頁。
101　赫爾德：〈中國〉，引自夏瑞春編：《德國思想家論中國》，陳愛政譯，南京：江蘇人民出版社1995年版，第83、87頁。

> 它願意為公民造福，但它要充當公民幸福的唯一代理人和仲
> 裁人。[102]

托克維爾對「充當公民幸福的唯一代理人和仲裁人」、讓人們「永遠滯留在童稚階段」的那種權威，懷有深深排斥，認為它與父權非常相似，也是一種專制，把他名之為「行政專制」(administrative despotism)。又如密爾：

> 對於本人自己，對於他自己的身和心，個人乃是最高主權者。
> 或許無須多加說明，這條教義只適用於能力已達成熟的人類。
> 我們不是在論幼童，或是在論尚在法定成年男女以下的青年。
> ⋯⋯根據同樣理由，對於那種種族自身尚可視為未屆成年的社
> 會當中的一些落後狀態，我們也可以置諸不論。[103]

信奉「個人乃是最高主權者」的密爾，把「已達成熟的人類」同「未屆成年的社會」區分開來，可以說意味深長。這等於把「成人」、「兒童」用為兩種不同政治體制的文化符號了。他還說專制只適合於「野蠻人」。

這就很有趣了：在那些事涉「專制—民主」的啟蒙話語中，時時出現「家長—兒女」「成人—兒童」之類二元措辭。專制者被

---

102 托克維爾：《論美國的民主》，董果良譯，北京：商務印書館1988年版，上冊，第869頁。其中「它很類似父親的權威，那種以教人長大成人為目的的權威；其與父親的權威相反的是，它尋求讓他們永遠滯留在童稚階段」一句，係我重譯。原譯文是「如果說它是一種父權，以教導人如何長大成人為目的，那它最像父權不過了。但它並非如此，而只是以把人永遠看成孩子為目的」，原文是「It would be like the authority of a parent, if, like that authority, its object was to prepare men for manhood; but it seeks on the contrary to keep them in perpetual childhood」。

103 密爾：《論自由》，第11頁。

認為與父家長非常類似，統治者自視或被視為家長、待被統治者如兒女的政治形態，被認為是一種專制形態。啟蒙者厭惡被當作小兒，不肯做「子民」，也不承認善意、仁愛足以支撐統治合法性。對中國王朝的評價，在十八九世紀的西歐相應反轉，其「西方中心論」口吻，頗令今之國人反感：帝制中國不乏仁愛之君，不乏豐衣足食、秩序安定、文化繁榮的太平盛世，西方人憑什麼視而不見，非把中國貶為「專制」呢？這裏橫着一道價值觀的鴻溝：今人覺得暴君、暴政才算「專制」，西方人卻抱定了一個偏見——高高在上、管教孩子似的安排着千百萬人的生計身心，即便出自善意、基於「仁愛」，也是專制。

19世紀晚期西風東漸，焦頭爛額的當局一時無力遏阻新思想的傳入，遂有國人，其內心深處的個性與自由意識被激活，開始超越傳統，質疑家長式統治了。其時開始反省「為民父母」理念的國人，在清末首推嚴復：

> 蓋西國之王者，其事專於作君而已，而中國帝王，作君之外，兼以作師。……中國帝王，下至守宰，皆以其身兼天、地、君、親、師之眾責。……卒之君上之責任無窮，而民之能事，無由以發達。使後而仁，其視民也猶兒子耳；使後而暴，其遇民也，猶奴虜矣。為兒子、奴虜異，而其於國也無尺寸之治柄，無絲毫應有不可奪之權利則同。由此觀之，是中西政教之各立，蓋自炎黃堯舜以來，其為道莫有同者。[104]

> 蓋使其民生逢「仁愛國家」，以「父母斯民」自任，然而耕則為定播穫之時，商則為制庸贏之率，工則與之以規矩，士則教其

104　嚴復：〈《社會通詮》按語〉，《嚴復全集》，汪征魯、陳旭東、方挺點校，福州：福建教育出版社2014年版，第3卷，第461頁。

所率由，其於民也，若襁負而繩牽之，毫末無所用其發己之志慮。嗟乎！此在中國或將奉其上以「神明父母」之稱，以其身所遭，為千載一時之嘉遇。顧彼西民則以如是之政府，為真奪其自由，而己所居者，乃真無殊於奴隸。故西語所謂「父母政府」者，非嘉號也。[105]

嚴復發現，被國人奉為最高境界的那種「仁愛國家」、「父母政府」，那種事事干預、無事不管、「身兼天、地、君、親、師之眾責」之體制，卻被西民看成一種「視民也猶兒子」的奴役政體，這便引發了他的驚訝感嘆。嚴復發覺，「自由」是東西兩方的最大迥異處：「顧彼行之而常通，吾行之而常病者，則自由不自由異耳」。[106] 嚴復採納了「以限制政府之治權為自由」這樣的自由定義，政府管多了，自由就少了，進而強調，就連民權政府都會侵蝕自由，遑論家長式政府了。[107] 嚴復看到，「仁愛國家」、「父母政府」並不可靠，「向之所以為吾慈母者，乃今為之豺狼可也」，可靠的是制度而不是仁政，「民之所以常免於暴者，亦恃制而已，非恃

---

105 嚴復：《政治講義．第五會》，《嚴復全集》，第6卷，第45–46頁。文中的引號為我所增。

106 嚴復：〈論世變之亟〉，《嚴復全集》，李凡、李學智點校，第7卷，第12頁。

107 嚴復：《政治講義．第五會》，《嚴復全集》，第6卷，第49頁。嚴復很有創意，他把憲政與專制、自由與管治區分為兩組概念，憲政與專制相反，而自由與管治相反。進而對憲政、專制、自由、管治四者加以排列組合，就讓下兩種可能性凸顯了：專制政府暴虐但也可能管治很少，臣民反有較多自由；「如保赤子」的「父母政府」及民權政府也可能事事干預，至纖至悉，結果造成了自由的萎縮。這樣的思辨可稱精細。

其人之仁也」。[108] 不管嚴復的思想先後有過什麼變化，在他奮筆疾書上引文字的那個時刻，他對「仁愛國家」、「父母政府」的溫情敬意業已淡化，「尊民叛君，尊今叛古」了。

另一位與嚴復同樣敏銳的梁啟超，也滋生了同樣觀感：

> 中國先哲言仁政，泰西近儒倡自由。……當二千年前，正人群進化第一期，如扶床之童，事事皆須藉父兄之顧覆，故孔孟以仁政為獨一無二之大義。……但我輩既生於近日，經二千年之涵濡進步，儼然棄童心而為成人，脫蠻俗以進文界，豈可不求自養自治之道，而猶學呱呱小兒，仰哺於保姆耶？抑有政府之權者，又豈可終以我民為弄兒也？[109]

顯而易見，「家長—兒女」、「成人—兒童」這類二元觀照，也映入了梁啟超的腦海。梁氏也意識到，「仁政」與「自由」南轅北轍。人民既然已不再是「扶床之童」、「呱呱小兒」了，則統治者也不應以「父兄」、「保姆」自居，「孔孟仁政大義」應讓位於「自養自治之道」。梁啟超把「全體之權利」視為個人權利之集合，把「個人之獨立」看成「全體之獨立」之前提，[110] 還把事事插手的政府、「一

108　嚴復：〈《法意》按語〉，《嚴復全集》，鄭有國、薛菁點校，第4卷，第206頁。

109　梁啟超：〈論政府與人民之權限〉，《梁啟超全集》，湯志鈞、湯仁澤編，北京：中國人民大學出版社2018年版，第3集，第9–10頁。

110　梁啟超〈十種德性相反相成義〉：「故今日欲言獨立，當先言個人之獨立，乃能言全體之獨立。」《新民說》第八節「論權利思想」：「一部分之權利，合之即為全體之權利；一私人之權利思想，積之即為一國家之權利思想」，「國民者，一私人之所結集也；國權者，一私人權利之所團成也」。《梁啟超全集》，第2集，第285、560、562頁。

切干涉之而負其責任」的政府，視為一種通往專制的政體。[111]這也是離經叛道的。

當然，又有學者指出，梁啟超、嚴復的「個人主義」、「自由主義」並不徹底，只是都他們被用作「救國」、「強國」的手段而已，他們與西方古典自由主義的距離，不止一步之遙。[112]而我的看法不盡相同。嚴復、梁啟超，還有很多學者，其純學術思考與跟他們的時政論辯之間，存在着某種「錯位」、「落差」，其學術思考更為西化。個人權利與自由是西人政體設計的出發點與歸着

---

111 梁啟超〈雜答某報〉：「即行社會革命，建設社會的國家，則必以國家為一公司，且為獨一無二之公司，此公司之性質，則取全國人民之衣食住，乃至所執職業，一切干涉之而負其責任。…… 有之能保其無濫用職權專制以為民病乎？能之而可以持久而無弊乎？」《梁啟超全集》，第6集，第92頁。為此雷頤讚揚說：「此話寫於世界上『第一個社會主義國家』建立十年之前，也就是說，在尚無任何『實例』可供參考借鑒之時，他僅憑隻言片語就能看到在這種體制下所有權力都為國家所有、個人將無任何權利的巨大危險，確實深具洞見。」見其〈中國的「百科全書式」巨人——梁啟超的現代意義〉，收入《走向革命：細說晚清七十年》（雷頤文集晚清卷），太原：山西人民出版社2011年版，第303頁。按，〈雜答某報〉發表於1906年，其實在兩年之前，也就是1904年，在《新大陸遊記》中，梁啟超已有了「蓋國家社會主義，即以極專制之組織，行極平等之精神」這樣的認知，以及「社會主義為今日全世界一最大問題」之預言了（《梁啟超全集》，第17集，第150頁）。須知在當時的世界上，連一個社會主義國家都沒有呢，「第一個社會主義國家」是十二年之後才問世的。梁啟超的洞察力，確實令人讚嘆。

112 例如雷頤說：「在梁啟超的思想中，個人主義根本的目的仍是救國、強國。」〈中國的「百科全書式」巨人——梁啟超的現代意義〉，《走向革命：細說晚清七十年（雷頤文集晚清卷）》，第298頁。賀麟認為嚴復紹述西學，目的是「策勉國人努力富強」，「不是純學術的」。《當代中國哲學》，上海：上海書店1991年版，第28頁；《五十年來的中國哲學》，北京：商務印書館2002年版，第26頁。史華茲（Benjamin Schwartz）斷言嚴復「把自由作為提供社會功效的工具，並因此作為獲得富強的最終手段」，《尋求富強：嚴復與西方》，葉美鳳譯，南京：江蘇人民出版社1996年版，第122頁。

點，對這一點，那些學人其實是有體認、有讚賞的，不過轉身面對滿眼的混亂貧弱，就不由得轉從「富強」、「復興」出發，來思考政體問題了。

其實，西方啟蒙思想家從沒有說過，民主可以富國強兵，他們並不認為民主跟「富強」有必然聯繫。民主只是用來保障個體自主與公民權利的，你若珍視自主與權利，民主就有意義。但因文化傳統的浸潤薰陶，中國人之選擇或不選擇民主，是另以「富強」來衡量的，也就是以整體主義國家觀來衡量的。人們大抵都在宣傳只有民主了、共和了，中國才能富強。倘若不搞「民主」中國居然也富強了，那麼「民主」是否還有必要、有價值，就有疑問了。

這樣一來，「父母政府」還是「民主政體」的分歧，就很像「包辦婚姻」與「自主婚姻」的分歧了。自由戀愛、自主婚姻只是保障了你的人生由你自己決定，而不是由他人主宰、他人代決，包括父母，如此而已。但自主婚姻並不能保證家庭圓滿、生活富足。世事洞明的父母已為兒女婚事做出了最佳籌劃，兒女只要點點頭「幸福家庭」便唾手可得，而對不諳世事的年青人來說，自主婚姻就得承擔各種未知風險，那麼何去何從呢？尋求「幸福家庭」的年輕人，同以「自主」、「自由」為最高價值的年輕人，當然各有取捨。價值觀不但決定愛人的選擇，也決定政府的選擇。

五、附談「亞洲價值」

數千年之久的「忠孝家國一體」傳統，進入現代之後自然不會戛然而止、銷聲匿跡，仍具有巨大歷史慣性，至少在可以預期的未來，它仍將以多種方式繼續發揮政治影響，維繫文化特點。

那麼它會以什麼形態存在，以什麼方式繼續發生影響呢？有一個「亞洲價值」的概念，曾涉及了這個「進行時」中的問題。這裏只就「亞洲價值」概念蜻蜓點水、管窺蠡測，對儒家家國忠孝一體論的當代影響，提供若干資料。

東亞這一地區有時被稱為「儒學文化圈」，這個地區的歷史文化具有一定的共性。20世紀60年代以來，日本率先，隨即是台灣、香港、新加坡、韓國，贏得了經濟的迅速崛起，造成了世界經濟中心的東移，令舉世刮目。人們隨即努力解釋這一現象。在20世紀70年代末至80年代，歐美學者提出了「新儒教國家」、「儒家資本主義」、「儒教文藝復興」等概念，除了其制度與政策，「東亞文化特點」也成了一個關注之點。

1993年，新加坡資政李光耀用儒家觀念闡述「亞洲價值」(Asian values)，申張「家國一體」理念，還推崇「父子有親，君臣有義，夫婦有別，長幼有序，朋友有信」，宣稱「中國有句名言概括為：修身、齊家、治國、平天下。我們使全體人民熟知這一信條」。[113] 隨後，這就在東亞和西方引發了爭論。研討與論辯表明，現代東亞「家國一體論」的影響是多面的、多樣的，包含着多種可能性。

在東亞地區，傳統的家國忠孝思想留下了多大影響呢？在上世紀90年代的一個問卷調查中，面對「天下沒有不是的父母」、「棒頭下面出孝子」這樣的問題，大陸、台灣和海外華人家長的認同比例，依然可觀。社會調查顯示，華裔家庭的教育目的是讓

---

113 札克雷亞：〈文化即命運——與李光耀一席談〉，張銘譯，《現代外國哲學社會科學文摘》，1994年，第12期，第3頁。原文見 F. Zakaria, "Culture Is Destiny: A Conversation with Lee Kuan Yew," *Foreign Affairs*, 73(2) , 1994, pp. 109–126。

孩子「聽話」，甚至海外第三代華人年輕父母，依然把「服從」
（obedience）視為「好子女」的標準。認同「聽話」與「服從」論點的
人，在上海家長中分別佔16.4%、22.4%，在台灣家長中分別佔
39.6%、20.6%，在洛杉磯的華裔父母中分別佔20.3%、34.6%。[114]
台灣的家族企業相當發達，1978年一份統計顯示，台灣最大的20
個集團中，有19個決策核心是家族組合；97個集團中，有兄弟
組合的達32個，佔43.8%；前500家大企業中，兄弟為同一企業
的董事長及總經理者有83家，佔16.6%。[115]研究者還在華人的企
業組織裏，看到了一種「儒家等級制」。例如有人發現，華人推崇
的領導風範是「賢明和仁慈的父親」那樣的，下屬的美德則是順從
和忠誠，如同家庭中的「安靜和溫順的孩子」。[116]

　　雖然家族觀念在東亞各地也存在差異，例如中國更重譜系，
而日本更重家產、家屋和成員所構成的「共同體」，[117]等等，但也
有明顯的共同之處，例如都尊重「孝道」。日本文部省在1963
年、1968年、1973年、1978年進行了四次國民性調查，贊成「對
父母的孝是最重要的道德」者的比例逐漸上升，1963年佔61%，
而1978年升至70%。又，日本1974年的一次社會調查顯示，

114　吳燕和：〈華人父母的權威觀念與行為：海內外華人家庭教育之比較研
　　究〉，收入喬健、潘乃谷主編：《中國人的觀念與行為》，天津：天津人民
　　出版社1995年版，第346–347頁。考慮到這兩個問題的高度傳統意味，華
　　人面對問卷的排斥心理，還有各地區自由表達習慣的差異，可以認為這樣
　　的佔比並不算低。
115　彭懷真：《婚姻與家庭》，台北：巨流圖書公司1996年版，第176頁。
116　彭邁克：《難以捉摸的中國人》，楊德譯，瀋陽：遼寧教育出版社1997年
　　版，第84、89頁。
117　陳其南：《文化的軌跡：婚姻、家庭與社會》，台北：允晨文化實業公司
　　1987年，下冊，第10–15頁。

71%的人贊成「在父母親年事已高的情況下，子女與其同居為好」。而面對同一問題，同一時期美國的贊成者僅佔23%，聯邦德國的贊成者佔僅13%。[118]韓國學者也認為，「家庭主義」是韓國的主要國民性之一。[119]

傳統的家庭觀念，看來依然在東亞存留着，儘管程度不同，仍與歐美形成了明顯對比。那麼政治觀念呢？1985年香港的一份社會調查，直接涉及了「家長主義」。面對「政府對待市民，應當像父親對待兒女一樣」這個問題，「同意」或「非常同意」的人數高達81%；面對政府「應當教導市民正確的道德觀念與行為方式」這個問題，「同意」或「非常同意」的人數高達93%。1992年又有一次社會調查，仍包括前述兩個問題，結果是兩個比例仍達81.6%、81.7%，居高不下。還有，對「如果有幾個能幹的人出來統治香港，比談什麼政治改革都好」這個問題，「同意」或「非常同意」的市民高達58.9%。是否可以認為，這樣的高比例，也來自家長式統治的潛在影響呢？調查者因云：「香港人的民主信念其實脫胎於傳統的家長式權威主義。」[120]這雖然只是一個地區性的調查結果，但很可能是有代表性的。

石度初(Doh Chull Shin)把他在亞洲發現的政治觀念，概括為如下5點：

---

118 王家驊：《儒家思想與日本的現代化》，杭州：浙江人民出版社1995年版，第288頁。

119 可參看金文學：《中國人‧日本人‧韓國人》一書對崔宰碩、全烈圭、鄭翰澤等人的論點的引述。濟南：山東人民出版社2005年版，第194–202頁。

120 關信基：〈香港政治文化的持續與變遷〉，收入《中國人的觀念與行為：第四屆現代化與中國文化國際研討會論文集》，天津：天津人民出版社1995年版，第419–420頁。

1. 等級集體主義 (hierarchical collectivism)，即對群體領導們的忠誠；

2. 父家長式的賢能政治 (paternalistic meritocracy)，即賢人領導下的仁政 (benevolent rule)；

3. 人際互惠與調和，即避免與他人發生衝突；

4. 社群利益與和諧，即為社群而犧牲個人利益；

5. 儒家式家庭主義，即家庭高於個人。

石度初還設計了這樣兩個問題，用來測量東亞民眾對家長式統治的態度：

1. 「政府和人民之間的關係應該像父母和孩子之間的關係」；

2. 「政府領導人就像一個家長；我們應該聽從他們的決定」。

其社會調查結果是，中國大陸、新加坡和越南的民眾對此最表擁護，而日本、台灣等地區的民眾的態度疏離。[121] 很容易看到，這個結果跟東亞的制度地圖，具有一定重合性。

　　新加坡在2011年大選之時，有選民表示：「人民行動黨政府是負責任的父親，但過於嚴厲。總是自認為是精英，比你更懂得你的利益在哪，他們為你決定、照顧你。當你天真不懂事，你需要父親為你做決定；但是你成人了，你自然需要他尊重你。」[122] 在這位選民的眼中，新加坡模式具有「父權」的特徵，而他希望走出這種模式。何家棟在批評「亞洲價值」概念時，把它追溯到

---

121 Andrew J. Nathan, "Confucius and the Ballot Box: Why 'Asian Values' Do Not Stymie Democracy," *Foreign Affairs*, New York, vol. 90, no. 40, 2012, pp. 134–139.

122 引自李文：〈新加坡大選：威權模式變臉〉，人民網，2011年6月9日，http://theory.people.com.cn/GB/82288/112848/112851/14861817.html。

「二戰」前日本北一輝的〈日本改造法案大綱〉，那份〈大綱〉裏面便有「以天皇為中心的大家族主義」的主張。[123]韓國史上的制度文化，比日本更接近傳統中國，學者指出，「在韓國人的傳統社會價值觀中居於核心地位的是家族中心主義」，它來源於儒教傳統，並「通過權威主義間接地阻礙了民主化進程」，因為「一國之主和一家之主的差異消失在虛幻的表象之中」了。[124]

家庭的價值在世界各處被珍視着，認為個人、家庭的命運跟國家以至天下的命運相關，這種情懷，在普世範圍中也被珍視的。但儒家「忠孝家國一體論」不盡相同，它已發展為一種政治模式了，把父子關係疊加於君臣關係，事情便複雜化了。韓國、台灣一些政治人物對「亞洲價值」持異議，因為他們覺得李光耀的「亞洲價值」是家族統治的包裝，是抵制民主的策略。例如韓國政治家金大中在1994年發表了〈文化就是命運嗎？──亞洲反民主價值觀的神話：答李光耀〉一文，認定民主是亞洲的必然選擇，進而指責亞洲那些懷疑西方民主的人，全都是主張威權主義的領導人。[125]東亞政治文化土壤，應該不會自然地孕育出現

---

123 何家棟：〈亞洲價值觀源流〉、〈亞洲價值觀的變異〉，收入李慎之、何家棟合著：《中國的道路》，廣州：南方日報出版社2000年版，第158–170頁。

124 許吉：《朝鮮─韓國政治文化》，延邊：延邊大學出版社2006年版，第235、239頁。

125 徐漪譯，《現代外國哲學社會科學文摘》，1995年，第10期，第2–5頁。原文見Kim Dae Jun, "Is Culture Destiny? The Myth of Asia's Anti-Democratic Values," *Foreign Affairs*, New York, 74(6), 1994, pp. 189–194。另一位韓國政治家金泳三雖沒有正面指責「亞洲價值」，但其政治口號是「全球化」，認為「傳統倫理的本質是以血緣關係為基礎的人際關係」，而至現代，「自由、平等和博愛等理念正是維繫彼此的繩子」。參看〈金泳三關於全球化的講話〉，《當代韓國》，1995年，第2期，第1–2頁；金泳三：〈2000年新韓國〉，李在方譯，台北：《講道理》雜誌社1993年版，第43頁。

代政治法律制度來，因歷史慣性，傳統對變革的抵制在所難免。

　　但除了體制層面，「亞洲價值」還有一個文化、社會的層面。人們又看到，那些「亞洲價值」概念的批評者，又並不否認民族文化的價值、儒家道德的優點，甚至相信它們可以與西方的觀念制度取長補短，從而使民主運作得更好，使社會發展得更好。金大中在質疑「亞洲價值」概念的同時，也認為儒家的「修齊治平」體現了「世間萬物都能夠在天下和平地生活與生存」的理念，還讚揚了孟子的「民貴君輕」思想。李慎之在評述「亞洲價值」時，即云：「我們寧可從積極的方面看待這種討論，它代表着全世界的現代化已經走到了一個階段性的轉折，需要清除幾百年來的西方價值觀（或說個人主義的價值觀）為主導的工業文明的積弊，開創一個新局面。」[126]

　　在對「東亞奇蹟」的解釋上，「制度派」與「文化派」各執一端。如果跳出線性的因果框架，即，是制度還是文化催生了東亞奇蹟之類思維，轉取「結構與關係」視角，則一個簡單的道理將映入眼簾：一個零件裝在不同機器上，便發揮不同功能。與之類似，一個政治因子或文化因子的作用，也將因宏觀的「結構與關係」而異。外部現代因素進入了東亞文化區之後，煥然一新的「結構與關係」產生了，傳統因子的功能，就有了「創造性轉化」的可能性。如果跟另一些因體制劇變而遭遇動亂衰敗的國度相比，事情就清晰多了：東亞那些同時實現了政治現代化與經濟現代化的國家，表現亮麗。東亞民眾的勤勉工作、熱愛知識、尊重教育、重視秩序、兼顧群體、服從權威等特點——即便移民西方，

---

126 李慎之：〈亞洲價值與全球價值〉，《李慎之文集》，2004年自印本，第225–235頁。

依然與眾不同——與日本及「亞洲四小龍」既保持了政治穩定，又贏得了制度進步與經濟起飛，被認為存在相關性。

即便從政治傳統說，韓國學者也指出，東亞人民在歷史上一向習慣追隨「聖君」，這就構成了現代權威主義的來源；然而由儒家價值觀所塑造的「善意的權威主義」，在特定歷史階段，又成了韓國現代化的一個積極因素。[127]中國學者尹保雲歷數儒教和集權傳統對韓國現代化的各種阻礙，然而又指出，韓國經驗顯示，「儒教文化可能比世界上許多其他文化更適合於發展民主」，「一方面，儒教傳統文化的較強世俗性構成了巨大的社會張力，……另一方面，民眾對政府的『服從』給韓國走集權主義的民主發展道路提供了條件」；同樣是官僚—威權主義政體，韓國卻與拉美不同，「在整個威權主義時期，韓國工人和農民並沒有受到政治上和經濟上的排斥」，這就受惠於韓國的儒教文化傳統。[128]「不斷進行制度上的革新，擺脫舊傳統的桎梏，使政權結構、法權體制、經濟調控等符合市場經濟的一般規律和原則。在此前提下，某些文化因素或民族『獨特性』才會發生角色的轉換，由阻礙發展的因素變為有益發展的因素。」[129]這也等於說，在新的「結構與關係」中，「民族文化獨特性」這東西是可以發生功能轉變，成為現代化的積極因素的。韓國的民主體制已趨成熟。總統由選舉產生，離任、以至在職總統的劣跡被毫不留情地繩之

---

127 趙利濟：《韓國現代化奇蹟的歷程》，長春：吉林人民出版社2006年版，第26、30頁。

128 尹保雲：《民主與本土文化：韓國威權主義時期的政治發展》，北京：人民出版社2010年版，第199–201、331頁。

129 尹保雲：《韓國的現代化：一個儒教國家的道路》，北京：東方出版社1995年版，第247頁。

以法，權力被關進了籠子裏。同時韓國並沒有因此喪失民族特性。韓國民眾在「身土不二」口號感召下堅持購買國貨，在金融風暴中投入「捐金行動」，便是「家國一體」精神之體現。

其實，在「非個人主義」一點上，以「集團意識」著稱的日本人，可能比中國人更甚，日本員工更情願把個人命運跟公司融為一體；日本民眾對官吏的習慣性服從，[130] 可能也比跟衙門明爭暗鬥了幾千年的中國農民更甚。然而在「二戰」之後，日本成功地移植了現代民主制，人民的政治權利由此得到了法制保障。自2009年以來，日本居然又成功移植了陪審團制度，[131] 而以往人們通常認為，陪審團制度只適合英美文化，並不適合東亞地區。與之同時，其社會生活仍保持了濃厚的「日本特色」，並沒有喪失民族文化主體性。如前所述，「孝」的觀念依然被珍存着。信奉個人主義的美國國民能容忍巨大的貧富差異，日本的貧富差距卻非常之小，屬於分配最平等、客觀上最接近社會主義理想的國家之一（這一點與之相似的還有若干北歐國家），而分配平等的前提與後效，就是國民之間的同胞手足之情、共同命運之感——既然是一家人，就不能老大吃肉、老二喝湯。雖然日人對自己的文化不乏反省，批評這種文化排斥個性，壓抑個人利益和不同意

130　在官吏面前「始終低頭賠禮」、「不辯解」，被民眾認為是最恰當的舉止；政府宣傳、民眾輿論與軍人守則等，全都在宣揚絕對服從和滅私奉公。參看南博：《日本人的心理》，北京：文匯出版社1991年版，第1–11頁。

131　馮濤：〈日本裁判員制度及對我國陪審制度的借鑒意義〉，《鄭州大學學報》，2008年，第5期；英格拉姆·韋伯：〈日本新陪審制：在保留大陸法系司法傳統的框架內賦權公眾〉，《江西社會科學》，2011年，第8期；周長軍、韓林均：〈日本裁判員制度的運行效果研究——兼及我國人民陪審員制度的完善〉，《法治現代化研究》，2017年，第3期。

見，[132]然而完全由個人主義主導的西方社會，又何嘗不伴隨着另一些痼疾病態，幾乎無法克服呢。自然法則就是有得則有失，有失則有得，沒什麼東西十全十美。日本社會的和諧穩定程度，明顯優於美國，給人以「兼東西之長」之感。

很有意思的是，一項對東亞各國的個人文化類型偏好（2005–2008）的調查顯示，日本、韓國民眾選擇個人主義、平均主義的比例，明顯高於其他各國；選擇集體主義的民眾，又明顯低於其他各國。尤其日本，在個人主義的選擇上一枝獨秀。[133]對此當然可以有各種解讀。我傾向於看成東方、西方的一種交融，傳統、現代的一種交融，如果把個人主義看成現代、西方文化，而平均主義來自傳統、東方文化的話。

現代民主法治和權利自由觀念進入東亞之後，作為一種異質物，難免會引發「排異」，遭遇傳統制度文化的抵制。但若同另一些因民主化而招致衰敗，把國家弄得一塌糊塗的國度相比，東亞那幾個深受儒學沾溉的地區，其民主化、現代化的成績卻極其奪目。這跟東亞傳統文化，包括儒教「家國天下」精神的薰陶，卻又息息相關。尹保雲教授居然提出「儒教文化可能比世界上許

---

132 中根千枝：《日本社會》，許真、宋峻嶺譯，天津：天津人民出版社1982年版，第25頁以下。加藤周一：〈日本社會文化的基本特徵〉，唐月梅譯，收入《日本文化特徵》，長春：吉林人民出版社1992年版，第3頁。加藤周一：《日本文化論》，葉渭渠等譯，北京：光明日報出版社2000年版，第387–388頁。源了圓：《日本文化與日本人性格的形成》，郭連友、漆紅譯，北京：北京出版社1992年版，第69–70頁。

133 在個人主義、平均主義、集體主義三個選項上，日本分別為47.7%、41%、6.8%；韓國分別為27.7%、51.1%、16%。東亞各國的平均值為25.5%、37.2%、27.6%。這個研究出自韓裔美籍學者辛道轍。引自郭定平等：《東亞政治文化與民主轉型》，上海：復旦大學出版社2015年版，第263–264頁。

多其他文化更適合於發展民主」，我覺得這個見解很有道理。經過揚棄，讓古老傳統與現代因素水乳交融，東西方的長處熔鑄一爐，由此贏得互補交融的優勢，給世界提供新的願景，甚至引領文明繼續前行，都是有可能的。

當然，上面所說的只是一種可能，而這個世界存在着多種其他可能，因為天底下存在着各種各樣的政治力量，其現實利益與價值信念大相徑庭。引領人類走出中世紀的近代化運動，是以反神權、反集權為內容的。而在當代世界，分屬民權文化傳統、神權文化傳統、集權文化傳統的不同人群，並未擺脫百年千年久已習慣了的文化觀念與政治形態，有時候其執着頑強，還令人感慨不已。方才所論的「東西方長處互補交融」只是一種可能性而已，同時這個世界的變化，肯定還有其他各種可能性。就神權文化傳統舉一個例子，即作為「伊斯蘭復興運動」一部分的「伊斯蘭法復興運動」。在接受了現代工業科技，物質文明大為改觀之後，一些地區仍堅持傳統的伊斯蘭法，另一些地區自20世紀60年代，又掀起了「伊斯蘭法復興運動」，包括啟用多種傳統罪名，及砍手、斷足、鞭笞、石刑等多種傳統刑罰，用以取代此前從西方引入的世俗法律。[134]儘管都在期望「明天會更好」，然而「吾之蜜糖，彼之砒霜」，世界的前景仍是未定之局。

---

[134] 此處參看高鴻鈞：《伊斯蘭法：傳統與現代化》(修訂版)，北京：清華大學出版社2004年版，第352–372頁；許發民：《刑法的社會文化分析》，武漢大學出版社2004年版，第293–297頁；馬明賢：〈當代伊斯蘭法的復興與改革〉，《西亞非洲》，2005年，第1期，第49–54頁。敏振海：〈國內伊斯蘭法研究的現狀與反思〉，收入陳景良、鄭祝君主編：《中西法律傳統》，北京：中國政法大學出版社2019年版，第15卷，第471–472頁。作為最新動態，可參2024年4月1日騰訊網：〈塔利班最高領導人宣佈將恢復石刑和鞭刑〉，https://new.qq.com/rain/a/20240401A007Z300。

「天地不仁，以萬物為芻狗」，天地間並不存在一個至高無上的主宰，人類社會的此起彼伏、興衰變換，本質上無異於自然界的「物競天擇、適者生存」。而「自然選擇」的結果，從來不是所有物種的皆大歡喜。在歷史洪流面前，個體太微渺了，未來通常不會是個人所嚮往的樣子。然而作為一位學人，其存在價值、生命意義是觀察、探索、思考，不管未來會是什麼樣子、可知或未知，他仍應承擔天職，以觀察、探索、思考為己任。

　　　　　　　本文曾在 2019 年 5 月岳麓書院主辦的
「中古中國思想與政治國際學術研討會」上印發宣講

第四章

北方部族武力如何影響華夏制度史：「南北朝」現象的一個政治學思考

一、異族統治對華夏制度史的意義

中國古代的民族問題，除了可以從民族學的視角探討之外，還能看到它以各種形式，影響到了中國史的更多方面，並且波及到了制度。比如，民族管理與邊疆管理的相關制度設置，如屬邦、領民酋長、羈縻州、土官、理藩院等制度，即其一端。除此之外，北方少數民族還曾不止一次地入主華夏居地，建立起了異族統治的王朝，如十六國北朝、遼朝、金朝、元朝、清朝等。由於這些政權的重要性，人們已將其納入了歷代王朝體系；各種「××通史」的著作，如經濟史、社會史、文化史的通史性著作，往往也為它們設置了專章或專卷。跟華夏政權相比，這些政權的政治體制，呈現出了特殊性。

中國史特別富有連續性。這既包括種族、地域的連續性，也包括文化、制度的連續性。而這個連續進化的歷程之中，又穿插着若干異族入主的王朝，那麼這些非華夏族的入侵與入主，對華夏制度史來說意義何在呢？下面嘗試就此做一個政治學意義的討論。所謂「政治學意義的」，是說嘗試跳出繁瑣史實，重點追尋表象背後的原理、機制。這種思維，跟歷史學的思維是有區別的。

　　上述異族政權在建立之後，其政治與制度都逐漸「漢化」了。要特別注意的是，異族統治還留下了另外一些影響，是不能簡單名為「漢化」的。他們的入侵與入主，在支配華夏政治體制的各種分力之外，平添了一支新的分力，參與塑造了這個體制的方向與特徵。這就是本文所關注的「異族統治的制度史意義」。

　　比如說，宋朝政治通常被認為相對開明寬鬆，在這方面，學者有不少讚揚之辭。或認為宋朝的皇權與政府的關係相對均衡，或認為這時候出現了「士大夫政治」，還有學者使用「皇權象徵化」的措辭，來闡述其體制的合理性。假如沿着學者們所指認的寬鬆開明的方向繼續行進，中國制度史將出現什麼前景呢？不管那個前景可能是什麼，遼、金、元三朝隨即扭轉了那個寬鬆開明的方向。進入明朝，專制集權大為強化了。學者指出，明初專制集權的強化，明顯含有此前元朝統治的歷史影響。這樣看上去，傳統政治體制又向另一方向擺動了，即，向所謂「寬鬆開明」的相反方向擺動了。至於由滿族入主而建立起來的清朝統治，就連呼籲「溫情與敬意」的錢穆，也忍不住要指責其各種專制現象了。

　　姚大力指出：「關於元代的君臣關係，有一個重要的事實似乎至今尚未引起學者的注意：即元代人將大汗—皇帝和他的臣僚們的關係，看作是與使長和奴婢相類似的關係」，「主奴觀念進入元代君臣關係是受蒙古舊制影響的結果，並且它已經滲透到漢式的皇帝—官僚關係中間」。[1]周良霄論明初政治：「君尊臣奴在名

1　　姚大力：〈論蒙元王朝的皇權〉，《學術集林》，上海：上海遠東出版社1999年版，第15輯，第305、307頁。又屈文軍指出，元朝重要官僚大多來自怯薛，係皇室奴僕，由此推動了「以做皇帝奴婢為榮的風氣不斷瀰漫」。見其〈論元代君臣關係主奴化〉，收入湯開建、馬明達主編：《中國古代史論集》，上海：上海古籍出版社2006年版，第2集，第69頁。

義上當然已改變了，但君臣尊卑的差距卻一仍元舊。」[2]張帆認為，蒙元的臣僚奴化、家臣專政等政治特點，與唐宋以來的專制強化趨勢相結合，就成了明朝極端君主專制的兩大來源。[3]李治安也認為，元、明之間存在政治連續性：「元代及明前期社會變動表現之三是：全民服役與君臣關係主奴化」，「儒士的邊緣傾向與君臣關係主奴化」，明初的「君主獨裁與臣僚奴化，尤其是後者，與元朝相比，甚至有過之而無不及」。[4]

滿清入主，再度帶入並強化了「主奴關係」。楊珍對「權臣」的辨析顯示：「清帝作為八旗共主，與滿洲大臣具有主奴關係。鰲拜等權臣雖然極有權勢，但仍是皇帝的奴僕」，「清朝權臣對皇權的依附性，超過包括明朝在內其他王朝的權臣」。[5]錢穆揭舉「擁護集團」概念，並從這個角度揭示原因：「讀書人擁護皇帝比較是公的。因為讀書人不是皇帝的私勢力。而且讀書人也不是一個固定的集團。中國歷史上只有元和清，皇帝後面由整批蒙古人和滿洲人幫忙。」[6]華夏政權通常「與士大夫治天下」，而在元朝與清朝，則由異族征服者構成「擁護集團」，這也是個體制問題，或說是兩種體制相互關係的問題。

2　周良霄：《皇帝與皇權》，上海：上海古籍出版社1999年版，第271頁。

3　張帆：〈論蒙元王朝的「家天下」特徵〉，載《北大史學》，北京：北京大學出版社2001年版，第8輯，第50頁。

4　李治安：〈元代及明前期社會變動初探〉，《中國史研究》，2005年增刊，第88頁；〈兩個南北朝與中古以來的歷史發展線索〉，《文史哲》，2009年，第6期，第12、18頁。兩篇文章的內容都納入了氏著《元史暨中古史論稿》，北京：人民出版社2013年版。

5　楊珍：〈清朝權臣與皇權的關係及其特點〉，《清史論叢》，北京：中國廣播電視出版社2004年版，2003–2004年號，第40、46頁。

6　錢穆：《中國歷代政治得失》，北京：生活・讀書・新知三聯書店2001年版，第150頁。

　　認定「專制」通常有兩項標準，一是權力的集中化程度，一個是君主的人身支配和臣民的人格依附的強度。比起宋朝來，明、清時這二者顯然都強化了，而且其強化，被認為與蒙古族、滿族的入主相關。當然，「主奴關係」、「專制主義」之類用語，在時下的語境中會給人負面感受。不過，同樣的歷史現象是可以容納多樣評價的，因視角而異。比如也有學者提出，清朝因其強大皇權與中央集權，在控制更大疆域這方面相當成功，並把這說成是一筆歷史遺產。若把評價與事實區分開來，那麼異族入主的制度史影響，也可以處理為一個中性的 (value free) 實證課題，或說它至少有一個中性的實證層面，可以同「評價」區分開來。

　　李治安的論述，特點是採用了「兩個南北朝」這個視角。所謂「兩個南北朝」，第一個是傳統所說的晉唐之間的「南北朝」，第二個是遼宋金夏元所構成的「南北朝」。李治安以「第一個南北朝」，來旁證、深化其對「第二個南北朝」的認識，尤其是對第二個南北朝的制度源流異同的認識。這就拓寬了思考的空間。

　　對「第一個南北朝」，「南北制度源流異同」構成了一個富有啟發性的論題，學者已有不少揭示，這些揭示推動了我本人的思考。我也覺得，此類「南北對比」的推進與深化，會使「北族對華夏制度史影響」的研究，變得更為豐滿。「南」的方面，代表了華夏政治體制與文化的內在趨勢，或說是連續發展的方面；「北」的方面以其種族、制度與文化方面的異質因素，呈現為另一個分力，疊加於華夏體制之上。「南北交織」，兩個作用力，必然會形成一個新的「合力」。那麼，在發生了「南北朝」現象的歷史時期，「南」具體是什麼情況，「北」具體是什麼情況？異族體制與華夏固有制度之間到底發生了什麼？這樣探索可以告訴人們，中國傳統政治體制最終演變成了那個樣子，留下了那樣一條軌跡，除了內因之外，還有一個不可忽視的外部因素。

二、「胡—漢」與「文—武」

在拙著《波峰與波谷：秦漢魏晉南北朝的政治文明》[7]中，我對魏晉南北朝時各政權的制度源流異同，提供了一番粗線條的闡述。在這時候，我把所觀察的「政治體制」或「政治形態」，區分並化約為三個層面：

1. 政治制度。即君主制、官制、法制及人事制度等。
2. 政治勢力。即主要階級、階層、集團、群體等等的結構。
3. 政治文化。即相關群體對政治與制度的態度與觀念。[8]

一般說來，制度與政治文化相適應，這個制度就穩定；若不相適應，體制就不穩定。同類制度施行於不同文化環境，可能效果懸殊。尤其到了社會變革之時，觀念與文化往往就成了制度選擇的決定因素。

從制度史的角度看，十六國北朝的宏觀影響，簡單說就是「五胡」族群所帶入的新政治因素，與漢晉制度碰撞融合，由此重振了專制官僚制的問題。經漢末戰亂而進入魏晉，士族門閥的權勢不斷擴張；法紀鬆弛，政治萎靡；玄學思潮淡化了昔日漢帝國的儒法傳統；皇權黯然失色，東晉甚至出現了「王與馬，共天下」的局面。十六國造成了中國史進程的南北分途，北方社會陷入了巨大動亂，以致梁啟超有「有史以來，人類慘遇未有過於彼

7　閻步克：《波峰與波谷：秦漢魏晉南北朝的政治文明》，北京：北京大學出版社2017年版，序言部分。

8　在政體分類上，我把政治勢力的結構視為標準之一。詳見拙作：〈中國傳統政體問題續談〉（即〈「中國專制主義」問題續談〉），《北京大學學報》，2017年，第2期，第一節，第43–45頁。已收入本書。

時者也」之言。[9]但動亂中也孕育着若干新因素。這裏舉出幾個簡要的例子：

1. 皇權的強化。江南的東晉政權中出現了「主弱臣強」、皇權跌入了谷底，與之同時，北方的十六國君主卻自初就擁有強大的軍事專制權威。也就是說，東晉、十六國兩方皇權的盛衰沉浮，呈反向變動。

2. 法制的重建。魏晉以來名士崇尚玄學，「在職之人，官無大小，悉不知法令」。[10]程樹德比較南北律學，卻看到了一幅「衰於南而盛於北」的景象：「自晉氏失馭，海內分裂，江左以清談相尚，不崇名法，故其時中原律學，衰於南而盛於北。」[11]呂思勉曾這樣讚揚後秦之主姚興：「其重視法學，轉非中國之主所能逮也。」[12]

3. 國家文教的復興。東晉政權中「學在家族」，文教事業依賴士族之「家傳」，而官學不興。而十六國君主在創辦官學培養治國人才上，卻頗為積極。其官學的生徒規模，往往超邁東晉。李慈銘不由得為之感嘆：十六國君主「或親臨講試，或建壇宮中，雖旦夕小朝，兵戈雲擾，而文教之盛，轉勝江東，豈非盜亦有道者歟？」[13]中國史上最早的幾份紙質考卷實物，就出土於十六國的西涼。

9　梁啟超：〈中國佛法興衰沿革說略〉，《佛學研究十八篇》，上海：上海古籍出版社2001年版，第5頁。

10　葛洪著、楊明照校箋：《抱朴子外篇校箋》卷一五〈審舉〉，北京：中華書局1991年版，第418頁。

11　程樹德：《九朝律考》，北京：中華書局1963年版，第311頁。

12　呂思勉：《兩晉南北朝史》，上海：上海古籍出版社1983年版，下冊，第1328頁。

13　李慈銘：《越縵堂讀書記》，北京：中華書局1963年版，上冊，第214頁。

　　十六國「漢化」的涓涓細流不斷匯聚，到北魏孝文帝時便湧
起了一個改革巨浪。官制改革，令行政體制全面完善了。實行
三長、均田之法，編戶齊民體制得以重建。北朝的多次大規模
「括戶」，在控制編戶上顯示了強大的國家能力，而有的學者估
計，江左政權最多只能控制實際人口的1/3到1/4。北朝法制出
現了顯著進步，魏律、北齊律可稱碩果。陳寅恪讚揚魏律「取精
用宏，所以成此偉業」，隨即作南北比較，指出「江左士族其家
世多不以律學相傳授，此又河北、江東之互異者也」。[14]程樹德
云：「南北朝諸律，北優於南，而北朝尤以《齊律》為最。」[15]周齊
政權的政制、法制發展程度，可以認為已反超南朝了。作為中華
法系里程碑的唐律，主要源於北朝。

　　唐代另一制度成就——科舉，也不能說跟北朝無關。從北
魏後期到北齊，考試選官已日益普及，御史台、東西省、尚書省
的官職，往往都用考試選拔。魏孝明帝選御史，參試達八百餘
人；齊文宣帝選拔東西二省官，參試者達兩三千人。這種成百上
千人考試公職的壯觀景象，不僅東晉南朝看不見，甚至連漢朝都
未曾有過。隋唐的「六學」，即國子學、四門學、太學、律學、
書學、算學體制，也是源於北朝的，而非南朝。律學、書學、算
學的強烈實用性，與南朝曾出現的玄、儒、文、史「四學」恰成
對比，後者適應了士族文士的文化興趣。自孝文帝「大考百僚」
而後，考課就成了官員晉升的常規途徑。孝文帝制：內官三年一
考，散官四年一考；北周每年一考，四考黜陟；隋朝的「四考受

14　陳寅恪：《隋唐制度淵源略論稿》，北京：生活·讀書·新知三聯書店2004
　　年版，第124、118頁。
15　程樹德：《九朝律考》，第393頁。

代」之制，應上承北周。從魏孝文帝到隋的頻繁考課，顯示了帝國行政已全面振作。

再從「政治勢力的結構」看，南北兩方的最大差異，在於十六國北朝政權是異族政權——國外學者或稱「征服王朝」，錢穆稱「部族政權」——其中存在着民族特權與民族壓迫。其政權的主幹，是「異族皇權—部落軍功貴族—國人武裝」。在諸民族間生死競爭之中，鮮卑整個民族組成了一個「命運共同體」，因同族紐帶，軍功貴族、國人武裝給予異族皇權以強大支持，構成了錢穆所說的「擁護集團」。

「國人」也就是鮮卑自由民階層，王仲犖指出他們構成了王朝主要軍事力量，因有國人武裝支持，拓跋王權是十分強化的。[16] 按一般規律，貴族強大起來就會削弱王權，江左門閥士族、西歐中世紀貴族，都為「貴族強則王權弱」、「貴族、王權此消彼長」這樣的規律提供了實例。但異族政權下的部落貴族則不盡相同，他們反而是強化皇權的。梁啟超目光如炬，在120多年前就指出了這個現象：「彼以彼之貴族（筆者按，指元朝蒙古貴族），擁護彼之專制，而專制政體亦一進化。」[17] 黃惠賢指出，十六國北朝的政治形態是「少數族軍事貴族專政」：「十六國北朝時期由少數族軍事貴族專政向專制主義中央集權過渡，皇權的極度強化，促使少數族貴族走上官僚化道路」；北魏孝文帝所建立的門閥制度，「從本質上來説，這不是什麼真正的『貴族政治』，而只不過是君主政體下變相的『官僚政治』」。[18]

16　王仲犖：《魏晉南北朝史》，上海：上海人民出版社2003年版，第490頁。

17　梁啟超：〈中國專制政治進化史論〉，《梁啟超全集》，北京：北京出版社1999年版，第3卷，第777頁。

18　黃惠賢：《中國政治制度通史》（白鋼主編），北京：人民出版社1996年版，第4卷（魏晉南北朝卷），第17–20頁。

不同政治勢力會塑造出不同的政治形態。羅素看到：「由於哲人的治理而產生的社會也和武人統治下所產生的社會截然不同。中國和日本就是這種對比的實例。」[19] 魏晉南朝士族名士與北朝軍功貴族，便塑造了不同的政治形態，展示了不同的體制意義。文化士族在江左諸朝享有巨大特權，在北方卻成了被征服者，他們只能依附在「異族皇權—部落軍功貴族—國人武裝」這個政權主幹之上。這樣一來，北朝的漢族士族就不可能像江左五朝高門那樣優游放達、鄙薄政務了，而只能兢兢業業為異族統治者效力，由此發生了「再度官僚化」。南北漢族士族的主要差異，就在於北朝士族「再度官僚化」了，開始向秦漢那種職業文官回歸了，或說向唐宋那種行政官僚演進了。總之，異族政權內部存在一種特殊張力，使各種政治勢力都警覺、振作起來了。兩個政權的競爭，有時候就是兩個政權中最有權勢的政治集團之爭，所以我曾有這樣一個論斷：南北朝史，不妨說就是南朝文化士族與北朝軍功貴族的競爭史。後者成了歷史的勝利者。江左政權到了南朝，也出現了皇權的重振，田餘慶把重振動力歸結為北府兵、流民帥。若做一個南北對比，則南朝軍人階層重振皇權的動量，遠不如北朝的軍功貴族之大。

從政治文化上說，中國作為一個文明古國，自戰國以降，就形成了一個士人階層。士人擁有了自己的政治理論與理想，自居「帝王之師」，如果君主的作為與其理念相左，他們便有可能「從道不從君」，從而展示了一定的文化自主性。（這種文化自主性並不奇怪，在世界史上還能找到若干政權，在其之中，服從詔敕還是服從教義之爭，曾在僧侶階層與國王之間發生。）錢穆所說的

19　羅素：《權力論：新社會分析》，吳友三譯，北京：商務印書館1991年版，第29頁。

「讀書人不是皇帝的私勢力」,這在一定程度上是存在的。漢末名士曾發動了大規模「清議」,而與皇權衝突。從歷史軌跡看,魏晉士族可以視為士人階層的連續發展的產物。在魏晉南朝時,知識階層獲得了更大的文化自主性,竟然變成了特權階層和文化貴族了。玄學名士主張「無為君主論」,推崇不臣天子、不事諸侯的隱士。最激進的名士竟然申張「無君論」,認為君臣制度是罪惡淵藪,若無君主,人類生活將更為自由美好,由此根本否定了君臣制度的正當性,可以說是中國思想史上最激越亮麗的政治訴求。在這一點上,激進的玄學名士甚至超越了孟子——孟子只是否定暴君,卻沒有否定君臣制度本身。如王亞南所指出,玄學文化「引出了非名分、非綱常、非禮教的危險思想」。[20] 這再次證明了一個普遍規律:因文化創造需要自由,所以知識階層天生就有的反專制傾向,時機適當就會表現出來。又王仲犖:「魏晉時期玄學家們崇尚老莊,⋯⋯實際是主張君主無為,門閥專政。」[21] 唐長孺:玄學家「主張無為,告誡皇帝不要多管事。⋯⋯實質上是為大族縱欲辯護」。[22] 儘管王、唐兩位學者採用負面口吻,但也反映了中古士族造成了某種「政治寬鬆」,弱化了皇帝專制,當然也弱化了官僚行政。中國史的另一些潛在可能性,由此顯露出來了。恰好近年有一部討論魏晉文化的新作,書名就題為《中華的另一種可能:魏晉風流》。[23]

20　王亞南:《中國官僚政治研究》,北京:中國社會科學出版社1981年版,第102–103頁。

21　王仲犖:《魏晉南北朝史》,上海:上海人民出版社1979年版,第742頁。

22　唐長孺:《魏晉南北朝隋唐史三論》,武漢:武漢大學出版社1992年版,第79–80頁。

23　作者唐翼明,北京:民主與建設出版社2014年版。「魏晉時代是中國古代的一次文藝復興——復興先秦諸子,而且也閃耀着人本主義和理性精神的光輝。」,第6頁。

　　然而隨北朝統一南朝，這種可能性最終被抑制、被消解了。即便從文化上看，北方與江左社會也判然不同。草原酋長與其部眾間的濃厚主奴關係，把主宰與依附、權勢與服從確定為基本生存法則。因此，跟遼、金、元、清諸朝情況類似，在十六國北朝這片弱肉強食、成王敗寇的土地之上，在異族騎兵的鐵蹄之下，「無為君主論」、「無君論」的思想花朵無從萌生，士人文化自主性的空間被擠壓歸零。草原族群的尚武精神，在建立政權後重塑了對事功、對法制的重視。宮崎市定說，魏晉以來貴族輕視武事、只愛風雅，結果「無能化」、「畸形化」了；[24]而北朝出現了反向的變動，尤其是北周，實行「以功績為本的官僚制度」，「南朝官僚放縱怠政，而北周官僚嚴格整齊」，最終在隋唐「官僚制完全打倒貴族制」。[25]按，北周政權以府兵制為主幹，以至谷川道雄有「府兵制國家論」。[26]北方漢族士人的「再度官僚化」，是在「文—武」的矛盾、「胡—漢」的矛盾交織中不斷深化的。

三、「南朝化」與「北朝主流」

　　唐長孺提出了一個著名的「南朝化」論點，認為東晉南朝繼承魏晉以來的歷史發展，十六國北朝則走上了不同的道路，「插

24　宮崎市定：《東洋樸素主義的民族和文明主義的社會》，劉永新、韓潤棠譯，北京：商務印書館1962年版，第50頁。

25　宮崎市定：《九品官人法研究：科舉前史》，韓昇、劉建英譯，北京：中華書局2008年版，第32、344、333頁。

26　谷川道雄：《隋唐帝國形成史論》，李濟滄譯，上海：上海古籍出版社2004年版，第273頁以下。

入了一段並非必然的過程，出現了一些在特殊歷史條件下產生的
制度形式」。隋唐統一後，南北差異逐漸縮小，這時候經濟、政
治、軍事及文化等方面發生的各種變化，「乃是東晉南朝的繼
承，我們姑且稱之為『南朝化』」，「最足以反映歷史發展過程的
方面是南朝化或南朝因素」。[27]這個「南朝化」的觀點，後來得到
了牟發松的進一步深化。[28]同時另一些學者，強調了北朝的政治
重要性。錢穆：「南北朝本是一個病的時代。此所謂病，乃指文
化病。若論文化病，北朝受病轉較南朝為淺，因此新生的希望亦
在北朝，不在南朝。」[29]陳寅恪：「李唐一族之所以崛興，蓋取塞
外野蠻精悍之血，注入中原文化頹廢之軀，舊染既除，新機重
啟，擴大恢張，遂能別創空前之世局。」[30]業師田餘慶認為：「從
宏觀來看東晉南朝和十六國北朝全部歷史運動的總體，其主流畢
竟在北而不在南。」[31]這類認識，可以稱為「北朝主流論」。

　　「南朝化」和「北朝主流」的提法看似對立，但也只是「看似」
而已。我想強調的是，二者其實是並存互補的。首先是二者針
對的時代不同，進而是二者注重的側面不同：「南朝化」是就唐
以後的變化而言的，且主要是從經濟與文化方面論證的；而「北
朝主流」是針對南北朝而言的，且主要是就政治與制度而言的。
在我看來，所謂「南朝化」本質上就是「漢化」。通觀中國史，少

27　唐長孺：《魏晉南北朝隋唐史三論》，第486、491頁。
28　牟發松：〈略論唐代的南朝化傾向〉，《中國史研究》，1996年，第2期，第
　　51–64頁。
29　錢穆：〈縱論南北朝隋唐的儒學〉，《錢賓四先生全集》，台北：聯經出版事
　　業公司1998年版，第19冊，第426頁。
30　陳寅恪：〈李唐氏族之推測後記〉，《金明館叢稿二編》，北京：生活·讀
　　書·新知三聯書店2001年版，第344頁。
31　田餘慶：《東晉門閥政治》，北京：北京大學出版社1991年版，第360頁。

數族在入主華夏之後，都會發生適應性的「漢化」，被高等文明征服。在這一點上北朝並無例外，其社會文化變遷的主旋律也是「漢化」。可以說，「南朝化」再度證明了中國文化的連續性和強大同化能力，它不但穿越王朝而代代傳承，還把異族政權也拉入了它的前進軌道。

但另一方面，魏晉南朝的士族政治及其玄學文化，東晉「門閥與皇權的共治」局面，顯然也不是傳統政體的「常態」。唐王朝不久就告別了南朝式的士族制度，廢除了以門第選官的九品中正制、代以科舉選官，淡化了玄風、重振了儒學正統意識形態。在這些地方，唐朝並不是努力繼承、而是在努力消解南朝特徵的，亦即，不是「南朝化」，而是相反。這樣看來，魏晉南朝也是中國政治史上的一個曲折、一個「變態」，士族特權及玄學思潮並不代表中國王朝的「常態」，其「常態」是儒學獨尊與皇帝專制。

至於把十六國北朝說成一個「不必然的過程」，我想這是就華夏種族與文化在中國史上的主體地位而言的，當然無可厚非。同時事情也有更複雜的地方，比如錢穆認為，「當時的北方社會，對於中國傳統文化精神之發揚與衍進，有些處尚超於南方社會之上」。[32]南朝崇玄而北朝尊儒，若依錢穆，就王朝尊儒而言，北朝上承兩漢，下啟隋唐。

唐長孺也承認，在他論述「南朝化」時，「職官、法律的變化全未述及」。而我們已一一舉證，北朝提供了可觀的官制、法制甚至禮制進步。這些進步為隋唐所承繼、所發揚光大，並沒有隨「北朝歷史特性」的消失而消失。即便是府兵制、均田制，它們入唐後的逐漸衰落被視為「南朝化」現象，但在北朝的特定階段，前者

32　錢穆：《中國文化史導論》，北京：商務印書館1996年版，第137頁。

提高了軍人階層的政治地位，後者協助重建了編戶齊民體制，其實也是走向隋唐的一級必要階梯，因果鏈條上不可或缺的一環。

從「制度史觀」的視角看，十六國北朝的歷史作用，大致是這樣的：魏晉南朝的士族、玄學等現象，使中國史潛藏的另一些可能性顯露出來了，這種可能性，簡單說就是較強的貴族、較強的知識文化階層與較弱勢、較溫和的君權相結合的一種政治形態。而這時候，十六國北朝構成了一個「矯枉過正」的反向分力，抑制、扭轉了那些可能性。「矯枉過正」的提法，意指相對於漢代的儒生官僚體制、唐宋的科舉官僚體制而言，十六國北朝的「少數族軍事貴族專政」，也不是中國史的「常態」。至於「第二個南北朝」是否改變了北宋所體現的歷史方向呢？對此，若干專業學者給出的回答是肯定的，參前所引。

面對北方遊牧族入主而造成的體制強化，「民族融合的活力」、「野蠻拯救文明」等等提法，可以說是歷史學風格的解釋，或「文化史話語」，它們指向一群彼此交織的綜合性現象。若轉換為政治學思維，方法論就很不同了，那就得把相對次要的東西剔除，努力在彼此交織的因果關係中，找到那個牽一髮而動全身的觸發點、元動力與核心機制。本文期望採用「制度史觀」，聚焦於政治體制，即十六國北朝的各種制度發展，解析其間的因果鏈條，嘗試一個政治學意義的最簡提煉，把北方族群上述歷史影響，即強化、激活專制集權之功，歸結於「部族武力」，更確切一點說就是「部族武力的體制化」。

中國史上的一次次「王朝循環」之中，王朝崩潰是一個固有階段。初創時生機勃勃，幾代後走向全盛，隨後體制的老化僵化，各勢力間利益衝突的日益尖銳，又使衰敗像癌細胞一樣地不斷積累。最終王朝傾覆、權威流失，戰亂在各處製造着暴力。在這時候，某個軍事集團贏得了主動權，吸收了那些暴力，將之

體制化了，專制集權由此重建，甚至強化了。近來有個説法叫「正確的國家觀」。所謂「正確的國家觀」，大概是指馬克思主義的國家觀吧。馬克思認為，國家是一個階級鎮壓其他階級的組織化暴力。「專制」意味着對所有人的支配及所有人的臣服，「暴力」則是一種最能迫使他人屈從、臣服的能力。在自由和平的人群中，暴力強制的做法會遇到困難。而每一次戰爭形式改朝換代都是一場全社會的「服從性訓練」，此時大規模的軍事活動、軍事組織和軍人群體，大大提高了社會中的暴力濃度，讓支配與屈從成為生活常態，在秩序恢復之後，這種大大提高了的支配與屈從的程度，便轉化為集權強度與法制強度。

馬基雅維里看到：「軍隊卻喜歡具有尚武精神的、殘暴貪婪的君主。」[33]鐵腕君主更容易得到軍人的擁戴，反過來說，就是軍人集團能夠塑造鐵腕君主。羅素也發現：「戰爭對於王權的加強一定起過很大的作用，因為戰爭顯然需要統一的指揮。」[34]梁啟超之論中國史：「專制權稍薄弱，則有分裂，有分裂則有力征，有力征則有兼併，兼併多一次，則專制權高一度，愈積愈進。」[35]為此，中國史教科書還形成了一個敘述模式：每當寫到王朝初年，就要設置「專制主義強化」一節。「馬上天下」，即「征伐」形式的改朝換代，看上去是集權體制的一種自我更新機制。即便在現代世界，軍人政府也往往都是獨裁政府。戰國以來集權制的迅猛發展，趙鼎新把其原因歸結為戰爭，具體說就是「戰爭驅動型衝突」，其結果是「由戰爭而催生的軍事權力、意識形態

33　馬基雅維里：《君主論》，潘漢典譯，北京：商務印書館1986年版，第92頁。

34　羅素：《權力論：新社會分析》，第53頁。

35　梁啟超：《中國專制政治進化史論》，《梁啟超全集》，北京：北京出版社1999年版，第3卷，第777頁。

權力和經濟權力的發展最終均為國家所控制」。[36]趙鼎新做社會學科研究，所以其思辨方式與本文類似，即，在政治、文化、經濟各種因素的錯綜關係中，尋找一個關鍵機制，尋找一個「鏈式反應」的觸發點，一條綱舉目張、牽一髮而動全身的「綱」。高度「軍國一體化」的秦國最終完成統一，由此展示出了軍事、戰爭塑造體制的強大能力。

官僚在什麼情況下才會勤奮盡職？在現代民主法治社會，存在着「自上而下」和「自下而上」兩種力量。「自下而上」就是強大有效的公民民主監督，在王朝時代並沒有這種力量，那就只能靠「自上而下」，也就是靠一個鐵腕皇權「泰山壓頂」式的驅策督責了。鐵腕皇權是激活、振作體制的必要條件。不妨說君主是官僚機器的發動機，專制君主則是一台大功率發動機。

在這一意義上，異族的征服與統治，可以視為「馬上天下」——軍事團夥通過戰爭方式改朝換代——的一種特殊形式。也就是說，除了內源性的武裝顛覆供應暴力之外，外源性的民族衝突、民族壓迫和民族統治，同樣也能供應暴力。壓迫異族總比壓迫同胞容易得多，異族征服者在徵斂賦稅，在施行法制，在役使那些腆顏事仇的官僚時，總是更刻薄、更嚴厲。北族社會內部的主奴關係本來就相當濃厚，入侵入主的成功，又添加了被征服者的屈從與臣服，這些東西，隨即就轉化為強勁的集權動力。東晉皇權趨於低迷的同時，十六國北朝卻發生了反向的變動，「五胡」的異族軍事專制，自初就相當強悍。隨體制漢化不斷推進，行政機器再度高效運轉。當然還須說明，秦漢留下的當時世界上最精

36　趙鼎新：《東周戰爭與儒法國家的誕生》，夏江旗譯，上海：華東師範大學出版社2006年版，第21頁。

緻的集權官僚體制，這個歷史遺產，就是十六國北朝「部族武力的體制化」得以發揮「激活」作用的基礎。而漢式體制與部族武力要經過複雜的互動，才能恰到好處地調適磨合，在這個過程中未必沒有過失調、失敗的情況。

北方族群、部族武力對中國制度史曾留下深刻影響，對此，劉昶的研究也曾涉及。劉昶運用「遊牧生存圈」與「挑戰─應戰」兩個概念，闡述了另一種機制：「若要保衛自己先進的經濟和文化，戰勝遊牧民的侵略，只有一個選擇，就是依靠大規模組織起來的集中統一力量。而在當時，這種組織方式只能是專制主義中央集權式的。」「處在遊牧生存圈周圍，不斷受到遊牧部族侵掠的農業社會，就必然大體上是組成為一個統一的專制主義中央集權國家。」他還比較了西歐、拜占庭、印度、日本等例子，以展示在有無異族外患的不同情況下，其社會對專制集權的選擇與否。其結論是若有外患存在，那個社會就傾向於選擇專制集權，這是對外部「挑戰」的一種必要「應戰」。[37] 劉昶的這一論點很值得參考，它表明，即便遊牧勢力還沒有入主建國，它作為一種外部刺激，仍可以推動華夏政權去強化專制集權。漢武帝的統治看上去就很典型。大規模對外開戰，尤其是傾舉國之力與匈奴決鬥，令國家機器超負荷運轉，社會進入高強度動員，由此引發了行政、軍政、財政、法制各個方面的集權化。人們不妨去尋找更多實例，以更精確地評估這個機制在多大程度上、在什麼條件下發揮作用。無論如何，遊牧族群在未能實現征服的情況下，仍能以「觸發專制集權」的途徑而影響中國制度史。

37　劉昶：〈試論中國封建社會長期延續的原因〉，《上海師範大學學報》，1980年，第4期；《歷史研究》1981年第2期予以轉載，轉載時略有刪節。

　　總之，北方少數族群的存在，在歷史上不僅僅造成了民族關係問題與國防問題，也影響到了制度層面。傳統中國是一個文明古國，文化遺產璀璨豐厚，相應地，文人、文官在體制中佔據了顯赫位置。然而做一個歷時性觀察，把改朝換代與異族入主納入視野，則二千年政治體制實際上是在「文、武交替」的路上前行的，甚至還穿插着「胡、漢交替」。這個制度史歷程並不是一條直線。在這一意義上，北方族群的入主現象，以及遊牧生存圈對專制集權的推動、激勵，不妨看作中國制度史的一個固有部分，未必就是外在的、「不必然」的部分。在近代來臨之時，啟蒙者、改革者所面對的那個王朝，它之所以是那個樣子，其中就含有「兩個南北朝」的歷史影響，含有北方少數族群的制度影響。否則，那個體制就將是不盡相同的樣子了，雖然我們無法確知那是什麼樣子。

　　至於如何評價異族統治的制度史影響，是好是壞、是「積極的」或「消極的」，這問題就不會有唯一確解了。事實判斷僅以「真偽」為準，在這個層面上，對確實發生過的史事，我們只能秉筆直書，而且必須秉筆直書。至於評價層面，那就涉及視角、尺度或價值觀了，價值觀不但是因人而異的，而且「每個時代都面對着它自己的上帝」。「第一個南北朝」處於歷史前期，它有「它自己的上帝」；而在「第二個南北朝」的時代，世界史正在孕育着一個巨變：現代化。那麼得失優劣的評價，也會因之而變吧。作為現代公民，我們決不會讚揚民族壓迫、民族征服；而在實證層面上，中國史並不是桃花源，民族壓迫、民族征服確實發生過，那麼學者就必須正視。本文期望暫時旁置了評價問題，先行探討「部族武力」在中國制度史上究竟導致了什麼，其「原理」又是什麼。

本文曾在 2017 年 11 月教育部社會科學委員會主持的
「中國歷史上的民族問題研討會」上印發宣講，
後刊發於《思想戰線》2018 年第 3 期

第五章

周秦漢的反連坐主張與
東西文化衝突

一、「牽連制度」的網上論辯

中國王朝長期使用家族連坐、什伍連坐之法。連坐制的原理是「團體責任」，就是把親鄰視為整體，讓他們共同承擔責罰。對於維護秩序與管控編戶，這辦法確實有效。所以採用同一原理的五花八門做法，在社會各層面繁衍開來了。

然而「一人犯罪（或違規），全×受罰」做法，同「罪責自負原則」、「罪刑相當原則」[1]相左。所謂「罪責自負」，其原理是「個人責任」，罪責只由行為人承擔，而不是讓行為人所屬之團體共同承擔。[2]

1　「罪刑相當原則」又稱「罪刑相稱原則」、「罪刑均衡原則」等，目前通稱「罪責刑相適應原則」。本文採用「罪刑相當」的提法，是為了同古語「當罪」一詞一致，以便閱讀理解，參後。

2　梅因指出，在歷史早期，「人們不是被視為一個個人，而是始終被視為一個特定團體的成員」，文明的進步則會造成「『個人』不斷地代替了『家族』」。《古代法》，沈景一譯，北京：商務印書館1996年版，第105、96頁。19世紀「法律個人主義」的觀念興起了，於是「群體責任向個人責任發展」。可參看斯坦、香德：《西方社會的法律價值》，王獻平譯，北京：中國公安大學出版社1990年版，第146、149頁。曾根威彥概括説：「和團體責任（連坐、緣坐）相對應，只能就行為人個人自己所實施的行為而承擔責任，不能以行為人屬一定團體為由而讓他對他人的犯罪承擔責任，這就是所謂個人責任。」見其《刑法學基礎》，黎宏譯，北京：法律出版社2005年版，第38–39頁。

所謂「罪刑相當」，除了輕罪輕罰、重罪重罰、同罪同罰、數罪並罰等意義，在邏輯上還必然包括「罪責自負」：無罪不罰，不旁及無辜——若無罪亦罰，罪與刑就不「相當」了。在「罪責自負」與親鄰連坐之間傾向哪一端，如何選邊站，最終是一個價值觀問題。

2023年春季，政協委員周世虹提出，「罪刑法定」、「罪責自負」是現代法治的基本規則之一，一個人受到刑事處罰便影響其子女、親屬的規定，對受影響的人員極不公平，應予摒棄。[3]此後不久，羅翔教授也對「牽連制度」發表了評述。他首先介紹了報應主義與功利主義兩種理論，前者立足於「殺人償命，欠債還錢」，罪責自負，無罪不罰，後者主張以最小社會痛苦換取最大社會福利，若能防止更多犯罪，則此刑罰就是正當的。羅翔認為，當今應以報應主義為主、功利主義為輔，只對犯罪者本人科以刑罰，不能突破「無罪不罰」這個底線。[4]

其實在此之前，學界已有類似意見了，只不過學刊上的論文難以引起公眾注意而已。周、羅兩位老師是面向公眾發言的，「是否允許犯罪子女報考公務員」又是一個敏感問題，所以網上隨即出現激辯。對兩位老師持異議的網民似佔多數，還有人這樣責問：「羅翔支持犯罪子女考公的論證過程純西化」，「絲毫可以不考慮中國的歷史、文化和邏輯」，「請問誰給了他如此大的膽量和勇氣？」[5]順便說，最後一句質問的口吻我十分熟悉，在文革時期這種質問蔚為時風，現在捲土重來了。

3　鳳凰網，2023年2月8日：〈周世虹委員：建議取消罪犯子女考公限制〉，https://news.ifeng.com/c/8Nm4j44hLoQ。

4　網易，2023年3月03日：〈羅翔：一人犯罪影響子女親屬考公，這公平合理嗎？〉，https://m.163.com/dy/article/HUTU3HJU05318Y5M.html。

5　搜狐網，2023年3月07日：https://www.sohu.com/a/650553677_121660988。

　　回觀羅翔原文，我覺得他並沒有忽略中國歷史文化，因為對中國古代的法家，羅翔也提供了一份要言不煩的辨析：「法家強調重刑主義，……這和功利主義並不相同，功利主義認為刑罰之惡不能超過犯罪之惡，多餘的刑罰也就是多餘的惡。而連坐制度屬典型的重刑主義，法家的連坐包括親屬連坐、地域連坐、職務連坐，並在範圍上不斷擴張。因此，牽連制度屬猛藥，並不完全符合現代刑罰有節制的功利主義。」附帶說，羅翔所著兩種法制史著作，其中都有論述古代族誅與連坐的內容。[6]

　　在當代，「牽連」現象仍以各種形態存在着。我這個年齡的老人，對「黑五類子女」、「黑幫子女」之類稱謂絕不陌生，這樣的帽子伴隨着各種歧視，還有「可以教育好的子女」之稱，其實也是一種歧視性的標籤。計劃生育時代，往往能看到「一人超生，全村結紮」之類標語。近年新冠疫情期間，還出現過一份「一人違反防疫規定，則三代以內旁系親屬不得參軍、入黨，不得報考公務員及事業單位」的公告，[7]這個牽連範圍太大了。古代連坐制與今之「罪犯子女不能考公」之類做法，當然不便直接畫等號，罪犯子女以至親屬不能考公到底是法規還是慣例，是普遍做法還是只限於公檢法部門的特定職位，具體什麼樣的「案底」會影響到子女以至親屬考公，還有待於調查評估。有人強調，社會各行業有大量的開放職位，僅僅是公職有政審而已，罪犯子女雖不能

6　羅翔：《中華刑罰發達史》，北京：中國法制出版社2006年版，第8章；《刑罰的歷史》，昆明：雲南人民出版社2021年版，第8章。

7　參看2022年8月30日承德高新區疫情防控指揮部發佈的公告。當然，這個公告隨即引發了網上的輿論反彈，面對輿情，有關部門隨即就把這份公告撤銷了。其事始末，可參看搜狐網，2022年8月30日：https://www.sohu.com/a/581104839_639898。

考公，他們還可以是到其他行業求職的。然而，這是一個「官本
位社會」，[8] 所謂「國家管理者階層」高居中國十大階層之首，[9] 或說
五大階層之首，[10] 那麼若不得考公，便堵死了一條階層上升之
路，剝奪了一種人生前景，對公民是一大打擊。禁止擔任公
職，本身是可以構成一種刑罰的，屬於「資格刑」。[11] 古代的「禁
錮」就是這樣一種資格刑，其內容就是「塞其仕進之路」。近日羅
翔又著文指出，近二十年來刑事罪犯近 2,250 萬，其中不滿 25 歲
的青少年有 527 萬餘，佔 23.4%，他們服刑出獄後將生兒育女，
其兒女一出生就將被貼上「犯罪人家屬」的標籤，承受世人白眼
與國家歧視，所以「犯罪隨附性制裁制度」應盡早廢除。[12] 對羅教
授所指出的這幅景象，我們無法視而不見，充耳不聞。

---

8   這裏的「官本位」提法，意指幹部行政級別構成了社會分層的主幹。這是中
    國社會的突出特點，可參看李強：《當代中國社會分層與流動》，北京：中
    國經濟出版社 1993 年版，第 392 頁；周翼虎、楊曉民：《中國單位制度》，
    北京：中國經濟出版社 1999 年版，第 85–86 頁；許欣欣：《當代中國社會結
    構變遷與流動》，北京：社會科學文獻出版社 2000 年版，第 107、131 頁；李
    毅：《中國社會分層的結構與演變》，合肥：安徽大學出版社 2006 年版，第 1
    章第 1 節及第 3 章第 1 節。陸學藝主編：《當代中國社會結構研究報告 1：當
    代中國社會階層》，北京：社會科學文獻出版社 2018 年版，第 8–10 頁。

9   陸學藝主編：《當代中國社會結構研究報告 1：當代中國社會階層》，第
    8–10 頁。李春玲：《斷裂與碎片：當代中國社會階層分化實證分析》，北
    京：社會科學文獻出版社 2005 年版，第 96 頁，表 2–5「新韋伯主義取向的
    當代中國社會階級劃分模式」，第 115–117 頁。

10 李路路：《再生產的延續：制度轉型與城市社會分層結構》，北京：中國人
    民大學出版社 2003 年版，第 94 頁。

11 可參看吳平：《資格刑研究》，北京：中國政法大學出版社 2000 年版；趙天
    寶：《中國古代資格刑研究：以禁錮為中心考察》，北京：法律出版社 2018
    年版。

12 羅翔：〈犯罪隨附性制裁制度的廢除〉，《政法論壇》，2023 年，第 5 期，第
    26 頁。

　　總之在當代社會，「牽連」現象仍以各種形式存在着。雖然它們跟古代連坐不能等量齊觀，但畢竟有一個共同的邏輯貫穿其間，即，倘若違法違規，其親鄰便要付出代價。研討古代連坐制的現代意義，由此凸顯了。

　　法理問題本來在我的專業之外，但「論證過程純西化」和「中國的歷史、文化和邏輯」的提法，最終引發了我的興趣。戰國法家是贊成連坐的，同時在周秦漢，反連坐的主張也存在着，其基本理念同現代的「無罪不罰」並無大異，指責「論證純西化」的網民對此懵無所知，有待補課。西周已有了「父子兄弟，罪不相及」之論，在春秋時它們仍被傳誦着。戰國儒者又提出了「惡惡止其身」、「刑不過罪」，這些便成了東方社會的通行觀念。而「連坐」之法發軔於秦，偏居西北一隅的秦政權，其制度文化在當時是一個另類，並非華夏主流。秦制、秦文化與東方文化的差異與衝突，與其時的「儒法鬥爭」相疊加。具體在連坐制度上，便引發了兩種態度的針鋒相對，事涉東西之爭、儒法之爭。這就是本文隨後要加敘述，提供給讀者的。

　　本文所敘述的主線，並不是歷代連坐制的實態與細節，而是連坐所涉及的文化價值觀。「連坐是否有效」與「連坐是否正義」有必要區分開來。在事實層面上，「連坐」肯定有效。對連坐發揮效力的機制，學者不乏深入分析。[13]東方士人排斥連坐，卻也

13　例如李偉指出，「連坐制度長時期存在，直接原因在於為統治者節約了大量管理成本」。〈古今之間：連坐制度的表達、實踐與價值解釋〉，《蘭台世界》，2012年12月下旬，第40頁。又張維迎、鄧峰應用現代激勵理論，提出「在早期國家的控制能力低下以及信息嚴重不對稱的情況下，連坐和保甲制度屬一種強有力的激勵方式」。〈信息、激勵與連帶責任：對中國古代連坐、保甲制度的法和經濟學解釋〉，《中國社會科學》，2003年，第3期，第99頁。

無法否認「連坐」有效，然而「有效」並不等於「合乎正義」。比如說吧，奴隸勞動也可能很有效率，[14] 但近代以來奴隸制已被認為不道德、不可取了。一個制度的效力，總是就「組織目標」而言的，對「組織目標」做不同設定，就會導致對效力的不同評估。以強化政府管控為目標呢，還是以維護個人權利為目標呢？那就涉及文化價值觀了。有人支持連坐，也有人反對連坐，秦人與東方士民的看法有異，統治者與讀書人的看法有別，法家與儒墨道諸家迥然不同，國家主義者與民本主義者的態度，注定形同水火，至今猶然。本文所好奇的就是這個事情：中國古代居然出現過反連坐的主張，周秦漢時就有了，那麼古人是怎麼想的、怎麼說的，效果又如何呢？請看下文。

二、鹽鐵會議上的論戰與公羊學的「惡惡止其身」

2023年春涉及「牽連」制度的網上激辯，並非首戰，其實不妨說是波瀾再起、戰火重燃，因為兩千多年前已有一次交鋒了。始元六年（前81），漢昭帝召開了一個鹽鐵會議，在這場會議上，儒法兩派人士第一次面對面論戰。連坐跟每個人、每個家庭的命運都息息相關，理所當然地成了兩軍必爭之地。

14　盛洪：「其實經濟學可以嚴格證明，經濟發展不等同於人的福利最大化。一個非常著名的例子就是1993年獲諾貝爾經濟學獎的福格爾。其實講到低人權，最低人權的狀態就是奴隸制。福格爾最具挑戰性的結論就是奴隸制比自由人的農場效率要高。」「經管之家」，https://bbs.pinggu.org/thread-495325-1-1.html；或「愛思想」，http://www.aisixiang.com/data/23906.html。

據《鹽鐵論‧周秦》：

御史曰：……一室之中，父兄之際，若身體相屬，一節動而知於心。故今自關內侯以下，比地於伍，居家相察，出入相司（伺）。父不教子，兄不正弟，舍是誰責乎？

文學曰：……禮周教明，不從者然後等之以刑，……輕重各服其誅。……《春秋傳》曰：「子有罪，執其父。臣有罪，執其君，聽失之大者也。」今以子誅父，以弟誅兄，親戚相坐，什伍相連，若引根本之及華葉，傷小指之累四體也，如此，則以有罪反誅無罪，無罪者寡矣！……自首匿、相坐之法立，骨肉之恩廢，而刑罪多矣！父母之於子，雖有罪猶匿之，其不欲服罪爾。聞子為父隱，父為子隱，未聞父子之相坐也；聞兄弟緩追以免賊，未聞兄弟之相坐也；聞「惡惡止其人」，疾始而誅首惡，未聞什伍而相坐也！[15]

御史站在其長官御史大夫桑弘羊一邊，當然也代表體制，強調依照法制，同居一室或比鄰而居，就有了相互伺察、相互教戒的責任[16]——此即所謂「團體責任」——一人犯罪，則全家、全伍都應看成犯罪主體，同時施以責罰。

15　王利器：《鹽鐵論校註》（增訂本），天津：天津古籍出版社1983年版，第598–599頁。

16　按《二年律令‧戶律》：「自五大夫以下，比地為伍，以辨券為信，居處相察，出入相司。有為盜賊及亡者，輒謁吏、典。」（簡三〇五）張家山漢墓竹簡整理小組：《張家山漢墓竹簡247號墓釋文》（修訂本），北京：文物出版社2006年版，第51頁。由此可知，御史所說的「比地於伍，居家相察，出入相司」係現行法制，其所云「關內侯以下」，與《二年律令‧戶律》的「五大夫以下」有別。這說明從西漢初到西漢中期，連坐範圍從第九級爵五大夫以下，向上擴展到第十九級爵關內侯以下了，調整的原因應是二十等爵的貶值。

　　文學們構成了論戰的反方。他們首先申說「等之以刑」、「輕重各服其誅」。這「等之以刑」、「輕重各服其誅」，也就是「罪刑相當」的意思，在古代這叫「當罪」或「抵罪」。文學們由此論證刑罰應由罪犯本人承當，無罪者既然無「輕重」可言，便不任其誅，不在「當罪」、「抵罪」之列。因子弟犯罪而追究父兄，因臣僕犯罪而追究主君，都是巨大的錯誤。「親戚相坐，什伍相連」，讓親鄰像根莖花葉那樣彼此牽涉，像手指四肢那樣痛楚與共，那就是「以有罪反誅無罪」了。為親人隱匿過錯、親人彼此包容，都可以理解、可以接受，至於父子相坐、兄弟相坐、鄰里相坐的做法，不可接受。正因為執政者濫罰無辜，所以「無罪者寡矣」，「刑罪多矣」。正當的做法是「惡惡止其人」，只懲罰罪犯本人。

　　不難看到，文學們的信念是「個人責任」。他們主張「惡惡止其人」，反對「以有罪反誅無罪」，這與「罪責自負」、「無罪不罰」的現代法制精神，高度吻合。18、19世紀以來的歐美法律追求，居然也是華夏族群古已有之的法律追求，也算是一種「東海西海，心理攸同，南學北學，道術未裂」[17]吧。近代法學名家沈家本相信：「西法之中，固有與古法相同者」，「凡事理必有當然之極，苟用其極，則古今中西初無二致」。[18]中西反連坐思想的相通之處，為沈家本又添一證。可見「普世價值」這東西，在天地間確實存在着。

　　對於《鹽鐵論》這一篇為何題為「周秦」，王利器有論：「周是『禮治』的頑固堡壘，秦是『法治』的新的里程碑，以『周秦』名篇，也就是對『禮治』與『法治』問題進行的辯論。御史堅決擁護『立

17　錢鍾書：《談藝錄》，北京：生活・讀書・新知三聯書店2007年版，序言，第1頁。

18　分見沈家本：《寄簃文存》卷六〈裁判訪問錄序〉及〈監獄訪問錄序〉，北京：商務印書館2015年版，第205、208頁。

法制辟』的重要措施。文學繼續宣揚『先禮後刑』的説教，並謂『秦有收孥之法』。」[19] 王氏受「評法批儒」運動影響，所以貶文學而挺御史，[20] 不過他對「周」、「秦」二字的詮釋卻沒有錯。周初有一位周公「制禮作樂」，開創了中華禮樂文明。孔子雖是殷人之後，也不能不盛讚周人之禮：「郁郁乎文哉，吾從周。」逐漸地，「周」成了中華禮樂文明之代號了。周平王東遷後，禮樂文化的重心東移河洛齊魯，「周禮盡在魯矣」。《鹽鐵論》所揭「周秦」之爭，在春秋以下就是「東西」之爭。

參加鹽鐵會議的賢良、文學60餘人。其中賢良發言約26次，文學發言122次。[21] 賢良來自太常、三輔，體制內者稍多；文學大多來自山東各郡國。[22] 明人張之象云：「文學、賢良，皆誦法孔孟。」[23] 黃式三還讚揚賢良文學「黜諸子而尊孟子，其識尤卓」。[24] 弘揚革命、主張推翻暴君的孟子，得到了賢良文學的特別尊崇。這些儒生大抵是民間貧寒學子，素以肆直無畏、「不避

19　王利器：《鹽鐵論校註》（增訂本），第600頁。

20　按，王利器《鹽鐵論校註》一書的上海古典文學出版社1958年版，在〈周秦〉篇的「解題」僅云「此篇就重法與篤教問題，文學提出了對秦苛法的批評，目的仍在陳古刺今」（第356頁）而已，並沒有1983年增訂本中的那一大段話。增訂本之所增內容，顯然受到了不久前的「評法批儒」運動之影響。

21　化濤：《權力視域下的政策調整與思想論爭：〈鹽鐵論〉的政治學解讀》，濟南：山東大學出版社2010年版，第42、44頁。

22　姚鼐《惜抱軒筆記》卷七〈鹽鐵論〉云，漢昭帝始元元年（前86），太常、三輔舉賢良各二人，郡國舉文學各一人，他們應該就是鹽鐵會議上的賢良、文學之來源。《惜抱軒全集》，北京：中國書店1991年版，第603頁。其中姓名籍貫可知者，賢良有茂陵唐生，文學有汝南朱子伯、魯國萬生、中山劉子雍、九江祝生，計5人。

23　張之象：〈註鹽鐵論序〉。《鹽鐵論》，上海：上海古籍出版社1990年版，第4頁。

24　黃式三：《儆居集四・讀子集・讀鹽鐵論》，《黃式三全集》，上海：上海古籍出版社2014年版，第5冊，第269頁。

忌諱」著稱，所謂「諸儒生多竇人子，遠客饑寒，喜妄説狂言，不避忌諱」。[25]當軸傾聽民意，卻從民間舉上這麼一批人來，估計東方士人都是此種風範，別無可舉，捨此無人了。抨擊連坐制度的文學們，無論從籍貫看還是從思想看，都是無可質疑的東方文化代表。

　　馬非百又云，支持連坐者「全出自法家學派的各專家」，而「文學以儒家學派的《公羊春秋》為武器，對連坐法表示反對」。[26]確實，《鹽鐵論·周秦》的既往註釋者已提供了足夠證據，表明文學對連坐的譴責，以《春秋公羊傳》為本。王啟源指出「惡惡止其人」之説來自《公羊傳》。[27]具體説，即來自《公羊傳·昭公二十年》（前522）：「惡惡止其身，善善及子孫。」[28]張敦仁還看到，

25　《漢書》卷六八〈霍光傳〉，北京：中華書局1962年版，第2954頁。

26　馬非百：《鹽鐵論簡註》，北京：中華書局1984年版，第403頁。

27　王啟源：「案《公羊傳》：『惡惡止其身，善善及子孫』，此亦當本《公羊》義。漢人所引，則亦多作『其身』者。」王先謙《鹽鐵論校本》引，《四部備要》本，北京：中華書局、中國書店1989年影印版，第54冊，第70頁上欄。

28　《春秋公羊傳註疏》卷二三，阮元校刻：《十三經註疏》，北京：中華書局1980年版，第2325頁上欄至中欄。又何休解詁，徐彥疏：《春秋公羊傳註疏》，刁小龍整理，上海：上海古籍出版社2014年版，第977頁。附帶説，楊樹達《鹽鐵論要釋》闡釋「惡惡止其人」時云：「樹達案：見成公二十年《公羊傳》。」北京：科學出版社1957年版，第70頁。然而魯成公止十八年（前590–前573），並不存在「成公二十年」，楊氏偶失。王利器1958年版的《鹽鐵論校註》（上海：古典文學出版社）只是説「按『惡惡止其身』，《公羊》昭二十年《傳》文而已（第358頁），然而其1983年版《鹽鐵論校註》（增訂本）則云：「『惡惡止其身』，《公羊傳》成公二十年、昭公二十年俱有此文。」（天津：天津古籍出版社，第604頁）比之1958年版，又新增加了一條「成公二十年」。疑王利器未加核對，逕襲楊樹達《鹽鐵論要釋》之誤。《鹽鐵論》的各種註譯本，都只取「昭公二十年」為註，但聶濟冬《鹽鐵論集解》釋「惡惡止其人」，逕引楊氏原文「見成公二十年《公羊傳》」九字（南京：鳳凰出版社2018年版，第1119頁），沒能把它訂正為「昭公二十年」，是為微瑕。

「凡此書之《春秋》皆《公羊》」。[29] 文學們的「子有罪，執其父，臣有罪，執其君，聽失之大者也」、「疾始而誅首惡」等語，註家也一一指明是本於《公羊傳》的。

公羊學源於孔子的春秋之學。先秦學術界已有了這樣一個認識：孔子通過解説《春秋》來表達政治理想，是所謂「春秋大義」，儒者便繼踵而來弘揚「春秋大義」。公羊學派的淵源被追溯到了子夏，據説在此之後，又由公羊高家族五世薪傳，最終在漢景帝時由公羊壽、胡毋子都師徒著於竹帛。《公羊傳》引述了眾多先師，如子沈子、子公羊子、子女子、子司馬子、北宮子、魯子、高子、公扈子等，可知公羊學的發展涉及了眾多學者，[30] 相應地，《公羊傳》對連坐的態度，就不是某個學者的偶發奇想，而是眾多學者的共同態度了。這種反連坐的態度，甚至可以説是東方社會的主流觀念。詳下。

三、先秦東方與周族的反連坐

公羊學派的淵源暗示人們，「惡惡止其身」這樣的反連坐思想，在先秦就存在了。進而《荀子》一書還明示人們，先秦齊國稷下學的學術領袖荀子，也持反連坐觀點。其實「無罪不罰」四

29　張敦仁：《鹽鐵論考證》，北京：中華書局1991年版，第6頁。

30　可參趙伯雄：《春秋學史》，濟南：山東教育出版社2004年版，第36–37頁；黃開國：《公羊學發展史》，北京：人民出版社2013年版，第37–63頁。曾亦、郭曉東：《春秋公羊學史》，上海：華東師範大學出版社2017年版，第46–47頁；陳其泰：《清代春秋公羊學通論》，北京：華夏出版社2018年版，第11–12頁。

字，最早就出現於《荀子·王制》。當然，《王制》篇這個「無罪不罰」語義寬泛，只是「不殺無罪」、「不罰無辜」之意，還不是專門針對連坐的。荀子對連坐的專門討論，集中於《荀子·君子》一篇：

> 故刑當罪則威，不當罪則侮。……古者刑不過罪，爵不逾德。故殺其父而臣其子，殺其兄而臣其弟。刑罰不怒罪，爵賞不逾德。……亂世則不然：刑罰怒罪，爵賞逾德，以族論罪，以世舉賢。故一人有罪，而三族皆夷，德雖如舜，不免刑均，是以族論罪也。……以族論罪，以世舉賢，雖欲無亂，得乎哉？[31]

荀子首先申説「故刑當罪則威，不當罪則侮」。這個「當」字意謂「相應」、「相稱」，也就是讓罪與刑相當、相稱。[32]同鹽鐵會議上的文學們強調「等之以刑」、「輕重各服其誅」一樣，荀子之所以強調「當罪」，目的也是反連坐，以此來反證無罪不罰，「刑不過罪」。「亂世」才會有「刑罰怒罪」、「以族論罪」、「一人有罪，而三族皆夷」這種事情。「怒罪」之「怒」字意為逾越、超出，「怒罪」意謂刑罰超出了正當的邊界，濫及家人。「刑均」之「均」是「均同」之意，意謂刑罰由家人共同承擔，人人遭殃。荀子反對「以族論罪」，究其意義，就是消解團體責任，伸張個人責任，每個人都只為自己的行為負責。進而荀子申説「殺其父而臣其子，殺其兄而臣其弟」。禁止擔任公職是一種「資格刑」，古稱「禁錮」，則禁止罪犯的親屬擔任公職，便也是一種連坐，一種刑及無辜。而荀

31　《荀子》，方勇、李波譯註：北京：中華書局2011年版，第393頁。

32　冨谷至指出，《荀子·君子》之「刑當罪」，以及《正論》之「刑稱罪」，其「當」「稱」都是「對應」的意思。見其《秦漢刑罰制度研究》，柴生芳、朱恆曄譯，桂林：廣西師範大學出版社2006年版，第253頁。

子認為，即便父親因罪處死，其子仍可以任職從政；即便兄長因罪處死，其弟仍可以任職從政。只要被證明賢能，公職就仍向他們敞開大門。

在荀子之前，孟子讚揚「昔者文王之治岐也……罪人不孥」，見《孟子‧梁惠王下》。漢儒趙岐以「惡惡止其身」闡釋之：「孥，妻子也。『惡惡止其身』，不及妻子也。」[33]「孥」由「奴」、「子」兩個偏旁構成，做動詞使用時，意謂把罪人的妻子兒女抑為奴隸。如果孟子言之有據，那麼早在周文王時，周族就發展出「罪人不孥」的觀念了。

從孟子再往前看，《尚書‧康誥》進入眼簾。請看：

1.《左傳》僖公三十三年 (前 627) 臼季：舜之罪也殛鯀，其舉也興禹；管敬仲，桓之賊也，實相以濟。〈康誥〉曰：父不慈，子不祗，兄不友，弟不共，不相及也。

2.《左傳》昭公二十年 (前 522) 苑何忌：在〈康誥〉曰：父子兄弟，罪不相及。[34]

晉人臼季、齊人苑何忌兩處引述的〈康誥〉文句，都不見於今本〈康誥〉，孔穎達、孫星衍只把它們看作〈康誥〉文義的轉述，[35] 惠

33　《孟子註疏》卷二上，阮本，第2676頁下欄。

34　以上分見孔穎達等：《春秋左傳正義》卷一七、卷四九，阮本，第1833頁下欄、第2092頁上欄。

35　孔穎達等：「此雖言〈康誥〉曰，直引〈康誥〉之意耳，非〈康誥〉之全文也。」《春秋左傳正義》卷一七，阮本，第1833頁下欄–第1834頁上欄；孫星衍《平津館文稿》卷上〈《周書》罪不相及論〉：「為解者晦其詞義，反疑經有脫文，豈不誣哉！」上海：商務印書館1937年版，第28–29頁。按，此版本「晦其詞義」的「晦」字誤作「誨」字，查槐廬叢書本《平津館文稿》作「晦」，因改。

棟、趙翼所見不同，他們推定其為今見〈康誥〉之脱文。[36]楊伯峻進一步推測，臼季所引是〈康誥〉脱文的原文，苑何忌所引「則是此之節文」，「所引乃其意，非原文」。[37]其説甚是。但本文為了行文簡便，後文引用〈康誥〉，仍取苑何忌的「父子兄弟，罪不相及」八字。

　　晉、齊兩位大國貴族都引述了〈康誥〉，先秦文獻對〈康誥〉的引用率確實也是名列前茅的，可見在周朝政治中，〈康誥〉篇的影響力甚大。前引《荀子·君臣》「故殺其父而臣其子，殺其兄而臣其弟」一語，無疑就是本於〈康誥〉的。查今本〈康誥〉，在闡述刑罰思想時屢屢稱引周文王，如「惟乃丕顯考文王，克明德慎罰」，如「曰乃其速由文王作罰，刑茲無赦」，如「惟文王之敬忌，乃裕民曰：『我惟有及。』則予一人以懌」。[38]可知周文王的刑罰思想在周初已成為王朝的「指導思想」，為子孫所傳誦、所奉行了。這樣説來，若判斷〈康誥〉「父子兄弟，罪不相及」這一理念也來自周文王，那就跟《孟子》所説的「昔者文王之治岐也……罪人不孥」一致了。

36　惠棟：「孔以為引其意而言之，非也。」《左傳補註》卷二，北京：中華書局1991年版，第31–32頁。趙翼：「豈其由伏生遺脱，而孔安國以隸書譯寫古文時，凡伏生今文所有者，不復細加翻譯，悉仍其舊，因與《左傳》所引原文稍有不合耶？」《陔餘叢考》卷一〈〈康誥〉文與《左傳》不合〉，上海：上海古籍出版社2011年版，第20頁。

37　楊伯峻：《春秋左傳註》（修訂本），北京：中華書局1990年版，第502、1413頁。楊氏對孔疏的駁斥，非常有力：「然〈康誥〉本文乃『刑茲無赦』之意，非『罪不相及』之意，孔説可商。」所以《左傳》所引〈康誥〉，應視為今見〈康誥〉之脱文，孔疏説是對今見〈康誥〉文義的轉述，是不對的，因為今見〈康誥〉中並沒有「罪不相及」這個意思。

38　《尚書正義》卷一一，阮本，第203頁上欄、204頁下欄、205頁上欄。

　　有人用這兩條〈康誥〉，證明西周社會存在着父子兄弟犯罪「相及」的現象。[39] 然而我們也可以向反方向推論：它們證明了周族萌生了一個新觀念：「罪人不孥」。有更多跡象暗示，「罪人不孥」之法、「父子兄弟，罪不相及」之論，是周族的首發原創。試看《尚書》中的以下幾種出征誓辭：

　　1.《尚書・甘誓》：弗用命，戮於社。予則孥戮汝。

　　2.《尚書・湯誓》：爾不從誓言，予則孥戮汝，罔有攸赦。

　　偽孔傳：古之用刑，父子兄弟罪不相及。今云孥戮汝，無有所赦，權以脅之，使勿犯。

　　孔穎達疏：鄭玄云「大罪不止其身，又孥戮其子孫」。

　　3.《尚書・盤庚》盤庚遷殷誓詞：乃有不吉不迪，顛越不恭，暫遇姦宄，我乃劓殄滅之，無遺育，無俾易種於新茲邑。

　　4.《尚書・牧誓》：爾所弗勖，其於爾躬有戮。

　　5.《古文尚書・泰誓上》：今商王受，……罪人以族，官人以世。[40]

　　第1條是夏啟進攻有扈氏的誓辭，第2條是商湯進攻夏桀的誓辭。這兩條誓辭中的「孥戮」，有人認為是只刑戮本人、令本人為奴的意思，並不涉及妻兒。偽孔傳及鄭玄不同，他們認為，「孥戮」就是指父子以罪相及。當然偽孔傳過於崇古，臆想上古本是「父子兄弟，罪不相及」的，連坐之法是後起的事情，於是便把《湯誓》中的「孥戮」說成「權以脅之」，也就是權宜之計

39　康德文：〈論西周春秋時期的滅族刑〉，《江西師範大學學報》，1999年，第1期，第51頁。

40　以上分見《尚書正義》卷七、卷八、卷九、卷一一，阮本，第155頁下欄、160頁中欄、171頁下欄、183頁下欄、180頁中欄。

了。清人也有這麼看的，如沈家本。[41]對這類看法，顧頡剛有
駁：「清人⋯⋯都以為到秦代才有連坐收孥之法，因此說鄭玄錯
誤地以秦制來解說夏商歷史。他們不知道把全家族的人都作為奴
隸，正是商代奴隸主政權實行種族奴隸制所必有的辦法，因此鄭
玄這條解釋是對的。」[42]再看第3條盤庚遷殷誓辭，其「劓殄滅
之，無遺育，無俾易種於茲新邑」，顯然就是「滅門」之刑了。人
文進化的歷程，通常就是從野蠻到文明，推測夏、商的「孥戮其
子孫」、「劓殄滅之，無遺育」在前，周人的「罪人不孥」在後，看
上去是符合人文進化歷程的。

　　第4條〈牧誓〉的周武王伐紂誓辭，出現了一個微妙的差異：
與以上兩篇誓辭都不相同，「孥戮汝」變成了「其於爾躬有戮」，
僅僅責罰「爾躬」即本人，不再「孥」其妻兒了。而這一點，同《孟
子》中周文王「罪人不孥」的追憶，同〈康誥〉中周成王的「父子兄
弟，罪不相及」的告誡，甚至同第5條《古文尚書・泰誓上》周武
王對殷紂王「罪人以族」的譴責，都是一致的，可以構成證據鏈。
從「予則孥戮汝」到「其於爾躬有戮」這個細微變化，似乎也暗示
「罪人不孥」肇始於周族，夏人、商人還不是這樣的。

　　當然，因《古文尚書》有晚出嫌疑，因缺乏旁證，把《古文尚
書・泰誓上》對「罪人以族」的譴責，暫時處理為東周漢晉言論，
也許稍好一些。此外《古文尚書・大禹謨》還有「罰弗及嗣」之
文，[43]也是說刑罰不應當濫及子孫後嗣。因為〈大禹謨〉可能也是
後出篇章，這「罰弗及嗣」四字，目前處理為東周漢晉言論稍好。

41　沈家本：「案：三代以前，父子兄弟罪不相及，至秦始有連坐收孥之法。
　　以此說夏書，更不合。」《日南讀書記》卷三〈書・甘誓〉，《沈家本未刻書
　　集纂》，北京：中國社會科學出版社1996年版，第1425–1426頁。
42　顧頡剛、劉起釪：《尚書校釋譯論》，北京：中華書局2005年版，第886頁。
43　《尚書正義》，卷四，阮本，第135頁下欄。

　　據此我猜測，反連坐是在周初萌生的。大多數西方人並不瞭解這一點，只知道中國人搞連坐，不知道中國人還曾反連坐。孟德斯鳩說：「在中國，子女犯罪，父親是受處罰的」，「子罪父坐這一事實說明『榮譽』在中國是不存在的。在我們的國家裏，父親因兒女被判罪，和兒女因父親被判罪所感到的羞恥，就是嚴厲的懲罰，嚴厲得像在中國的死刑一樣」。[44]孟德斯鳩的評述附有原註：「柏拉圖說，不要刑及子女，而應該誇獎他們不像父親那樣。」由於這個線索，我便來檢索柏拉圖，遂看到柏拉圖的《法律篇》第9卷有言：「他的孩子和家庭如果棄絕這位父親的道路，勇敢地棄惡從善，那麼他們仍舊能夠得到榮譽和好名聲，就像其他行為端正的人一樣。」又：「在任何案件中，父親的恥辱或判刑不得株連子女，除非父親、祖父、曾祖父全都涉案。」[45]儘管並不徹底，柏拉圖畢竟表達了一種態度：應儘量限制株連。而周族

44　孟德斯鳩：《論法的精神》，張雁深譯，北京：商務印書館1961年版，上冊，第94–95頁。又同書第211頁：「父親獲罪要連坐兒女妻室。這是出自專制狂暴的一項法條。」附帶說，嚴復對孟德斯鳩「在中國，子女犯罪，父親是受處罰的」之說，極其不滿：「子弟有罪，問其父兄，中國容或有之，亦其未及丁者。過是以往，無此律也。就令有之，此亦為五洲宗法社會之所同，非支那、秘魯之有特別也。且由此何以推其國之不知為榮寵乎？……孟氏之言，直百解而無一可通者，吾恨不能起其人於九原而一叩之也。」嚴復譯：《法意》，《嚴復全集》，鄭有國、薛菁點校，福州：福建教育出版社2014年版，第4卷，第109頁。

45　《柏拉圖全集》，王曉朝譯，北京：人民出版社2002年版，第3卷，第613、615頁。又同一段落，柏拉圖《法律篇》，張智仁、何勤華的譯文如下：「如果孩子和家人沒有獲得其品性，那麼他們應該得到尊敬並贏得讚譽，因為他們精神可嘉，堅決避開邪惡，抓住善行」；「通常，父親被處死刑並蒙受恥辱不應該連累到他的任何一個孩子，除非一個人的父親、祖父和曾祖父一次都被處以死刑」。上海：上海人民出版社2001年版，第282、284頁。

的「罪人不孥」之法,「父子兄弟,罪不相及」之誥,比柏拉圖的反株連意見更早、更徹底。

四、嬴秦與連坐

在周代,貴族間及貴族與國君間若發生衝突,有時就會訴諸武力,並導致「滅族」的結果。有學者認為,這種「滅族」就是族刑。如果從古義來說,這個論點也是可以成立的,因為古人認為「刑」源於「兵」。至於現代意義的「刑」或「刑法」,則是一切刑事法律規範的總稱,以及刑法典的特稱。本文對上述那種武裝衝突造成的滅族,不擬納入刑法範疇來認識,而以秦文公首創三族罪名一事為連坐之始。

進而對秦文公創立三族罪,徐中舒之如下論述值得重視:「『三族之罪』是滅族的酷刑,這在中國法律史上也是很重要的事。……這種連坐法在東方恐怕沒有,這在村社制下是行不通的。」按,徐氏有這樣一個看法:儒家的孝悌、仁愛思想,就是由村社制滋養出來的。所以他認為,東方的村社制與西方的三族罪兩不相容。[46]在周族中萌生的反連坐觀念,推測也是以村社制為基礎的。周公封魯、周室東遷,最終讓東方河洛齊魯成了「周禮」的重鎮,儒家的仁愛、墨家的兼愛,都是在這個地區孕育出來的。發端於西周的「反連坐」觀念由西而東,變成了一種東方觀念。

46　徐中舒:《先秦史論稿》,成都:巴蜀書社1992年版,第210、310–313頁。

　　對先秦連坐制的發展，有兩種不同認知。一種認為族刑始於春秋、始於秦。另一種看法是歷史越早社會越野蠻，夏商周一直有族刑存在着。而本文之所論，不是連坐制度之起源，而是反連坐主張之起源，由此就能看到夏、商、周、秦等不同族群間的文化差異。周族作為一個農業民族，其禮樂文明一枝獨秀。殷人祭祀用牲，往往要殺戮百牛、百羊，甚至千牛、五百羊，周人所用太牢不過牛、羊、豕各一。殷人所用人牲、人殉，數量巨大，極為殘酷；周初之後王廷及各姬姓國的人牲、人殉，大幅度減少。可見周族對生命較為尊重、對人力較為珍惜，所以率先發展出了「罪人不孥」、「父子兄弟，罪不相及」的理念，從而同殷族之濫用孥戮、滅門，形成對比。關萬維認為，殷商法律嚴酷，而秦族之先祖曾與殷商結盟，秦國的政治風尚上承殷商，繼承了殷之酷刑，包括連坐。而周文化重「仁」重「德」，明顯構成了另一系統。[47]

　　不止一位學者用《尚書·康誥》之「父子兄弟，罪不相及」，來反證周朝存在父子兄弟連坐。這說法雖不算錯，但不全面。〈康誥〉是周成王對康叔的告誡。對這番告誡的來歷，可參看如下記載：「周公旦以成王命興師伐殷，殺武庚祿父、管叔，放蔡叔，以武庚殷餘民封康叔為衛君，居河、淇間故商墟。」[48]可知康叔封衛之時，其所承擔的主要任務之一，就是管控「武庚殷餘民」。而殷人是習於「孥戮」、「殄滅之，無遺育」酷法的。布依寧

47　關萬維：《先秦儒法關係研究：殷周思想的對立性繼承及流變》，上海：上海人民出版社 2015 年版，第四章「法家思想的政治來源」第一節「酷刑政治：權力之惡與思想史之惡」，第 215–260 頁。

48　《史記》卷三七〈衛康叔世家〉，點校修訂本，北京：中華書局 2014 年版，第 1923 頁。

遂提出:〈康誥〉是周成王冊封康叔於衛國的誥文,衛國是殷商遺民的國家,則「父子兄弟,罪不相及」的要求可能是針對殷商的父子連坐傳統而發的,恰恰就是在用周文化來矯正殷商舊俗。[49] 雖不能説周人沒有連坐之事,但畢竟是周族率先舉起「反連坐」的旗幟的,這是中國法制史上的大事,理應濃墨重彩地予以表彰。

秦人的統治層來自東方,上承殷人風習,西遷後又融入戎狄之俗。到了春秋後期,人殉在中原已成殘跡了,而秦景公大墓之人殉仍達186具之多,與殷王陵的人殉規模相彷彿。那種作為制定法的,面向所有國民的連坐之刑,即如三族連坐、什伍連坐,關西嬴秦成了始作俑者。根據《史記》:

1. 秦文公二十年(前746):法初有三族之罪。

2. 秦孝公五年(前356)商鞅變法:令民為什伍,而相牧司連坐。

3. 秦始皇三十四年(前213):以古非今者族。[50]

---

49 這是2023年9月22日布依寧同學在我的討論課上提出的看法。

50 分見《史記》卷五〈秦本紀〉、卷六八〈商君列傳〉、卷六〈始皇本紀〉,第230、2710、326頁。又,根據〈始皇本紀〉所引《秦紀》,秦獻公十年(前375)已經「為戶籍相伍」了(同前,第363頁)。據此,何炳棣提出「『連什伍而同其罪』則始於獻公」。見其〈國史上的「大事因緣」解謎:從重建秦墨史實入手〉,收入《何炳棣思想制度史論》,北京:中華書局2017年版,第385頁。何炳棣的看法當然可備一説,然而「戶籍相伍」與「同伍連坐」還不宜等量齊觀,「相伍」與「連坐」畢竟不止一步之遙。杜正勝之論可參:「人民戶籍有什伍,並不一定就有橫的連坐。秦國橫的連坐即使非商君創制,也可能從他才開始屬行。」見其《編戶齊民:傳統政治社會結構之形成》,台北:聯經出版公司1990年版,第136頁。

　　秦國早在公元前8世紀，就把「三族」列為一個正式刑種了。
這個三族連坐之法，應視為作為正式法律的連坐之始。大力推行
並完善了什伍連坐的，則是商鞅。戰國人就是這麼看的。《韓非
子‧和氏》：「商君教秦孝公以連什伍，設告坐之過。」又同書《定
法》：「公孫鞅之治秦也，設告坐而責其實，連什伍而同其罪。」[51]

　　除了嬴秦之外，東周還有另一些國家也存在連坐。很有趣
的是，不少國家的連坐跟嬴秦相關。

　　漢代公羊學者董仲舒、何休，把什伍連坐追溯到了梁國：

《春秋》僖公十九年（前641）：七月，梁亡。

《公羊傳》：梁亡。此未有伐者，其言梁亡何？自亡也。其自亡
奈何？魚爛而亡也。

《春秋繁露‧王道》：梁內役民無已，其民不能堪。使民比地為
伍，一家亡，五（五當作四）家殺刑。其民曰：「先亡者封，後
亡者刑。」……《春秋》曰「梁亡。」亡者，自亡也。[52]

《公羊傳》何休註：梁君隆刑峻法，一家犯罪，四家坐之，一國
之中，無不被刑者，百姓一旦相率俱去，狀若魚爛。魚爛從內
發，故云爾。着其自亡者，明百姓得去之，君當絕者。[53]

　　這個梁國是一個嬴姓國，與秦同出一系。公元前821年，秦
仲的少子始封於梁，其地在今陝西韓城，是為嬴梁之始。這個國
家後來被秦穆公兼併，由此二嬴歸一了。《左傳》及《史記》把梁

51　王先慎：《韓非子集解》，北京：中華書局1998年版，第97、398頁。〈定
　　法〉篇之「設告坐」，原文作「設告相坐」，據王先慎說刪「相」字。

52　蘇輿：《春秋繁露義證》，北京：中華書局1992年版，第126頁。

53　《春秋公羊傳註疏》卷一一，阮本，第2256頁中欄。刁小龍整理：《春秋公
　　羊傳註疏》，第444–445頁。

之滅亡，另行歸結為梁伯大興土木、民不堪命，公羊學者則云梁
亡於連坐。也許兩種情況都有，而《左》、《公》各執一端吧。[54]若
董仲舒、何休也有某種歷史根據，來自先秦公羊經師的口口相
傳，則早在公元前7世紀中期，梁國就已存在五家連坐之制了，
比商鞅早三百年。如果是這樣的話，則「三族」連坐始於嬴秦，
而鄰伍連坐始於嬴梁。蘇輿就是這麼看的：「《史記·高祖紀》集
解：張晏云：『秦法一人犯罪，舉家及鄰伍坐之。』蓋本梁法。」[55]
「蓋本梁法」，就是說嬴秦連坐之法來自嬴梁。杜正勝認可何休之
說，認為「梁國早在春秋中葉以前就超前地實行『比地為伍』」。[56]

戰國三晉的趙國與魏國，也有連坐之制。先看趙國。「趙之
法，以城叛者，身死家收。」[57]「家收」當然就是家屬連坐了。又趙
孝成王任命趙括為將，趙括的母親便提出了「即有如不稱，妾得
無隨坐」的請求。[58]沈家本推測趙國的連坐是從秦國學來的：「商
君收孥之法在孝公時，趙事在孝成王六年（前260），後商君九十
餘年，豈趙亦參用秦法，故有隨坐之事歟？」[59]按秦、趙同出一

54　孫玲玲之說可參：「〈（春秋繁露·）王道篇〉不僅解釋了何休所言的『梁君
　　隆刑峻法，一家犯罪，四家坐之』一事，更增添了梁國民眾的言論，同時
　　又對何為『自亡』，何為『魚爛而亡』做出了詳細解說。同樣，這段敘事並不
　　見於先秦兩漢的其他典籍，故此也應視作《春秋繁露》中保留的早期公羊師
　　說。」見其〈從《公羊傳》「以事解經」例看早期公羊學的特徵——以《公羊
　　傳》與《左傳》、《穀梁傳》、《春秋繁露》的對比為中心〉，《鄭州大學學報》，
　　2019年，第3期，第57頁。
55　蘇輿：《春秋繁露義證》，第126頁。
56　杜正勝：《編戶齊民：傳統政治社會結構之形成》，第133頁。
57　《列女傳》卷六〈辯通〉「趙佛肸母」。張濤：《列女傳譯註》，北京：人民出
　　版社2017年版，第267頁。
58　《史記》卷八一〈廉頗藺相如列傳附趙奢傳〉，第2966頁。
59　沈家本：《歷代刑法考·刑法分考一·緣坐》，北京：中國檢察出版社2003
　　年版，第86頁。

源，趙國也是一個嬴姓之國，嬴政本人就出生在趙國，兩國的觀念制度有很多相近之處。趙國的連坐取法於秦，也是情理中事。

再看魏國。李悝（前455–前395）為魏文侯制定的《法經》，其中含有緣坐之文，以及對妄議朝政者刑及家屬的條文，如：「殺人者誅，籍其家，及其妻氏。殺二人，及其母氏」，「議國法令者誅，籍其家，及其妻氏」。東漢桓譚説：「李悝著《法經》……衛鞅受之，入相於秦，是以秦、魏二國，深文峻法相近。」[60] 既然商鞅是在學習了《法經》之後入秦定律的，那麼秦律中的連坐源於李悝《法經》嗎？可是，早在公元前8世紀中期秦國就有三族之法了，《法經》是三個世紀之後才問世的，所以我認為，《法經》中的「籍其家」、「及其妻氏」、「及其母氏」之類條文，其實是源於秦法的。

又《尉繚子·伍制令》有什伍連坐內容，如「伍有干令犯禁者，揭之，免於罪；知而弗揭，全伍有誅」之類。[61]《漢書·藝文志》著錄了兩種《尉繚子》，分別列在雜家與兵家。有學者推測，戰國時先後出現過兩位尉繚。一位尉繚可能活動在魏惠王時期，治商鞅之學，我估計他在這時就把商鞅的什伍連坐照單全收了。另一位尉繚曾謁見秦始皇，被任命為國尉，[62] 對秦之軍制頗有影響。今本《尉繚子》中對部伍編制的闡述，被認為與秦陵兵馬俑軍陣相吻合。無論尉繚是一人還是兩人，總之《尉繚子·伍制令》，與秦國的軍制法制關係密切。

60　董説：《七國考》卷一二〈魏刑法〉引，北京：中華書局1956年版，第366頁。

61　李解民：《尉繚子譯註》，石家莊：河北人民出版社1995年版，第98頁。

62　《漢書》卷三〇〈藝文志〉顏師古註：「劉向《別錄》云繚為商君學。」第1742頁。尉繚謁見秦始皇事，見《史記》卷六〈秦始皇本紀〉「大梁人尉繚來」一段，第297–298頁。

又《墨子》一書中，居然也有不少連坐的規劃。三族連坐，如「諸有罪自死罪以上，皆逮父母、妻子、同產」；職務連坐，如「奸民之所謀為外心，罪車裂，正與父老及吏主部者不得，皆斬」；什伍連坐，如「失火以為亂事者車裂，伍人不得，斬」；[63]等等。墨家不是宏揚「兼愛」的麼？怎麼會青睞連坐呢？按，《墨子》中跟連坐相關的篇章，都出自「秦墨」。[64]墨子死後，墨家發生分化，一批墨者由楚入秦以謀食干祿，[65]以其守城技術效力於秦王，便入鄉隨俗了，「橘越淮而為枳」了，被秦同化了。所以《墨子》跟連坐相關的那些篇章中，充斥着秦法、秦官、秦爵及各種秦語詞。鄭杰文評曰：「在思想信念上，『義』的觀念似乎已不存在，取而代之的是『維利為求』。」[66]「秦墨現象」也提醒我們：「某某主義」與「某某主義者」有時是兩回事，要分開來看的。

看來列國連坐制度，雖非全都，但確實有很多與秦相關。這會是偶然的麼？周王朝與華夏列國的社會基層，肯定也有民戶編制之法，那麼就也有可能「令民為什伍」。但存在什伍編制，跟在什伍中搞連坐、搞告奸，還不能視同一事。東方基層形成了悠久深厚的村社傳統。透過學者的理想化闡述，後人仍能推知其大略。請看：

---

63 《墨子·號令》。分見岑仲勉：《墨子城守各篇簡註》，北京：中華書局1958年版，第99、101–102頁。

64 相關研究，可參史黨社：《〈墨子〉城守諸篇研究》，北京：中華書局2011年版，第三章〈《墨子》城守諸篇研究述評〉，第133–161頁。

65 高華平：「這些活動於秦地的『秦墨』，似乎又都先有一番遊學楚國的經歷，再取道楚國而到秦國。」〈「三墨」學說與楚國墨學〉，《文史哲》，2013年，第5期，第28頁。

66 鄭杰文：《中國墨學通史》，北京：人民出版社2006年版，第72頁。

1.《孟子·滕文公上》：鄉田同井，出入相友，守望相助，疾病相扶持，則百姓親睦。[67]

2.《韓詩外傳》卷四：古者八家而井田，……八家相保，出入更守，疾病相憂，患難相救，有無相貨，飲食相招，嫁娶相謀，漁獵分得，仁恩施行，是以其民和親而相好。……今或不然，令民相伍，有罪相同，有刑相舉，使構造怨仇，而民相殘，傷和睦之心，賊仁恩，害上化，所和者寡，欲啟者多，於仁道泯焉！[68]

3. 馬端臨《文獻通考》：秦人所行什伍之法，與成周一也。然周之法則欲其出入相友，守望相助，疾病相扶持，是教其相率而為仁厚輯睦之君子也。秦之法，一人有奸，鄰里告之，一人犯罪，鄰里坐之，是教其相率而為暴戾刻核之小人也。[69]

上文中的「出入相友，守望相助，疾病相扶持」，「出入更守，疾病相憂，患難相救，有無相貨，飲食相招，嫁娶相謀，漁獵分得，仁恩施行」，同法家、同秦君強加給基層編戶的相伺相察、檢舉揭發，格格不入。儒家與法家為基層社區所設定的「組織目標」，顯然大相徑庭。其所描述的雖是理想圖景，但也不是空中樓閣，而是從現實中的村社制提煉昇華而來的。

什伍最初是軍事編制，在後來滲入了基層民政閭里體系。[70]只要看《周禮》就清楚了：居民編制是五家為比、十家為聯，軍

67　《孟子註疏》卷五上，阮本，第2702頁下欄–2703頁上欄。

68　許維遹：《韓詩外傳集釋》，北京：中華書局1980年版，第143頁。

69　《文獻通考》卷一二〈職役考〉，上海師範大學古籍研究所、華東師大學古籍研究所點校本，北京：中華書局2011年版，第1冊，第329頁。

70　杜正勝：「什伍起於兵制，當以兵法部勒人民時，閭里的什伍組織首先只在有服兵役之權利（也是義務）的地區推行」，「隨着兵源之擴充，軍隊的什伍制也逐漸滲入閭里行政組織中」，「里居之什伍既緣乎兵制，其連坐也出於軍法。」《編戶齊民：傳統政治社會結構之形成》，第132–134頁。

隊編制是五人為伍、十人為什，二者恰好同構對接，而且「刑罰慶賞，相及相共」。[71] 這「刑罰慶賞，相及相共」，最初必是軍法。軍法總會比民政法規嚴酷，所以就會有前引《尉繚子》「伍有干令犯禁者，揭之，免於罪；知而弗揭，全伍有誅」那樣的做法。又《管子・立政》：「十家為什，五家為伍，罰有罪不獨及，賞有功不專與。」[72] 這一定也是軍法，至少是來自軍法。既然閭里「比聯」與軍中「什伍」是同構對接的，什伍的軍事化管理之法，就可以反饋到閭里比聯中去，甚至取代閭里比聯。由此，就開啟了一個把什伍制用作基層編制、用軍制軍法取代村社傳統的歷史進程。

東方列國的統治者也會逐漸意識到連坐制的效力，也會「見賢思齊」。那麼，軍法將在多大程度上影響居民組織呢？東方社會擁有深厚的村社傳統，又長期流行「罪人不孥」、「父子兄弟，罪不相及」觀念，推測東方即便存在連坐，也遠不如秦國嚴酷。秦遵法術，以軍事立國，千萬國民千萬兵，千里江山千里營，男子附籍後即稱「士伍」、「伍人」，使用軍士之稱，所以秦之軍法，必在更大程度上形塑了基層管控。然而，連坐告奸之法在秦可以暢行無阻，卻非東方廣大士民所樂於接受。漢代士人仍屢屢為反連坐而抗爭，漢初朝廷多次廢三族廢相坐，這些努力都不是憑空而來的，都可以追溯到先秦東方的反連坐傳統那裏去。在揭竿而起推翻「暴秦」前後，東方士民是把「作為相坐之法，造誹謗，增肉刑」，[73] 視為秦三大暴政，抨擊斥責，亟欲廢除之而後快的。

---

71 可參看《周禮・地官・族師》及〈黨正〉。賈公彥疏：「本出於在家，故並二比為十家為聯。擬入軍時相並，故復云五人為伍，十人為聯，明是在軍法耳。」《周禮註疏》卷一二，阮本，第719頁上欄、中欄。

72 黎翔鳳：《管子校註》，北京：中華書局2004年版，第67頁。

73 語出《鹽鐵論・非鞅》。王利器：《鹽鐵論校註》（增訂本），第90頁。

五、漢初廢三族、廢收孥相坐

劉邦集團起自關東平民，對三大暴政同樣有切膚之感、刻骨之恨，於是「順民心作三章之約」，廢連坐、除誹謗、輕刑罰，以慰天下之心。《史記》：

> （劉邦）還軍霸上。召諸縣父老豪桀曰：父老苦秦苛法久矣，誹謗者族，偶語者棄市。吾……與父老約，法三章耳：殺人者死，傷人及盜抵罪。餘悉除去秦法。

> 裴駰《史記集解》引曹魏張晏：秦法，一人犯罪，舉家及鄰伍坐之，今但當其身坐，合於〈康誥〉「父子兄弟，罪不相及」也。[74]

這個「三章之約」，當係一時之制，只實行了很短時間。其中的「抵罪」，我認為已包括廢連坐在內了，相應的論據有三。

第一，註家張晏已看到「抵罪」有廢除連坐之意了。其「今但當其身坐」可稱確解，其「合於〈康誥〉『父子兄弟，罪不相及』」一語，就把「三章」同周族、同東方文化聯繫起來了。在漢人的追述中，廢連坐也以「三章」為始：「秦政酷烈，違忤天心，一人有罪，延及三族。高祖平亂，約法三章；太宗至仁，除去收孥。」[75]

第二，由前文所見，在「三章之約」之前，《荀子・君子》就是通過申說「刑當罪」，即讓刑、罪相稱來反對「以族論罪」的。在「三章之約」之後，又有鹽鐵會議上的文學們，通過申說「輕重各服其誅」，來批駁「相坐」、維護「惡惡止其人」。劉邦揭舉「抵

74　《史記》卷八〈高祖本紀〉，第459、461頁。
75　《後漢書》卷四八〈楊終傳〉，北京：中華書局1965年版，第1597頁。

罪」的邏輯、思路與目的,與此前的《荀子》、與此後文學們完全相同,其出發點、歸着點都是「無罪不罰」。在秦漢通用法律術語中,「抵罪」與「當罪」以及「致罪」意義相同。[76] 所以「三章之約」中的「殺人者死」,也應理解為「殺人者由本人抵死」。

第三,由隨後漢惠帝、呂后、漢文帝繼踵而來廢連坐,也可以反推這是一個劉邦領跑、其繼承人接力的歷程。與其把「廢連坐」看成漢惠帝首倡,顯然不如看成劉邦首倡,而漢惠帝繼承先帝遺志更好。

從「天下苦秦」到秦崩潰,「反秦法」一度展示了巨大號召力,基於天下反秦的歷史慣性,漢初統治者在「反秦法」上必須有所作為,以確立強化漢王朝的合法性。請看:

1. 高后元年(前187)春正月詔:前日孝惠皇帝言欲除三族罪、妖言令,議未決而崩,今除之。[77]

2. 漢文帝元年(前179):上曰:「法者,治之正,所以禁暴而率善人也。今犯法已論,而使毋罪之父母妻子同產坐之,及為收孥,朕甚不取。其議之。」有司皆曰:「民不能自治,故為法以禁之。相坐坐收,所以累其心,使重犯法,所從來遠矣。如故便。」上曰:「朕聞法正則民慤,罪當則民從。且夫牧民而導之善者,吏也。其既不能導,又以不正之法罪之,是反害於民為暴者也。何以禁之?朕未見其便,其孰計之。」有司皆曰:「陛

76　據歐揚考論,秦漢「定罪量刑的工作可以被稱為『當罪』、『抵罪』或『致罪』」,都是讓刑罰與罪過相稱的意思。見其〈秦到漢初定罪程序稱謂的演變 ——取「當」為視角比較《岳麓書院藏秦簡》(叁)與《奏讞書》〉,王沛主編:《出土文獻與法律史研究》,上海:上海人民出版社2014年版,第3輯,第102頁。

77　《漢書》卷三〈高后紀〉,第96頁。

下加大惠，德甚盛，非臣等所及也。請奉詔書，除收孥諸相坐律令。」[78]

漢惠帝、呂后之所以對廢三族罪、廢妖言令念念不忘，只能歸結為逝去不久的先帝遺志，以及久已有之的社會呼聲。漢文帝詔廢收孥相坐之後，據學者分析，城旦舂及以下的徒刑就不再收孥了。[79]新出簡牘也證明了漢文帝「盡除《收律》、相坐法」確有成效。在張家山漢墓三三六號墓所出《漢律十六章》中，不再出現《收律》，相關律條都刪去了「收」和「收孥相坐」的刑罰，而且還在刪除處保留了空白，這是漢文帝二年(前178)「盡除《收律》、相坐法」的直接反映。[80]

漢文帝的除收孥相坐詔，頗為可誦。其「犯法已論，而使毋罪之父母妻子同產坐之」一語，明示法律不該懲罰無罪之人，以此繩之，現行連坐即屬「不正之法」，是「反害於民」的惡法暴政。詔中「罪當則民從」一語中的「罪當」，跟劉邦的「抵罪」，跟荀子的「刑當罪」，跟鹽鐵會議上的文學們的「輕重各服其誅」，以至跟現代的「刑罪相當」，如出一轍。「罪當則民從」的完整意思，就是「刑當其罪、無罪不罰，才能贏得民眾的認同、信從」。再拿這「法正則

78　《史記》卷一〇〈孝文本紀〉，第531頁。

79　此處參考了于振波：《秦漢法律與社會》，長沙：湖南人民出版社2000年版；魏道明：《始於兵而終於禮：中國古代族刑研究》，北京：中華書局2006年版；賈麗英：《秦漢家族犯罪研究》，北京：人民出版社2010年版；韓樹峰：《漢魏法律與社會：以簡牘、文書為中心的考察》，北京：社會科學文獻出版社2011年版等。

80　參看搜狐網，2023年3月12日，〈〔書訊〕彭浩：《張家山漢墓竹簡〔三三六號墓〕》〉，https://www.sohu.com/a/653252294_121124388；荊州博物館編、彭浩主編：《張家山漢墓竹簡三三六號墓》，北京：文物出版社2022年版，〈前言〉，第1頁。

民愍，罪當則民從」一語，比較《荀子·君子》的「故刑當罪則威，不當罪則侮」，二者之形異神似，昭然可見。面對連坐，漢文帝所聲明的「朕甚不取」，擲地有聲，必須為之撫掌擊節。

又，閱讀漢文帝的廢肉刑詔，也很難不為之動容：「今法有肉刑三……吾甚自愧」，「夫刑至斷支體，刻肌膚，終身不息，何其刑之痛而不德也！」[81]反躬自責之意，十指連心之感，可謂藹然仁者之言。又其廢誹謗詔：「民或祝詛上……此細民之愚無知，抵死，朕甚不取。自今以來，有犯此者勿聽治。」[82]對詛咒「今上」的普通民眾，漢文帝並不認為「罪該萬死」，反而明令官吏聽之任之。如此寬容開明，即便比之當代，也值得大書特書。[83]

81　《漢書》卷二三〈刑法志〉，第1104頁。附帶說，陳偉對比張家山〈二年律令〉簡、睡虎地漢律簡與胡家草場漢律簡，指出因漢文帝廢肉刑，「肉刑中的黥刑被全部廢除」，「黥為城旦舂」有的就改作「髡為城旦舂了」；在針對「鞫獄故縱、不直及診報辟故弗窮審者」的相應律條中，「斬左止為城旦」、「贖斬、宮、贖劓、黥等概念當不復存在」。見其〈胡家草場漢簡律典與漢文帝刑制改革〉，《武漢大學學報》，2022年，第2期，第86頁。

82　《漢書》卷四〈文帝紀〉，第118頁。原文作「此細民之愚，無知抵死，朕甚不取」。然而這樣斷句，就可以被理解為「這是就細民的愚蠢了，因為無知而觸犯了死刑，我對這種行為不以為然」了。這時漢文帝不以為然的是細民，或者說不以為然的是細民「因為無知而觸犯死刑」這種愚蠢的做法。而另行標點為「此細民之愚無知，抵死，朕甚不取」，便可以理解為「這是細民的愚蠢無知行為，如果為此就把他們判定為死刑，那麼我對這種判定不以為然」。「抵死」應理解為「判為死罪」，可以參考前文對「當罪」、「抵罪」、「致罪」的解釋。

83　直到2013年夏，法國國會才廢除了「冒犯國家領導人」這個罪名。(《中國日報》中文網，2013年07月26日，https://world.chinadaily.com.cn/2013-07-26/content_16835640.htm。) 2014年埃爾多安就任土耳其總統後，一氣發起了16萬起「侮辱總統案」調查，其中35,507起案件提起了上訴，結果有12,881人被定罪，為此歐盟不得不加以干預指責。(澎湃新聞，2021年10月19日，https://www.thepaper.cn/newsDetail_forward_14975970。)

　　對比秦始皇與漢文帝，可以看到兩人事事相反：秦始皇豪奢，漢文帝節儉；秦始皇毆役萬民，漢文帝無為而治；秦始皇橫徵暴斂，漢文帝輕徭薄賦；秦始皇嚴刑酷法，漢文帝廢除肉刑；秦始皇罪及三族，漢文帝廢除收孥；秦始皇打壓言論，禁人妄議，「退誹謗之人，殺直諫之士」，而漢文帝察舉「直言極諫」，廢誹謗妖言之條，甚至對咒罵皇帝本人的民眾也明令不加懲治；秦始皇追求「二世三世以至萬世」，漢文帝推崇「博求天下賢聖有德之人而禪天下」；秦始皇自負，「以為自古莫及己」，[84] 漢文帝自謙，每有「朕之不德」、「不敏不明」、「吾甚自愧」之言，方苞所謂「諸詔皆戰戰兢兢」，[85]「始終常存愧不稱職之心」……[86] 僅僅相隔30年而已，歷史舞台上竟矗立着兩位風貌絕異、背道而馳的皇帝，未免太富戲劇性了吧。後人推崇漢文帝之「天資近厚」、[87]「天性純粹」、[88]「出於至誠」，[89] 而在天性、個性之上，我們還看到了東西文化的巨大差異，進而是中國史的一種與生俱來的二元性 —— 文化與制度的二元性，以及儒法二元性。

84　《史記》卷六〈秦始皇本紀〉，第328–329頁。

85　方苞：《方望溪平點史記·孝文本紀》，《方苞全集》，上海：復旦大學出版社2018年版，第7冊，第298頁。

86　曾國藩：〈筆記十二篇·漢文帝〉，《曾國藩全集》(修訂版)，長沙：岳麓書社2011年版，第14冊，第496頁。

87　朱熹：漢文帝「天資素高，故所為多近厚」。《朱子語類》卷一三五，北京：中華書局1986年版，第3224頁。

88　乾隆：「文帝天性純粹，以仁心行仁政」，而唐太宗出自刻意，「假之而已」。《御覽經史講義·卷首》，《景印文淵閣四庫全書》，第722冊，第229頁上欄。

89　曾國藩：「漢文帝之謙讓，其出於至誠者乎」，「其謙讓皆發於中心惻怛之誠」。〈筆記十二篇·漢文帝〉，《曾國藩全集》(修訂版)，第14冊，第496頁。

沈家本、伍廷芳稱讚廢肉刑是「千古之仁政」，稱讚廢收孥相坐「當時以為盛德」。[90]其廢誹謗妖言，又何嘗不是呢，可惜曇花一現。在漢代，漢文帝因「除誹謗，去肉刑」及「罪人不孥，不誅亡罪」三大仁政，而贏得盛讚。略舉數例：

1. 西漢晁錯：絕秦之跡，除其亂法，……肉刑不用，罪人亡孥，非謗不治，……元元之民幸矣！[91]

2. 西漢景帝：除誹謗，去肉刑，……罪人不孥，不誅亡罪，……此皆上世之所不及，而孝文皇帝親行之。[92]

3. 西漢司馬遷：漢興，至孝文四十有餘載，德至盛也。[93]

4. 西漢許嘉等二十九人：孝文皇帝除誹謗，去肉刑，……罪人不孥，……德厚侔天地，利澤施四海。[94]

5. 東漢楊終：太宗至仁，除去收孥，萬姓廓然，蒙被更生，澤及昆蟲，功垂萬世！[95]

儘管在今人眼中，漢文帝遠不及秦皇漢武偉岸顯赫，古代讀書人卻有另一種歷史認知：「漢世之治獨稱孝文」，[96]「三王以降論君德者，必首漢文」。[97]例如——

---

90 分見沈家本：《歷代刑法考・刑法分考五・議復肉刑》，北京：中國檢察出版社2003年版，第189頁；伍廷芳、沈家本：〈奏刪除律例內重法摺〉，丁賢君、喻作鳳編：《伍廷芳集》，北京：中華書局1993年版，第258頁。標點略有改動。

91 《漢書》卷四九〈晁錯傳〉，第2296–2297頁。

92 《漢書》卷五〈景帝紀〉，第137頁。

93 《史記》卷一〇〈孝文本紀〉，第552頁。

94 《漢書》卷七三〈韋賢傳〉，第3119–3119頁。

95 《後漢書》卷四八〈楊終傳〉，第1597頁。

96 范祖禹：〈仁皇訓典序〉，呂祖謙編：《宋文鑑》卷九一，北京：中華書局1992年版，第1286頁。

97 方苞：《方望溪文集全編・漢文帝論》，《方苞全集》，第8冊，第108頁。

1.〔魏〕曹丕：美聲塞於宇宙，仁風暢於四海。[98]

2.〔唐〕憲宗元和六年（811）中書門下奏：文景醲化，百王莫先。[99]

3.〔宋〕王安國：三代以後未有也。[100]

4.〔宋〕錢時：三代而下未之有也。[101]

5.〔宋〕劉光祖：觀文帝之治，溫然有三代之風。[102]

6.〔明〕方孝孺：古者致治之主，莫過漢文帝。[103]

7.〔明〕邱濬：三代以下，稱帝王之賢者文帝也，……可謂百世帝王之師矣！[104]

8.〔明〕謝肇淛：三代以下之主，漢文帝為最。……其天資學問，德性才略，近於王者。[105]

98　曹丕：《典論·太宗論》。李昉等：《太平御覽》卷八八〈皇王部〉引，北京：中華書局1960年版，第419頁上欄。

99　劉昫等：《舊唐書》卷一四〈憲宗紀上〉，北京：中華書局1975年版，第436頁。按，以下羅列各條，部分來自網絡。本文核對並提供了具體出處，並有補充。

100　脫脫等：《宋史》卷三二七〈王安國傳〉，北京：中華書局1985年版，第10557頁。

101　錢時：《兩漢筆記》卷三〈漢景帝〉，《景印文淵閣四庫全書》，台北：台灣商務印書館1986年版，第686冊，第454頁下欄。

102　黃淮、楊士奇編：《歷代名臣奏議》卷四九〈治道〉，上海：上海古籍出版社1989年版，第1冊，第671頁上欄。

103　方孝孺：《遜志齋集》卷六〈策問十二首〉，徐光大校點，寧波：寧波出版社2000年版，第208頁。

104　邱濬：《大學衍義補》，上海：上海書店2012年版，卷四，第55–56頁。

105　謝肇淛：《五雜組》卷一五〈事部三〉，北京：中華書局1959年版，第55–56頁。

9.〔清〕陸曾禹：三代後之賢君，首推文帝也。[106]

10.〔清〕湯諧：孝文為三代以後第一賢君。史公在孝武時作〈孝文紀〉，故尤極無窮慨慕也。二十餘年，深仁厚澤。[107]

11.〔清〕胡定：漢文帝盛德深仁，為成、康以後所僅見。……與大舜、文王比隆可也。[108]

12.〔清〕齊召南：謹按三代以下賢君，首推文帝。……讀〈武帝紀〉及諸〈志〉〈傳〉，而後知文帝為不可及也。[109]

13.〔清〕曾國藩：蓋其德為三代後僅見之賢主。[110]

……

無意美化，但若在「霸業」、「事功」或什麼「雄才大略」之外，另從「政治文明」、從「現代性」比較中國歷代統治者，那麼還得說，漢文帝無與倫比，無愧「三代後僅見之賢主」、「百世帝王之師」。只看到漢文帝好刑名或崇黃老，就把事情簡單化了。也有人指出漢文帝之所行皆戰國孟子之言，[111]還有人力辯「漢文帝用

106　陸曾禹：《康濟錄》卷三上〈臨事之政〉，《景印文淵閣四庫全書》，第663冊，第315頁上欄。

107　湯諧：《史記半解》卷一〈孝文本紀〉，北京：商務印書館2013年版，第51頁。

108　乾隆敕編：《御覽經史講義》卷二七〈史〉，《景印文淵閣四庫全書》，第723冊，第656頁下欄–657頁上欄。

109　乾隆敕編：《御覽經史講義》卷二七〈史〉，《景印文淵閣四庫全書》，第723冊，第665頁上欄。

110　曾國藩：〈筆記十二篇・漢文帝〉，《曾國藩全集》(修訂版)，第14冊，第496頁。

111　劉光祖：「觀文帝之治……凡此之務，皆孟子言於戰國不見信用者，而文帝乃能行之。」黃淮、楊士奇編：《歷代名臣奏議》卷四九〈治道〉，上海：上海古籍出版社1989年版，第1冊，第671頁上欄。

儒之主也」，其「二十三年之治，以仁言、以德稱」。[112]審視漢文帝三十餘詔，東方文化的影響昭然可見。東方的儒墨道諸子，就是其時中華文明的制高點、最強音，「罪人不孥」、「父子兄弟，罪不相及」、「惡惡止其身」等東方思想，我確信就是漢文帝廢連坐的理念來源，捨此無他。而漢代與後代讀書人對漢文帝的讚許，也是基於東方價值觀的。在「暴秦」方被唾棄，下一波興功用法的高峰尚未來臨，君臣「懲惡亡秦之政，論議務在寬厚」，朝野一意「休息無為」之際，東方文化獲得了一個空前絕後的發揚光大空間，為中國史貢獻了一位「三代後僅見之賢主」、「百世帝王之師」。

　　秦始皇則是西方文化的產兒。相對於華夏，秦文化曾是一個另類。王國維：「（秦）其未逾隴以前（即秦文公以前），殆與諸戎無異。」[113]秦流行曲肢葬、西首葬，曲肢葬佔到了90%以上，而這都是諸戎葬俗，跟華夏族的仰身直肢葬、北首葬判然不同，可證明秦之國民確實有濃厚的戎族性質。商鞅、韓非之學說能在秦落地生根，連坐之法能在秦暢行無阻，同其國民的尚未開化的戎族性質，密不可分。荀子稱秦「無儒」，李斯承認「士不產於秦」。[114]在「百家爭鳴」這個輝煌時代，沒有一位偉大學者出於秦地，沒有一部偉大著作出自秦人。儘管秦也以「夏」自居，努力擠進「夏」的行列，華夏諸國仍「不與會盟」，視秦為「虎狼之國」：

112　黃榦：〈孝文好刑名之言〉，魏天應編：《論學繩尺》卷七，《景印文淵閣四庫全書》，第1358冊，第417頁下欄、418頁上欄。這只是一篇學子作文，卻不為無見。

113　王國維：《觀堂集林》卷一二〈秦都邑考〉，石家莊：河北教育出版社2001年版，第270頁。

114　分見《荀子》，方勇、李波譯註，第261頁；《史記》卷八七〈李斯列傳〉，第3090頁。

「彼秦者，棄禮義而上首功之國也，權使其士，虜使其民」，「秦
與戎翟同俗，有虎狼之心，貪戾好利而無信，不識禮義德行」，
「誠使秦王得志於天下，天下皆為虜矣！」[115]「虜」就是「奴隸」的
意思，秦之政治體制，在東方士民的眼中就是一種奴隸制。眾所
周知，秦之城旦舂、鬼薪、白粲、隸臣妾、司寇、隱官、居貲、
居贖、居債、謫戍、刑徒、奴產子等，數量龐大而名目繁多，而
其大量使用謫戍、刑徒、奴產子一點，恰好也給了郭沫若以「奴
隸制」之觀感：「秦始皇時代，看來是奴隸制大逆轉。」[116]正像何
晉之概括：「自商鞅變法之後，秦形成了和周文化傳統截然不同
的一種全新法家的文化體系」，「較之仍保有周之傳統的東方六國
文化，已走向了一條不同的道路，它在制度、價值觀、文字等等
方面的新的發展，已不被保留了較多周制的東方文化所接受容
納」。[117]具體到秦之連坐，也不被東方士民所接受容納。

六、漢唐間的「父子兄弟，罪不相及」、「惡惡止其身」

除了《鹽鐵論》、《春秋繁露》、《韓詩外傳》，漢代典籍《淮南
子》、《白虎通義》、《潛夫論》等，都有反連坐的論調。請看：

---

115 分見《戰國策・趙策三》及〈魏策三〉，范祥雍：《戰國策箋證》，上海：上
　　海古籍出版社2011年版，第1130、1387頁。《史記》卷六〈秦始皇本紀〉，
　　第297–298頁。
116 郭沫若：「像這樣大規模地把豪富或黔首任意遷徙謫戍，把亡人賈人趕出
　　從軍，把大批的刑徒、奴產子拿來做苦役（繼後又拿來當兵），這不是大規
　　模的奴隸制的復活嗎？」《十批判書・呂不韋與秦王政的批判》，《郭沫若全
　　集》，北京：人民出版社1982年版，歷史編第2卷，第459–460頁。
117 何晉：〈秦稱虎狼考〉，《文博》，1999年，第5期，第45–46頁。

1.《淮南子‧泰族》：商鞅為秦立相坐之法，而百姓怨矣⋯⋯，使民居處相司，有罪相覺，於以舉奸，非不掇也，然而不可行者，為其傷和睦之心，而構仇讐之怨也。[118]

2.《白虎通義‧五行》：「善善及子孫」何法？春生待夏復長也。「惡惡止其身」何法？法秋煞不待冬。[119]

3.《潛夫論‧論榮》：堯，聖父也，而丹凶傲；舜，聖子也，而瞍頑惡；叔向，賢兄也，而鮒貪暴；季友，賢弟也，而慶父淫亂。論若必以族，是丹宜禪而舜宜誅，鮒宜賞而友宜夷也。論之不可必以族也若是。昔祁奚有言：「鯀殛而禹興，管、蔡為戮，周公佑王。」故《書》稱「父子兄弟，不相及」也。[120]

　　第1條《淮南子‧泰族》承認商鞅相坐之法確實有效，但代價極為高昂，「傷和睦之心，而構仇讐之怨」，再次顯示對連坐的態度，事涉「何為理想社會」這個價值觀問題。《泰族》以道兼儒，道家尊重「自然而然」的千差萬別，主張讓萬物天性都得到自由舒展，這同法家整齊萬物以供獨裁者一人所用的宗旨，南轅北轍。也就是說，生發於東方的道家思想，也具有非連坐、甚至反連坐的傾向。

　　第2條《白虎通義》利用「天道」，宣稱「善善及子孫，惡惡止其身」是取法於冬夏四時的，以神秘主義來強化這一理念的權威性。

　　第3條王符《潛夫論》則利用實例，以聖父、聖子、賢兄、賢弟四例，證明了「父子兄弟，罪不相及」之合情合理，也等於證

118　何寧：《淮南子集釋》卷二〇，北京：中華書局1998年版，第1430、1433頁。「不可行者，為其」六字，用王念孫說，從《群書治要》補入。

119　陳立：《白虎通疏證》卷四〈五行〉，北京：中華書局2018年版，第194頁。

120　汪繼培：《潛夫論箋校正》，北京：中華書局2018年版，第46頁。

明了《荀子》「殺其父而臣其子，殺其兄而臣其弟」之合情合理。「父子兄弟，罪不相及」這句話，魏晉時被簡稱為「四罪不相及」了，「四罪」就是父、子、兄、弟之罪。

世入漢代，東方文化逐漸復興。公羊家的「惡惡止其身」，便被決意尊崇儒術的王朝奉為政治原則了。請看西漢中期的上計制度：

> 御史大夫敕上計丞、長史曰：詔書殿下布告郡國，臣下承宣無狀，多不究，百姓不蒙恩被化，丞、長史到郡，與二千石同力為民興利除害⋯⋯方察不稱者。刑罰務於得中，惡惡止其身。[121]

在各郡國官吏來京上計時，御史大夫代表皇帝，向他們宣讀政治要求，而公羊學的「惡惡止其身」理念被用作一項政治要求，赫然列於其中了。這項要求是用來保障「刑罰務於得中」，防止刑及無辜的。

在兩漢魏晉南北朝的政治生活中，反連坐的理念獲得重大權威性。讀書人是這樣闡說的：

---

121 《續漢書·百官志一》註引《漢舊儀》，《後漢書》，第3562頁。魏斌判斷說：「這件『禮儀範本』或許是宣帝以後出現的。」見其〈五條詔書小史〉，收入武漢大學中國三至九世紀研究所編：《魏晉南北朝隋唐史資料》，武漢：武漢大學文科學報編輯部2010年出版，第26輯，第6–7、13頁。又承厲承祥同學告知，在輯自《永樂大典》的《漢官舊儀》（實為衛宏《漢舊儀》）中，這段文字中的「御史大夫敕上計丞、長史曰」到「方察不稱者」這一部分，被置於漢宣帝五鳳三年（前55）拜御史大夫策文之後。（可參周天游點校：《漢官六種·漢官舊儀卷上》，北京：中華書局1990年版，第41頁。）所以厲承祥認為，《續漢志》所引「御史大夫敕上計丞、長史⋯⋯」，應該是漢宣帝五鳳年間（前57–54）的禮制，也就是西漢中期的禮制。

1. 東漢楊終：善善及子孫，惡惡止其身，百王常典，不易之道也。[122]

2. 西晉祖納：罪不相及，惡止其身，此先哲之弘謨，百王之達制也。[123]

3. 東晉成帝詔：罪不相及，古今之令典也。[124]

4. 東晉郗超：鯀殛禹興，鮝、鮒異形，四罪不及，百代通典。[125]

5. 東晉佚名：惡止其身，四罪不濫，此百王之明制，經國之令典也……[126]

　　王朝司法時若事涉連坐，如有士大夫呼籲救助，或逢皇帝決意開恩，那麼，所謂「常典」、「達制」、「令典」、「通典」，往往就被引以為據。例如：

1. 漢成帝陽朔元年(前24)，王章得罪權貴王鳳，罪至大逆，戮及妻子。梅福挺身營救：「且『惡惡止其身』，王章非有反畔之辜，而殃及家，折直士之節，結諫臣之舌。」[127]惜未成功。

2. 漢靈帝建寧元年(168)，大將軍竇武因謀誅宦官失敗被殺。謝弼試圖維護竇武之女竇太后：「伏惟皇太后定策宮

---

122 《後漢書》卷四八〈楊終傳〉，第1597頁。

123 《晉書》卷三八〈齊王攸傳附子蕤傳〉，祖納上疏，北京：中華書局1974年版，第1135頁。

124 《晉書》卷四九〈羊曼傳附弟羊聃傳〉，晉成帝詔，第1384頁。

125 僧祐編：《弘明集》卷一三郗超〈奉法要〉。李小榮：《弘明集校箋》，上海：上海古籍出版社2013年版，第718頁。

126 僧祐編：《弘明集》卷一佚名〈正誣論〉。「四罪不濫」係我所改，李小榮《弘明集校箋》原作「四重罪不濫」，第67頁。

127 《漢書》卷六七〈梅福傳〉，第2922頁。

閭，援立聖明，《書》云：『父子兄弟，罪不相及。』竇氏之誅，豈宜咎延太后？」[128] 謝弼隨即被貶出朝廷。

3. 漢靈帝中平(184–189)初年，民間有一個叫龍的，因借錢之事對其哥哥陽橫生恨意，於是去射玄武闕，使自己被捕。射闕是僅次於大逆的罪行，龍「欲破陽家」，想通過自己犯罪而把哥哥陽株連在案，兄弟同歸於盡。結局卻是喜劇性的：漢靈帝詔報「惡惡止其身」，只把龍處死，哥哥陽毫髮未損。[129]

4. 漢獻帝建安元年(196)：曹操藉口楊彪與袁術是親家，下獄定罪「大逆」。孔融第一時間前往力爭：「楊公四世清德，海內所瞻。《周書》『父子兄弟，罪不相及』，況以袁氏歸罪楊公！」[130] 楊彪因此而被釋放。

5. 西晉時山濤奏請任命嵇紹：「〈康誥〉有言：父子罪不相及」，「請為秘書郎」。按，嵇紹的父親嵇康，在曹魏時被司馬昭所殺。晉武帝司馬炎為了撫慰士林，便官加一等，破格任命嵇紹為秘書丞。[131]

「禁錮」是一種「資格刑」，其內容是剝奪任官資格，其時若「錮及親族」，那就是連坐了。若當局決定免除或放寬親族禁錮，詔書或奏議就可能引用「父子兄弟，罪不相及」、「惡惡止其身」。例如：

---

128 《後漢書》卷五七〈謝弼傳〉，第1859頁。
129 《續漢書‧五行志五》註引《風俗通》逸文，《後漢書》，第3343頁。
130 《後漢書》卷五四〈楊震列傳〉，第1788頁。
131 《晉書》卷八九〈忠義嵇紹傳〉，第2298頁。秘書丞、秘書郎雖然都是六品官，但秘書丞列在秘書郎之前，其官資高一等。

1. 漢章帝元和元年(84)詔:「《書》云:『父不慈,子不祗,兄不友,弟不恭,不相及也。』往者妖言大獄,所及廣遠,一人犯罪,禁至三屬,莫得垂纓仕宦王朝。如有賢才而沒齒無用,朕甚憐之。」[132]「禁至三屬」就錮及大功了,而漢章帝「一皆蠲除之」。

2. 漢安帝(106–125年在位)初:居延都尉范邠犯贓,司徒楊震主張比照此前清河相叔孫光犯贓之例,「增錮二世,釁及其子」。而太尉劉愷提出「春秋之義,『善善及子孫,惡惡止其身』,所以進人於善也」,「如今使贓吏禁錮子孫,以輕從重,懼及善人」。漢安帝從劉愷之議。[133]

3. 漢末朝廷對清議黨人「錮及五族」,即錮及緦麻。漢靈帝光和二年(179)和海上言:「從祖兄弟別居異財,恩義已輕,服屬疏末。而今黨人錮及五族,既乖典訓之文,有謬經常之法。」漢靈帝於是稍加寬假,「黨錮自從祖以下,皆得解釋」,[134]「小功以下皆除之」。[135]由「五族」而「三族」,那就是錮至從父兄弟為止,小功以下就赦免了。和海所引據的「典訓之文」,根據李賢註,就是〈康誥〉的「父子兄弟,罪不相及」。

　　第1、2條事涉禁錮贓吏子孫,王夫之覺得這種禁錮還算合理:貪墨者是為了子孫而貪墨的,子孫既然受益了,那麼禁錮就

---

132 《後漢書》卷三〈章帝紀〉,第147–148頁。

133 《後漢書》卷三九〈劉愷傳〉,第1308–1309頁。

134 《後漢書》卷六七〈黨錮列傳〉,第2189頁。

135 《後漢書》卷八〈靈帝紀〉作「諸黨人禁錮小功以下皆除之」,第343頁。

是合理的。[136] 不過很多犯罪，如殺傷劫盜等，都存在為親人而犯罪、親人從中受益的情節，其親人都應連坐嗎？似乎仍有推敲餘地。第3條涉及政治迫害，這時對黨人及其家族的禁錮，我認為是非正義的。

若出現大範圍株連，「父子兄弟，罪不相及」、「惡惡止其身」的引述，有時能讓成千上萬的人受益。例如：

1. 光武帝建武年間 (25–56)，平原太守趙憙討捕盜賊，斬其渠帥，餘黨連坐者至數千人。趙憙上言「『惡惡止其身』，可一切徙京師近郡」，為光武帝所准。[137] 數千因造反而連坐者得到從寬處理，僅移民於京師近郡潁川、陳留，千里之遙而已。

2. 漢章帝時，因廣陵王劉荊、楚王劉英、淮陽王劉延、濟南劉康之獄而株連徙邊者，竟至萬數。建初元年 (76) 楊終上疏為請：「臣聞『善善及子孫，惡惡止其身』，百王常典，不易之道也。」[138] 數萬徙邊者最終得以赦歸故里。

3. 北魏孝文帝太和 (477–499) 初，因懷州三十餘人謀反，馮太后「欲盡誅一城之民」，幸有張白澤以「《周書》父子兄弟，罪不相及」為請，全活了一城無辜。[139]

---

136 王夫之《讀通鑑論》卷七〈安帝紀〉：「故貪墨者，其人也；所以貪墨者，其子孫也；拔本塞源，施以禁錮之罰，俾得謝入室之遍謫，亦詎不可哉？……惡惡止其身，非此之謂也。」北京：中華書局2013年版，第202頁。

137 《後漢書》卷二六〈趙憙傳〉，第914頁。

138 《後漢書》卷四八〈楊終傳〉，第1597頁。

139 《魏書》卷二四〈張袞傳附張白澤傳〉（修訂本），北京：中華書局2017年版，第691頁。

4. 北魏孝文帝因「犯罪配邊者多有逃越，遂立重制，一人犯罪逋亡，合門充役」，幸有崔挺以「《周書》父子兄弟，罪不相及」為請，為孝文帝所納。[140]

　　魏晉政治動盪，朝廷屢屢動用三族之刑。其時士大夫的「除三族」呼籲，也是以〈康誥〉為辭的：

1. 西晉惠帝元康七年 (297) 陸機所擬策秀才題：「昔唐虞垂五刑之教，周公明四罪之制」，「叔世崇三辟之文，暴秦加族誅之律」，「族誅之法足為永制與不？」考生紀瞻對策，因請「斟參夷之刑，除族誅之律」。[141]
2. 東晉明帝時溫嶠奏事：「『罪不相及』，古之制也。近者大逆，誠由凶戾，凶戾之甚，一時權用。今遂施行，非聖朝之令典，宜如先朝除三族之制。」[142]

　　第1條陸機所謂「四罪」，係「四罪不相及」之省稱，亦即「父子兄弟，罪不相及」之省稱。陸機把「四罪不相及」歸於周公，不知何據。其策題顯然使用了「周秦二分法」，周之「四罪不相及」與「暴秦加族誅」各執一端，形同冰炭。第2條中，溫嶠以「罪不相及」為是，以「三族之制」為非。

　　在王朝司法中對「父子兄弟，罪不相及」、「惡惡止其身」的上述引用，也算一種「經義斷獄」了。在討論漢代「經義斷獄」時，

---

140 《魏書》卷五七〈崔挺傳〉，第1383頁。
141 《晉書》卷六八〈紀瞻傳〉，第1817–1818頁。據姜亮夫《陸機年譜》，陸機策試秀才時官居尚書殿中郎，約在元康七年。《姜亮夫全集》，昆明：雲南人民出版社2002年版，第22冊，第352–353頁。
142 《晉書》卷六七〈溫嶠傳〉，第1789頁。

張建國分析了楊終、劉愷兩個事例,其評價是肯定性的:「引用《春秋》的這一義理,主張犯罪不應株連沒有犯罪的家屬,還是有其積極意義的。」[143] 又,孫家洲引證了楊終、趙憙、劉愷之例,指出「『惡惡止其身』確實產生過輕刑之效」,「甚至使得某些案件的處理結果,發生根本性的變化」,這是漢代「執法思想中的理性因素」。[144]

不再繁瑣徵引,僅就上述事例已能看到,「父子兄弟,罪不相及」、「惡惡止其身」理念,曾在王朝司法中令成千上萬的人受惠,幸免於株連之痛、刑殺之災。反連坐主張所蘊涵的寬容、理性與仁愛,讓人民感受了華夏文明的溫暖,對沖了秦式體制的冷酷無情。

七、結語

貞觀十七年(643),刑部以賊盜律反逆緣坐兄弟沒官為輕,請改為緣坐兄弟從死,在朝議時,崔仁師遂再度申說「父子兄弟,罪不相及」,認為若恢復兄弟連坐從死,便是「以暴秦酷法,為隆周中典,乖惻隱之情,反惟行之令」。[145] 看來直到唐代,人們仍深知這一故實:連坐係「暴秦」之法,「隆周」原本是「父子兄弟,罪不相及」的。在連坐問題上,「周」與「秦」構成兩極。

---

143 張建國:《兩漢魏晉法制簡說》,鄭州:大象出版社1997年版,第64頁。

144 孫家洲:〈論漢代執法思想中的理性因素〉,《南都學壇》,2005年,第1期,第16–17頁。

145 《舊唐書》卷七四〈崔仁師傳〉,第2621頁。按「惟行」典出《尚書·周官》:「慎乃出令,令出惟行。」這裏借「惟行」以指代「隆周中典」。

　　東方士民「反秦法」的抗爭一度影響了漢初法制，但是連坐
的有效性，卻深得有司青睞。「三章之法不足以禦奸」，沒幾天蕭
何「九章律」便取而代之。漢文帝廢連坐，有司便以「相坐坐收，
所以累其心，使重犯法，所從來遠矣，如故便」加以抵制。[146]家
族連坐「穩準狠」地抓住了我們每個人的「軟肋」，為了親人、骨
肉只好繞行禁區；什伍連坐也是束縛言行的粗大繩索，誰願意輕
易牽連累世的芳鄰呢。連坐既便於管控臣民，也能夠威懾罪
犯，這就將影響政權的取捨。這個體制的內在傾向，就是西嶋定
生所謂的「個別的人身支配」，[147]進而就要盡其可能，對每個人施
加全方位管控、全過程管控，在此連坐得心應手，所以兩千年常
盛不衰，在神州大行其道。秦征服東方後，「以秦文化取代、消
滅六國文化」，[148]坑殺東方學者，焚燒東方典籍，最終反客為主、
鳩佔鵲巢、以紫奪朱、用夷變夏，民眾對連坐也由排斥而逐漸接
受，習以為常、習非成是、習之成性了。

　　不過我們依然奢望，國人能重拾並珍存這一淡出記憶的史
實：早在中華文明初曙之時，我華夏族群本是反對「以族論罪」，
本是主張「父子兄弟，罪不相及」、「惡惡止其身」的。這跟近代
西人的「罪責自負」、「無罪不罰」，並無二致，而且更早。這是
值得自信自豪的。

　　而且還應提示，在近代之際，中西方還曾匯為一流。沈家
本有這樣一個志向：讓中西法理互補交融，「舉泰西之制而證之

146　《漢書》卷二三〈刑法志〉，第1096、1104頁。
147　西嶋定生：《中國古代帝國的形成與結構：二十等爵制研究》，武尚清譯，
　　北京：中華書局2004年版，第34、48頁。
148　劉文瑞：〈征服與反抗：略論秦王朝的區域文化衝突〉，《文博》，1990年，
　　第5期，第55頁。

於古」。[149]他終於等到機會了。1905年4月24日，伍廷芳、沈家本上〈奏刪除律例內重法摺〉：

> 一案株連，動輒數十人。夫以一人之故而波及全家，以無罪之人而科以重罪，漢文帝以為不正之法，反害於民。……「罰弗及嗣」，〈虞書〉所美；「罪人以族」，〈周誓〉所譏。今世各國咸主持「刑法止及一身」之義，與「罪人不孥」之古訓，實相符合，洵仁政之所當先也。擬請將律例緣坐各條，除知情者仍治罪外，其不知情者悉予寬免，餘條有科及家屬者准此。

上諭：至緣坐各條，除知情者仍治罪外，餘著悉予寬免。[150]奏摺中所見〈虞書〉、〈周誓〉，即前文所引《古文尚書·大禹謨》及〈泰誓〉。「百代都行秦政法」行將就木，近代西方文明的「刑法止及一身」與中華古文明的「罪人不孥」，並肩挽手、會師合流了。

本文為初次發表

---

149 沈家本：《寄簃文存》卷六〈監獄訪問錄序〉，第208頁。
150 丁賢君、喻作鳳編：《伍廷芳集》，第258、260頁。標點略有改動。

第六章

揭示古代政治制度的「技術原理」：
以「組織二重性」為例

　　「新領域、新問題、新方法與歷史學科的發展」這個話題，是很富有挑戰性的。歷史學應該為人類共同知識體系提供新知，而「新領域、新問題、新方法」，就是「新知」的源泉。具體到中國政治制度史的開拓深化，有一個方法或許值得致力，對之我暫時名之為「揭示技術原理」。

　　這裏所說的政治制度，主要指一個政權的組織制度、人事制度和法律制度。這些制度，都是圍繞組織目標，遵循特定的原理組織起來，可以按預定機制運行的系統或結構。從結構功能主義的角度看，建構制度與裝配機械是有某種相似性的，都要遵循「技術合理性」。構成機械的各種器件，必須按一定原理組裝在一起，否則就是一堆雜物。組織或制度的結構也不是任意的。

　　「技術原理」的提法，是說在分析上，相關的問題發生在技術層面，暫時不把政治、文化、經濟、社會因素考慮在內。「原理」並非存在於真空之中，制度自身的構成邏輯，在物質世界中必定同政治、文化、經濟、社會各種因素「疊加」在一起。不過，也如一切不規則的波形，都是由頻率、波幅各異的正弦波疊加而成一樣，在分析上，「技術原理」是可以剝離出來的。是否需要剝離，取決於個人所致力的層面，以及個人的研究取向。在政治

史研究中，制度只被看成背景、輔助，你的制度史研究是給我的政治史做註腳的，制度史所得結論，只有在政治史上加以解釋，才算有高度、有深度。而從「制度史主體」的視角出發，情況就不同了，還原制度的實態、揭示制度的意義，本身就是目的，進而制度構成與運作的「技術原理」，便足以構成一個論題。

政治史研究者對制度的態度，是「制度實態→政治意義」，直接從史實層面跳上政治層面。「制度主體」思路的不同處，可以表述為「制度實態→技術原理→政治意義」。先考辨實態，再辨析其「技術原理」，然後再進入政治層面。所謂「技術原理」，就是能讓一個制度運作起來、以實現組織目標的結構、功能與機制。

假如人們來考察運輸工具「車」的制度，那麼其邏輯起點，必定是車之所以為「車」的那個最基本「原理」，然後是人力車、馬車、牛車、卡車、火車，還有戰車、警車、消防車、救護車、星球車……它們各自的獨特「原理」，然後才是現實生活中人們如何使用這些車。制度研究也有類似之處。制度與政治、文化、經濟、社會的關係，理論上是無限多的，但「制度史主體」的視角不是眉毛鬍子一把抓、上來就「綜合」，而是先行「分析」，把重重疊疊、交織糾葛的因素分解開來，從「原理」始，逐次理順其間的邏輯關係，一個層面一個層面地觀察，一環一環地解扣兒。

有一個「鄧巴常數」（Dunbar's number），説是基於人類的智力限制，具體說是腦容量，個人在社交網絡中直接聯繫的人數上限，為150人（這一數字大約是黑猩猩的3倍）。[1]那就很有意思了。我隨即想到一個制度問題，大獨裁者如何通過僅僅150人的

1　鄧巴：《你需要多少朋友：神秘的鄧巴數字與遺傳密碼》，馬睿、朱邦芊譯，北京：中信出版社2011年版，第22–26頁；或另一譯本鄧巴：《社群的進化》，李慧中譯，成都：四川人民出版社2019年版，第20–24頁。

直接聯繫，就能讓千百萬人俯首聽命呢？這就觸及技術原理了。鄧巴指出，這150人又是有圈層的，其核心是3至5人，其外圍10人左右，再外還有一個大約30人的大圈子；一個組織若超過150人，就無法實行扁平化管理，而要構建管理層級了。元首是通過一層層間接控制來實現權力的。

　　再拿「尚書六部」來做一觀察。在發展之中，尚書諸部之設置所以最終為「六」、形成吏、戶、禮、兵、刑、工六部，首先是這六個曹的職能重要性決定的。進而管理學又提供了一個「控制幅度原則」：「每一個上級領導人員所管轄的相互之間有工作聯繫的下級人員不應超過五人或六人。」[2]學者又進一步提出，高層在5至6人左右、底層在20人左右，是合理的管理幅度選擇。[3]尚書六部之為「六」，恰好符合這個管理學規律。進而部之為「六」，還可能有北周以來《周禮》六官改制的影響，杜佑所謂「六尚書似周之六卿」。[4]文化的影響由此「疊加」在「技術原理」之上了。除了《周禮》六官，戰國時還有「五官」之說。六官、五官，都恰好同「五人或六人」這個「控制幅度原則」相合，其背後可能都有管理學原理在支配着。[5]

2　雷恩：《管理思想的演變》，趙睿、肖聿、陸欽琰、戴暘譯，北京：中國社會科學出版社1986年版，第387頁。又參朱國雲：《組織理論：歷史與流派》，南京：南京大學出版社1997年版，第66、87頁；孫雲編著：《組織行為學》，上海：上海人民出版社2001年版，第13頁。

3　沙曼：《組織理論和行為》，鄭永年等譯，南寧：廣西人民出版社1988年版，第69頁；孫雲編著：《組織行為學》，第9頁。

4　參看吳宗國主編：《盛唐政治制度研究》，上海：上海辭書出版社2003年版，第4–6頁。

5　東周文獻中多處出現「五官」，且各有不同解釋。《禮記‧曲禮》的解釋，與此處的討論相關度最大：「天子之五官：曰司徒、司馬、司空、司士、司寇，典司五眾。」《十三經註疏》，阮本，第1261頁中欄。

　　秦漢實行郡縣兩級制，中央直接面對一百多個郡國，給郡守以重大自主權。而魏晉南北朝時，州和都督區先後發展為行政層級，形成了府、州、郡、縣體制。這時各政權的人口遠不及漢，地方層級卻繁密了一倍。這該如何解釋呢？由於這個時期皇權萎靡、政治動盪，便有人直接跳到政治層面，用「封建性割據」來評述此期地方行政。不過「封建割據」與層級疏密，似乎沒有直接關係。也許存在着很間接的關係，但論述的因果鏈不能太長，因為原因的原因就不是原因了。又有人指出，層級過多就會造成上下懸隔，從中央集權角度看層級應儘量簡潔。這樣論述層級繁密，就觸及「技術原理」了。因為從「技術原理」上說，層級過多確實能帶來弊端，會造成指令不暢、信息扭曲、效率下降。

　　然而這裏還有另一個規律，不要給忽略了：若總的管理對象數量不變，層級增多則管理寬度會相應變小，管理人員會相應增多，進而是控制強化，權力集中，組織結構「垂直化」。羅賓斯（Stephen Robbins）是這樣分析的：假設兩個組織都有4,100名員工，一個管理寬度為4，一個管理寬度為8，那麼前者就需要多設兩個管理層級，多設800名管理人員。[6]監管人員若多設800人，控制必然隨之強化。從理論上說，一個人監管4個人，肯定比監管8個人控制更強。然而監管人員增多，在組織規模不變的情況下，生產人員、業務人員的佔比就會下降，生產效率相應下降，因為生產效率同生產人員、業務人員的數量成正比，同監管人員的數量成反比。魏晉南北朝時皇權萎靡、政治動盪時，中央

6　羅賓斯：《組織行為學精要》，鄭曉明等譯：北京：機械工業出版社2000年版，第281–282頁以下。

若直接面對數十百個郡國，顯然力不從心。此期的制度規劃者把地方層級弄繁密了，乃是一種自適應調整，意在強化監管、維繫集權。當然這又是以犧牲效率為代價的。

管理寬度增大則相反：控制變弱，下屬的自主權增大，結構「扁平化」。「在其他條件不變的情況下，等級組織越扁平，其中的權威就越分散。」[7]然而秦漢皇權足夠強大，足以對沖「組織結構扁平化」所伴隨的權威分散，遂能一箭雙鵰，以郡縣兩級制，兼收層級簡潔與運作高效之利。北朝後期至隋政治復興，裁減州郡縣的同時，又簡化行政層級，先是廢郡存州，隨後又廢州改郡，這樣的做法，也可以由此得到較好理解了。

對南北朝行政層級趨繁現象，以往只看到了層級繁多、疊床架屋之弊，而「技術原理」提示人們，層級簡繁的選擇，事關效率優先還是管控優先，不要忽略了層級繁多則監管繁密之利。當然，若再把更多因素，比如皇權與集權的強悍或衰敗納入考慮，觀察其諸因素的「疊加」，則效率與管控二者或許還可以兩全其美，魚與熊掌兼得呢。當然若處置不當，也可能哪個也沒得到，「臧穀雖殊竟兩亡」。在比較當代各國行政層級之簡繁時，也可以參考這些「原理」。無論如何，把「疊加」在一起的各種因子區分開來，認識就更深入了。

南北朝行政層級之繁多，伴隨着州郡縣設置之猥濫，所謂「十羊九牧」，所謂「百室之邑，便立州名，三戶之民，空張郡

7　唐斯：《官僚制內幕》，郭小聰等譯，北京：中國人民大學出版社2006年版，第61頁。關於層級過多造成信息失真，參看同書第124–127頁；層級過多造成權威流失，參看同書第144–145頁。又參赫爾雷格爾等：《組織行為學》（第9版），俞文釗、丁彪等譯，上海：華東師範大學出版社2001年版，第780–781頁。

目」。相應又有州郡縣官員的猥濫，及中央官員的猥濫。而這背後也潛藏着組織原理。新制度主義組織學、政治學指出，很多制度與行為不是為了效率，而是為了強化組織合法性，及增大組織生存幾率。[8]「政治機構本身就是一個有着自身利益和要求的集體行動者。」[9]這類論述，跟對國家與官僚的新近研究，思路上顯然存在交集。斯考切波 (Theda Skocpol) 強調「國家自主性」，國家「具有自身的邏輯和利益，而不必與社會支配階級的利益和政體中全體成員群體的利益等同或融合」。[10]施萊弗 (Andrei Shleifer) 和維什尼 (Robert Vishny) 看到：「政治家們的目標並不是社會福利的最大化，而是追求自己的私利」，政客、官僚都將施展其「掠奪之手」。[11]尼斯坎南 (William Niskanen) 指出：「官僚並不是、至少不完全是受普遍福利或國家利益驅動的人。」[12]曾峻也認定這樣一點：「各級各類官僚、政客們的利益構成了國家的利益，他們的意志構成了國家的意志。」[13]國家本身就是一個利益主體，官僚體制、官僚與政客都是利益主體。這足以改變以往的若干片

8 　不妨參看邁耶、羅恩：〈制度化的組織：作為神話和儀式的正式結構〉，收入鮑威爾、迪馬吉奧主編：《組織分析的新制度主義》，姚偉譯，上海：上海人民出版社 2007 年版，第 45 頁。

9 　馬奇、奧爾森：〈新制度主義：政治生活中的組織因素〉，殷敏編譯，《經濟社會體制比較》，1995 年，第 5 期，第 38 頁。

10 　斯考切波：《國家與社會革命：對法國、俄國和中國的比較分析》，何俊志、王學東譯，上海：上海人民出版社 2007 年版，第 27–28 頁。

11 　施萊弗、維什尼：《掠奪之手：政府病及其治療》，趙紅軍譯，北京：中信出版社 2004 年版，第 4–5 頁。

12 　尼斯坎南：《官僚制與公共經濟學》，王浦劬等譯，北京：中國青年出版社 2004 年版，第 35、275 頁。

13 　曾峻：《公共秩序的制度安排：國家與社會關係的框架及其運用》，上海：學林出版社 2005 年版，第 104 頁。

面認識如：國家是高居於各階層之上的管理者，國家是某個社會階級的壓迫工具，等等。

　　據此，我提煉出一個「組織二重性」的認識模式：「功能組織」與「自利組織」。作為「功能組織」，朝廷要為社會提供公共管理產品；作為「自利組織」，皇帝與官僚是一群「合夥人」，利用這個體制牟取利益，按等級品位分享利益。實現前一功能，就要對外保障行政效率；實現後一目的，就要對內保障利益與安全。我認為，各種組織大抵都有這種二重性，不妨認為，「學校」就是一群人利用教育事務謀生牟利的組織，「醫院」就是一群人利用醫療事務謀生牟利的組織。這樣一來，制度設計與組織行為，就有了「運作考慮」與「自利考慮」兩個出發點了，哪一個出發點佔上風，因情勢而異。「組織二重性」在組織領導層那裏尤其突出，因為他們在組織中獲利最大。

　　由「行政效率」看，歷代的冗官冗吏都造成了財政重負與政府臃腫，無疑屬於弊端。從「謀生牟利」看就不同了。疊床架屋的位階、重沓繁雜的官號，提供了更多晉升機會、更多品位待遇和更多榮耀，吸引了更多人聞風而來，擴展了組織規模，增加了政權的支持者。「組織規模」其實是很重要：「任何組織的擴張通常都會增加其領導者的權力、收入和聲望」；大型組織的生存機會更大，更不容易消亡：「官僚組織很難消亡的一個最重要的原因是它們龐大的規模。」[14]好比一個鐵盆，若從使用者的便利看，其輕重厚薄應該恰到好處，而從鐵盆自身來看，越粗越厚越笨重，這個鐵盆在宇宙中就存在得越長久，恰到好處的輕薄鐵盆則早早爛掉了。動盪戰亂時往往會出現濫封濫授，頭銜名號氾

14　唐斯：《官僚制內幕》，第18–19、25頁。

濫，因為這時皇帝最需要「人多勢眾」，每送出一頂官帽子，風雨飄搖的小朝廷就多了一根支柱。

唐宋明清並不是風雨飄搖的小朝廷，然而仍能看到組織擴張的趨勢。唐宋時的品階勳爵、頭銜名號十分複雜、疊床架屋。有人認為這表明官僚制高度發展了，也有人從「唐宋變革」來認識此種現象。錢穆的評價很負面：「唐代政府組織，已嫌臃腫膨大，宋在冗官極甚之世，而效唐制⋯⋯此宋代治政所以終不足以追古。」[15] 唐宋的「冗官冗吏」現象相當壯觀，官吏薪俸約佔朝廷歲入的 1/5 至 1/3，甚至更多。而至明清，這些弊端看上去又緩解、淡化了。看來對「組織規模」這事情，除了「大型組織有利於生存」之外，還有更多「原理」支配其間。下面嘗試揭示。

組織的「規模指數」(scaling index) 是一個有意義的話題。組織類型不同，則其規模偏好便不相同。私人企業會儘量減少員工，因為減員可以增效，而效率、利潤是它的生命線。教團和黨團則不相同，教徒、黨徒多多益善，人多勢眾。官僚組織就比較複雜了，在古今中外，既能看到很精練的政府，也能看到很臃腫的政府。如果公民不喜歡公務員人浮於事，議員代表民意否決了超額人頭費，行政組織的擴張就遇到障礙了。如果皇帝不願意掏錢養閒官，或掏不出更多的錢來養閒官，行政組織的擴張也遇到障礙了。還有這種情況：皇帝用不着掏多少錢，只給官吏很微薄的薪酬，而人們仍堅信做了「官家人」就能過上好日子，成群結隊地往編制裏鑽。這種狀態就很理想的了：既能維持龐大的組織規模，又不用耗費太多公帑。

15　錢穆：《國史大綱》(修訂本)，北京：商務印書館 1994 年版，下冊，第 572 頁。

與規模、官數相關的，有一個著名的「帕金森定律」，說是一個不稱職的官員，會爭取任用兩個更差的人做助手，這二人為了證明自己的存在價值，又會製造出新的事務來，由此人員不斷擴充，事務不斷繁衍。[16]儘管其敘述不無戲謔意味，嚴肅的學者仍然認可了這個定律。無論如何，機構人員的擴張趨勢存在於任何官僚體制之內。

如前所述，規模與官數的擴張，能帶來兩大收益。第一，官吏承擔監管，若機構、官數擴張了，對社會和組織本身的的監管強度就將成比例地增大；第二、大型組織更難以消亡，機構、官數的擴張保證了更多人員支持現政權。此外還有第三點：特定情況下、以特定方式增設機構與官職，有時反而能提高效率，這就涉及「新機構高效」原理了。

官僚機構會周期性地鏽蝕老化，運轉不靈，陷入「僵化周期」，這時擱置老機構、選拔精幹人員另創新機構，就能立竿見影地提高效率。對這一規律，唐斯（Anthony Downs）有專門闡述：「該獨立組織能夠以不同尋常的能力、想像力、決心、速度，以及協調與控制的低成本，來完成其特殊的任務」，「因此，該組織的生產率非常高，並且突破了正規官僚組織的限制，通常能夠非常有效地完成工作——至少在初期是這樣的」。[17]這一點對於理解唐宋之際的機構變化，特別有用。此時冗官冗吏充斥，機構臃腫不靈，朝廷索性把那些形同贅疣的官署旁置不用，讓形形色色的「使職差遣」接管其職能。「使職差遣」之鋪天蓋地、

16　帕金森：《官場病：帕金森定律》，陳休征譯，北京：生活・讀書・新知三聯書店1982年版，第2–6頁。

17　唐斯：《官僚制內幕》，第172頁。「新機構高效」原理是我對之的概括。

大行其道，雖然增加了機構與官數，但也因「新機構高效」而挽救了行政效率。這個例子，再次讓人們看到，先在技術層面着手，用「新機構高效」解釋「使職差遣」，比直接跳到政治層面，強行用「唐宋變革論」解釋「使職差遣」，貼切多了。

較大的組織規模是要消耗較多資源的，在這地方，又有一個「行政效果變化法則」支配其間。魏特夫把經濟學的「邊際效率遞減」原理用於傳統官僚制：增加投入所帶來的行政收益，會逐漸上升到「飽和點A」，此後繼續加大投入、強化控制，到達「飽和點D」就會變得入不敷出了，那麼A、D兩點之間就是「行政效果平衡」的區間。[18]這個原理，被魏特夫用來觀察水利投入及權力投入，我想它也適合觀察組織規模——若超出「飽和點D」，則機構、官數所帶來的收益，將被更大的資源消耗所抵消。

錢穆批評唐宋政府組織的臃腫膨大，然而對此批評也可以追問一句，明清政府組織就不臃腫膨大麼？明清的冗官冗吏現象，遠不如唐宋那麼搶眼奪目。尤其是清朝，編制控制得相當不錯，康熙時文武職位15,600個，道光末年京外文武職位26,355個，如此而已。請注意這些數字應理解為「崗位」或「職位」，而不是「官員」。「崗位」≠「官員」。很多著作未能清晰地區分「崗位」與「官員」，然而二者是必須分開觀察的。若從「崗位」說，唐玄宗時約18,000個，仍在合理範圍之內。然而中唐至宋，試官、檢校官、員外官、散試官、加憲銜、添差官、祠祿官等，及爵號、勳官、兼官、加號等，同時氾濫成災。

官僚組織規模有多大，因觀察視角而異，公務人員的身份是有層次的，這就直接影響到對組織邊界的認定，相應地，「編任

---

18 魏特夫：《東方專制主義：對於極權力量的比較研究》，徐式谷、奚瑞森、鄒如山等譯，北京：中國社會科學出版社1989年版，第106–110頁。

資格」這個概念就有意義了。這個概念是我創制的，用以指稱與編制、員額及任職的正式化程度相關的等級身份。從職位結構方面說，「編任資格」涉及了組織的規模和邊界；從人員結構說，「編任資格」涉及了承擔公務者的等級身份。[19]首先請看圖1。

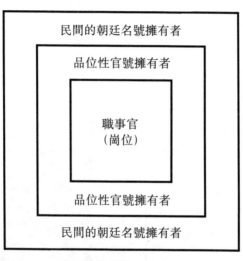

圖1　編任資格示意之一

由圖1可知，「職事官」——承擔職能、擁有崗位者——只是「官」的一部分而已。王朝中還有大量的「品位性官號擁有者」，他們或處於候選待仕狀態，或處於任滿待職狀態，或處於坐享官祿狀態。無論如何，在沒有職務的時候，他們仍是「官家人」。「品位性官號擁有者」的數量，有時可以達到職事官的幾倍甚至幾十倍，變成了一個龐大隊伍。那麼談到「官數」時，你所指的是哪

19　閻步克：《中國古代官階制度引論》，北京：北京大學出版社2010年版，第三章第7節「編任資格的等級管理」，第118–129頁。

個圈層呢？此外還有「民間的朝廷名號擁有者」呢，他們的名號也是由政府授予的，所以也在朝廷的人事管理範圍之內，其管理也是要消耗組織資源的。漢代民間的軍功爵擁有者與唐代民間的擁有勳官者，就是這種「民間的朝廷名號擁有者」。漢代擁有軍功爵者，也許在千萬以上。唐玄宗時，身為壯丁而擁有勳官者可達150萬人，約佔壯丁的35%。

隨後再請看圖2。其中左圖用以表示各種類型的公務承擔者，右圖用底色的深淺，來表示他們的「編任資格」之高卑。

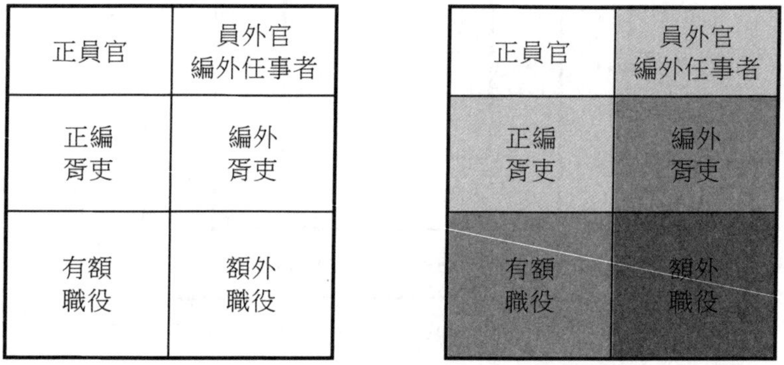

正員官	員外官 編外任事者
正編 胥吏	編外 胥吏
有額 職役	額外 職役

正員官	員外官 編外任事者
正編 胥吏	編外 胥吏
有額 職役	額外 職役

從職位結構看，權責無別　　　　　從編任資格看，身份有別

圖 2　編任資格示意之二

從左圖看，也就是從職能看，表中各類職位都承擔公務，都應看成公務人員。但從右圖看，也就是從身份看，問題就複雜了。首先，官、吏之別是一個基本區別，二者的「編任資格」迥然不同。進而「正員官」與「員外官」、「編外任事者」，「正編胥吏」與「編外胥吏」，「有額職役」與「額外職役」，構成了一套等而下之的身份梯度。「正員官」的「編任資格」最高，「額外職役」的「編任資格」最低。所謂「編外任事者」，漢代官員個人所聘請的協辦

公務的「舍人」、清朝的幕友，都是其例。「編外任事者」等於是用私人助理取代了正編職員，職能結構沒變，身份結構卻變了，朝廷由此而減員、省錢、增效了。「官」以外的公務人員也通稱為「吏」，其中一大部分其實只是從民間簽撥來的編戶，相當於一種按戶充丁的徭役。學者已指出「其身份比較特殊，既不是政府官員，但又辦理政府的事務」。[20] 各官府的胥吏、差役通常都有員額，但超額設吏、額外徵役的事情往往而有，這種人的「編任資格」最低下了。

「組織邊界」的多層次性，已成為一個專門論題了。[21] 從相關「原理」看帝國官僚組織，那麼這個組織有多大，經常取決於你的劃界標準。如果只看正員職官，那麼這個組織很小，只有幾萬人；如果把所有承擔公務者全都算上，它將膨脹幾十倍。較之唐宋，明清政府的龐大規模，其實有增無減。但唐宋對官吏的編制策略是「品位性增編」，更多官員獲得了品位性官號，或說更多官員提高了編任資格；明清對官吏的編制策略是「職位性縮編」，由此大批品位性官號擁有者的「編任資格」下降，甚至消失，還有很多正編崗位給弄成編外的了。[22] 清廷又厲行「薄俸」，官吏相當廉價，一品官年俸銀僅180兩，九品官33兩。乾隆時官吏薪俸

20　李洵：〈論明代的官和吏〉，收入《下學集》，北京：中國社會科學出版社1995年版，第175頁。

21　可以參看保爾森、赫尼斯：《組織邊界管理：多元化觀點》，佟博譯，北京：經濟管理出版社2004年版，主要是第二章。當代中國的黨政機關與事業單位人員，其編任資格，同樣類別多樣、層次複雜。

22　「品位性增編」、「職位性縮編」概念，亦為我所創制。參看拙作《中國古代官階制度引論》，第三章第7節「編任資格的等級管理」。在本文中，我對這兩對概念又有調整發揮。

約佔歲出的 2%，加上養廉銀，也只佔歲出的 12%，[23] 19 世紀末，
2.3 萬名漢族文武官員的法定薪俸為 629.5 萬兩（含養廉銀 430 萬
兩）。[24] 這在此期清廷歲收約 8,000 萬兩中，只佔 7.87%。唐宋時
靠員外官、添差官等品位性官號就能享受的各種待遇，及候選官
的各種待遇，到了明清多成明日黃花，不再構成財政負擔了。

組織分配的基本原理，就是權力決定分配份額，所以「僱主
強則僱員弱，僱主弱則僱員強」。其具體到王朝，就是「皇權強
則官權弱，皇權弱則官權強」，皇權、官權此消彼長。明清時專
制主義高度強化，官僚的各種特權，包括品位特權和薪俸待遇，
隨之萎縮。

然而明清官僚的豪華奢侈卻不減前朝。除了貪污受賄、敲
詐勒索，朝廷還默許他們牟取某些法外收入，如官場陋規與胥吏
收費。為此，費正清把清朝官吏稱為「有組織的貪污集團」。[25] 衛
三畏（Samuel Wells Williams）認為，中國官員的收入是其名義薪
俸的 10 倍。[26] 張仲禮的研究顯示，清末 2 萬多名品官的法外收入
約 1.15 億兩，是其法定收入 629.5 萬兩的 18 倍多；其實際收入
1.2 億兩，為清廷財政歲入 8,000 萬兩的 1.5 倍。[27] 品官之外還有
上百萬胥吏，胥吏的實際收入總額無法統計，我想至少不會低於

23　根據《清史稿》卷一二五〈食貨志六‧會計〉推算。北京：中華書局 1977 年
　　版，第 3703–3704 頁。

24　張仲禮：《中國紳士的收入》，費成康、王寅通譯，上海：上海社會科學院
　　出版社 2001 年版，第 42 頁。

25　費正清：《美國與中國》，張理京譯，北京：世界知識出版社 1999 年版，第
　　106 頁。

26　衛三畏：《中國總論》，陳俱譯，上海：上海古籍出版社 2014 年版，上冊，
　　第 356 頁。

27　張仲禮：《中國紳士的收入》，第 42 頁。

品官，[28]不妨也推定為1.2億兩，若然，清朝官吏實際收入可達清廷歲入的1.5倍×2＝3倍，而人民相應的實際負擔是其形式負擔的4倍。[29]若從「原理」層面觀察這樣的現象，能看到什麼呢？收入由官吏自行牟取，大大減輕了朝廷財政負擔，還節省了徵收、保藏、運輸、發放的麻煩；雖然被拔毛剝皮、敲骨吸髓的民眾將滋生怨恨，但政權的維穩能力超強，仍可以高枕無憂；因所有官吏都處於違法狀態、都劣跡斑斑，若誰對皇帝不忠誠，皇帝可以立刻向他發起「反腐」，所以官吏們只能夾起尾巴做官，對皇帝惟命是從，政權反而更穩定了；朝廷對灰黑收入的寬容保障了官僚生活豪侈，官僚遂對皇帝加倍感恩戴德、克勤克忠。總之，由「薄俸」、「職位性縮編」而來的政治收益，背後都有「技術原理」在支撐着。

可以看到，從「組織二重性」觀察傳統官僚組織，重點就是從「謀生牟利」角度觀察這個組織。這能從「原理」層面解釋很多現象。又如選官掣籤之法。明朝萬曆年間，吏部尚書孫丕揚創「掣籤法」，用抽籤選官。[30]清朝的月選繼踵而來，滿官於其月初五、筆帖式於其月二十日掣籤於堂，漢官則於其月二十五日在天

28　黃宗羲認為胥吏貪污之數是超過官僚的：「大抵作官嗜利，所得甚少，而吏人所盜不貲矣！」《宋元學案》卷三六〈舍人官箴〉，北京：中華書局1986年版，第1238頁。

29　與我的「4倍」的估計相同，清末日本情報人士宗方小太郎的〈中國大勢之傾向〉，也認為甲午戰爭之前民間的實際稅負，是清廷歲入9,074萬兩的4倍，定額之外的收入均為地方官吏私人佔有。雪珥：《絕版甲午：從海外史料揭秘中日戰爭》，上海：文匯出版社2009年版，第76頁。

30　可參潘星輝：《明代文官銓選制度研究》，北京：北京大學出版社2005年版，第3節「掣籤法」，第189頁以下。

安門外的長安左門掣籤。[31] 在這種「掣籤法」下，「凡大選、急選、推升、降除諸有司雜職，才不問偏全，年不問老壯，事不問繁簡，地不問沖僻，土俗、民情、事體、時勢不問相宜與否，惟籤是憑」。[32] 你可以說掣籤選官極不合理。但合理不合理，取決於你拿甚麼做「合理」的標準。從「運作考慮」角度看掣籤，當然極不合理；從「自利組織」角度看掣籤，卻極合理：授官即是分配權勢，儘管這時每個人都想佔便宜，從整個群體說官員就會要求「公平」，反對上下其手、黑箱操作，而掣籤就是聽天由命、機會均等，以此保障了官員們想要的那種「公平」。吳思一語破的：「如果要發明一種在官場中的阻力最小、壓力最輕、各方面都能接受的肥缺分配辦法，恐怕那就是論資排輩加抽籤。」[33]

「原理」層面的思辨，歷史學者往往覺得「大而無當」，其實不然，它能幫助解析很多制度現象。魏晉南北朝的品秩班爵錯綜複雜，近年相關研究不斷湧現，細節不斷澄清，但在闡釋各種位階的意義與關係上，含糊曖昧而莫知所適、「只見樹木不見森林」的情況，往往而有。在這時候，「原理」層面的思辨能化解很多疑難。

有人認為北朝官階變化的大趨勢是學習南朝，是「南朝化」，其證據之一是北魏孝文帝所改定的九品官品，其中的官資安排，參照了南朝十八班。實不盡然。且不說孝文帝改官品的時間，早在梁武帝之創制十八班之前，更重要的是，北魏九品官品與梁

---

31 可參艾永明：《清朝文官制度》，北京：商務印書館 2003 年版，第 89 頁。

32 董其昌輯：《神廟留中奏疏匯要》吏部類卷八〈河南道御史黃紀賢題為選司一切之法等事疏〉，《續修四庫全書》，上海：上海古籍出版社，第 470 冊，第 224 頁下欄。

33 吳思：《潛規則：中國歷史中的真實遊戲》，昆明：雲南人民出版社 2001 年版，第 127 頁。

十八班的「技術原理」，大相逕庭。梁十八班的最大特點是「把職位用作品位」，用官職來確定官僚資位。比如，列卿本來處於同一個行政層級，所以晉宋以來列卿都是三品，這是合乎行政規律的。而在梁十八班中，太常十四班，宗正、太府十三班，衛尉卿十二班，司農、少府、廷尉、光祿十一班，太僕、大匠十班，鴻臚、大舟九班。列卿的高低，竟有五班之差，究其原因，就是九卿之官被梁朝拿來標識與升降個人資位了。所以十八班的實質就是「職位的品位化」。之所以搞「職位的品位化」，是從「身份考慮」出發的。而在北魏太和二十三年職令中，列卿同在三品，九品十八級三十階與考課緊密結合，考課所晉升之階，就是九品官品之階，這是從「運作考慮」出發的。順便說，梁十八班的「把職位用作品位」、以職為階的做法，與宋初階官神似。宋初的階官體制，來自唐三省六部九寺五監職事官的「品位化」，與梁十八班遵循着同樣的「技術原理」，異曲同工。

從位階體制的角度還能看到，在梁武帝的十八班之外，還設有州二十三班、郡十班、縣七班及流外七班，又有軍號十品二十四班，不登二品之軍號八班，施於外國之軍號十品二十四班。班制之外另有九品官品，封爵不在十八班之內，「賜民爵」仍在進行，秩石仍在應用，而實際官員俸祿又不一定因秩級而定，可知此時各種序列錯雜不一。而北魏孝文帝廢二十等爵、廢秩石，一掃南朝各種位階的旁逸斜出、錯雜牴牾，把階、爵、軍號、文武職事官全部納入了九品三十階，薪俸依品而定，進而與選官、考課、晉升深度耦合，井然有序而一清如水，展示了無可質疑的「技術合理性」。由此下啟唐代品階勳爵體制。這是一個「一元化多序列複合體制」，較之周代的公卿大夫士體制，較之秦漢由二十等爵與「若干石」祿秩構成的「爵—秩體制」，在品位結構上判然不同了。

　　我曾有〈論北朝位階體制變遷之全面領先南朝〉一文，[34]這個「領先」的用語，曾經引起了讀者的疑問。在此我再度說明，所謂「領先」有特定意義：第一，這是就北朝位階更接近唐制而言的；第二，這是就北朝位階的功績制精神和「技術合理性」而言的。南朝位階、尤其是梁武帝的官班改革，更多地用以維繫「身份和諧」。格羅夫林（Dennis Grafflin）對南朝官僚制的評價很有趣：這是一個「流亡貴族的福利體制」。[35]相應地，授官也就等於晉升身份、發放福利。相對而言，北朝位階便較多地服務於行政效率了，「官僚制化」了。宮崎市定用「從貴族主義到軍閥官僚主義」來解釋北朝位階變遷，「北方民族的能量爆發，破壞了貴族制度」。[36]又黃惠賢：「十六國北朝時期由少數族軍事貴族專政向專制主義中央集權過渡，皇權的極度強化，促使少數族貴族走上官僚化道路」。[37]當然也可以説，南北位階制分別適合了各自「國情」。[38]

34　文刊於《文史》，北京：中華書局 2012 年版，第 3 輯。

35　Dennis Grafflin, "The Great Family in Medieval Southern China," *Harvard Journal of Asiatic Studies*, vol. 41, no. 1, 1981.

36　宮崎市定：《九品官人法研究：科舉前史》，韓昇、劉建英譯，北京：中華書局 2008 年版，第 3 篇第 2 節「貴族與豪族」。

37　黃惠賢：《中國政治制度通史》（白鋼主編），北京：人民出版社 1996 年版，第 4 卷（魏晉南北朝卷），第 17–20 頁。

38　魏晉南朝為士族特權付出了政治代價，但士族也在這個動盪時代維繫發展了中華文化。可參王瑤：「高門世族不只是握有政治經濟的特權，而且也是文化的傳統繼承者。……我們雖然不能説名門大族出身的人底詩文一定好，但文學的時代潮流卻的確是由他們領導着的。」《中古文學史論》，北京：北京大學出版社 2014 年版，第 25、29 頁。進而通觀兩千年，經史子集各類著作，大部分是官僚的作品。據本校歷史系 2022 級趙燃同學的〈《四庫全書》作者身份統計〉，《四庫全書》的 3,479 種著作中，約有 75% 至 85% 為官員所撰。在這一意義上，中國傳統文化也是一種「官文化」——士大夫官僚是文化創造的主力軍。是否可以説，傳統官僚制其實還有第三個組織目標：通過「士大夫政治」，維繫中華文化的傳承與創造呢？

而如變換評價尺度，僅僅就「技術合理性」而言，則北朝位階體制無可置疑優於南朝，「領先」於南朝。相應地，把北朝位階變遷趨勢説成是「南朝化」，就有「南轅北轍」之病了。

　　宮崎市定討論九品中正制，兼及多種位階，其分析框架是「貴族制—官僚制」，雖稱精彩，但未深入到「技術原理」層面。而我用「品位—職位」概念，與官僚的「自利取向—服務取向」相結合，以此把周以來三千年的品位變遷納入了這個框架，就更能看清魏晉南北朝位階體制的性質與意義。所以在方法論上我特別強調，在制度實態與其政治意義之間，還存在着一個居間環節，即技術層面。在技術原理層面繼續推進，不但有助於深入解析此期各種位階的意義與關係，甚至可以把此期的品位結構，納入周朝至清三千年的位階制變遷史來認識。周以來三千年制度史，留下了非常豐富的制度史料，從中可以提煉出很多具有「原理」意義的東西，將之反饋給社會科學，充實人類共同知識體系。我的《中國官階制度引論》一書所嘗試的，主要就是「技術原理」層面的工作。

　　本文原題〈古代政治制度研究的一個可選項：揭示「技術原理」〉，刊於《河北學刊》2019年第1期

第七章

一般與個別：略談中外歷史的會通

一、漫談「中外會通」的必要與基礎

中國傳統史學把自己的使命，概括為「通古今之變」，這是一個縱向的、沿着時間維度而展開的異同比較。至於與四邊蠻夷作橫向比較，通常只是把它們處理為「禮樂之邦」的陪襯而已。近代以來的「中外歷史的會通」，顯然就是一場視角的變革了。把中外同時納入視野，激發了近代史家的無數靈感。「會通」之必要，首先因為事物的特點是在比較中呈現出來的，某種意義上甚至可以說，是比較建構了事物。進而現代經濟科技令各地域的交流頻度大增，世界出現了「一體化」跡象，學術也必然趨於「會通」。我個人所學習的中國制度史，當然也是如此。

根據自然法則，人類生活的「一體化」也許不可避免，其多樣性也將以新形式表現出來。這將是一個充滿矛盾的曲折漫長進程。在這個進程中，各民族、地域和文化單元為了利益最大化，將全力維護一己獨特性，讓最終的「一體化」更靠近一己的「獨特性」。同時獨特性或多樣性本身就是文化價值，它增加了這個世界的參差多姿、豐富多彩程度。

吉爾茲 (Clifford Geertz) 的「地方性知識」概念，便含有一個意圖：不是探求抹殺個性的「規律」，而是採用「文化持有者的內部眼界」，「摒棄一般，尋找個別的方式去重建新的知識結構」。[1]文化、特別是文學藝術中，蘊含着各族群所創造的最精微的精神成果，這尤其需要「內部眼界」。比如說在中國「內部」，必須使用「俊逸」、「華腴」、「奇崛」、「典麗」、「沉鬱頓挫」之類術語，以及「謝詩如芙蓉出水，顏詩如錯采鏤金」之類譬喻，方能傳達詩詞之美。然而這套術語無法用於外文詩歌，不好說雪萊的某詩「俊逸」，普希金的某詩「華腴」。還有「德治」、「法治」或「王道」、「霸道」之類的傳統政治術語，也是如此，不大容易在異地異族異國找到同義語詞。

然而轉入制度領域，吉爾茲的筆調就不同了。「尋求個別」的吉爾茲也看到，「在任何一個複雜構成的社會的政治核心中，總有統治精英以及一套符號形式去表達他們真正管理統治的操作行為」，「在任何地方，這一點都十分明晰，國王們通過儀典獲得對他們的王國的象徵性的擁有」。[2]「在任何地方」、「總有」這樣的措辭，無疑意味着超越了社會文化差異。「統治精英」、「符號形式」、「操作行為」、「禮制儀典」等概念組成了一個普適的參照系，被用於觀察「任何地方」、「任何一個複雜構成的社會」。似乎地方性差異本身是一回事，解析地方性差異的理論框架是另一回事。

歷史學特別關注那些獨一無二、不可重複的東西，讓人聯想到「天底下沒有兩片一模一樣的樹葉」這樣的俗語，然而千姿百

1　吉爾茲：《地方性知識：闡釋人類學論文集》，王海龍、張家瑄譯，北京：中央編譯出版社 2000 年版，〈導讀〉，第 14–15 頁。

2　吉爾茲：《地方性知識：闡釋人類學論文集》，第 162–163 頁。

態的樹葉，也是可以「類型化」的。就莖枝附着方式而言，有互
生葉、對生葉、輪生葉、螺旋狀着生葉、簇生葉、束生葉之分；
就葉片形狀而言，有鱗形葉、錐形葉、刺形葉、條形葉、針形
葉、披針葉、倒披針形葉、橢圓形葉之分。葉子如此，人和事也
是如此。若極而言之，那麼異質文化間確實無法真正溝通，正如
兩個心靈之間不存在「無障礙通道」一樣。然而心理學依然把人
的心理分成了若干類型。可見「異」與「同」是相對而言的。古人
早就說過，「大同而與小同異」，「萬物畢同畢異」。

　　當視線從某一特定個體上抬起，着眼於更多個案之時，「類
型」就浮現了。凱特萊 (Adolphe Quételet) 說：「人數越多，個人
的意願就會深埋在普遍事實的系列之下，而普遍事實則取決於
決定社會存在與延續的總體原因。」密爾也看到：「本性看來似
乎最為變幻莫測的事件，單獨處理時看不出端倪，一旦涉及足
夠多的回數，它們就能夠以接近數學規律的特徵發生。」[3] 樣本
越多，「大數定律」(law of large numbers) 的意義越大。任何事物
的存在狀態都無法超越「正態分佈」(normal distribution) 法則，
這也需要足夠多的實例，才能較為精確地描述其「正態」。所謂
「中外歷史的會通」，所涉樣本至少在兩個以上，在這時候，超
越個案、個性的，「無所逃於天地之間」的各種深層法則，就重
要起來了。

　　一位世界史教授曾對我說過，他講授東南亞各國史的課程
時，最大難點之一，就是如何把它們的歷史同中國史「放在同一
平台上加以觀察」。我覺得這個想法非常之好。歷史學兼涉「人

3　轉引自鮑爾：《預知社會：群體行為的內在法則》，暴永寧譯，北京：當代
　　中國出版社2007年版，第48、50頁。密爾 (John Mill) 在此書中譯作「穆
　　勒」。

文」與「科學」，具有二重性。儘管作為人文學科，歷史學對獨一無二的、不可重複的東西情有獨鍾，它畢竟還有一個科學層面吧。科學要求對同類事物採用同一方法，不能甲人、甲地、甲事物是一套，乙人、乙地、乙事物又搞一套。這不是說不能搞，而是說那樣搞出來的東西不屬於「科學」，自成一格。有人認為，中外政治體制的內在邏輯完全不同，本質上不可比。然而也可以換一種態度：人類既然是同一個物種，其各個種群的結構就應該可比，其各種異同，可以、需要、也能夠在同一個平台上呈現出來。中國學者可以、需要、也有能力在人類共同知識體系中佔據更大比重。

近代以來，人類共同知識體系現出輪廓了。即便是最富「特色」的哲學、文學、藝術等「地方性知識」，當其成為研究對象之時，仍會在方法論上呈現交集。制度史研究中的這個交集，我想比文化史更大，因為與精細微妙的精神遺產相比，制度是比較「物化」的。我的教研方向在中國史這邊兒。中國古籍庫中存在着浩繁的制度史資料，中國學者可望在本土資料中發掘出大量本土新知，充實人類學術寶庫。這就需要一個「會通」的平台，就像給葉子分類那樣，擬定基本概念，確立比較基點，建立分析框架。

有一種觀點，說「中國皇權不下縣」，縣以下廣泛存在着各種「自治」。對此秦暉教授做出了一個出色反駁。他通過比較西歐、東歐、東亞、南亞、西亞等地的「小共同體」與國家的關係，有力闡明了在各前現代文明中，中國屬「大共同體本位社會」，[4]

---

4 秦暉：〈「大共同體本位」與傳統中國社會——兼論中國走向公民社會之路〉，收入其《傳統十論：本土文化的制度、文化和變革》，上海：復旦大學出版社2003年版，第61頁以下。

「君權下縣」程度較高，「自治」較少。這就是一個基於「會通」的認識。假如誰想反駁它，就必須遵循同樣方法，即，引證其他社會的相關資料，建立比較的平台。最近我參與討論「中國專制主義」概念，其時深感對中國傳統政體的認識，也依賴於「會通」，即，需要在政體類型學層面建立共同的參照系，對人類史上的各種政權做分類比較，進而在「序列」中確定中國皇權的歸屬。若像現在這樣，孤零零地就中國論中國，那就永遠纏夾不清。[5]

　　這樣的理論框架的建構，經常要超出歷史學領域，而升入社會科學領域，甚至科學領域。從學理上說，一套解釋模式，在自身所處的層次上不可能擁有「完備性」，其中必然存在着自身無法證明的命題，那就得求助於更高層次的概念體系了。中外政治制度史的「會通」，需要以一般政治學理論為基礎；中外經濟史的「會通」，需要以一般經濟學理論為基礎，其理甚明。羅馬帝國有一套中央地方行政體系，秦漢帝國也有一套中央地方行政體系，假如只把二者放在一起，各自敘述一遍，那還算不上「會通」，或者說「會」了但是沒「通」。假如要比較西方的「四要素說」（土、水、火、氣）及其醫學理論與中國的「五行說」及其醫學理論，只把二者放在一起各自敘述一遍，也算不上真正「會通」了。這時的分析平台，要在歷史學與行政學，或者文化學與醫學的交界面上建構出來的。個人當然可以不承擔這種建構，因為對大多數歷史學者，利用既成範式、從事具體研究就足夠了。可對一個領域就不是如此了。超越實證、也超越「地方性」的新平台的搭建，是「中外歷史會通」的基礎工作。

5　參見本書第一章。

二、制度史觀、經濟史觀、文化史觀

時至今日，中外比較業已蔚為大觀。相關的論著、論文，用「遍地開花」來形容並不過分。大到中外歷史的不同方向和階段，小到風俗、器物，旁及環境、自然⋯⋯各位具體研究者在各個「點」上的「會通」努力，所提供的新視角、新方法、新課題，必將在整體上更新中國史體系。回頭去看百年來學者的相關努力，也足以證明這樣一點。不妨以歷史分期為例，體會「會通」的收穫。

近代中國人最初看世界時，採用的仍是「內部眼界」：用「大同」來比擬民主，用「議郎」比擬議員，讚揚華盛頓的「推舉」——「不僭位號，不傳子孫，而創為推舉之法」，等等。也就是用「地方性知識」或說「本土知識體系」去理解外部。隨後的嚴復、康有為、梁啟超等，就不相同了。他們嘗試把中國歷史認識，建立在中外比較的平台之上。由於近代政體改革最早佔據了讀書人的視野，所以最初的「會通」努力，是在制度史領域發端的。

嚴復在翻譯孟德斯鳩的《法意》之餘，對中西政制之異頗有評述，其若干認知已積澱下來了。很多討論至今仍有啟迪，比如說，他指出為國人所嚮往的「仁愛國家」、「父母政府」等儒家理想，在西人觀念中屬於專制主義，是被抵制的。這就是一個基於「家長主義」概念的中西比較。

康有為曾經「經三十一國，行六十萬里」，在萬木草堂開設過「外國政治沿革得失」的課程，為光緒編寫〈列國政要比較表〉。對其《官制議》(1904) 一書，蕭公權是這樣評價的：「可說是當時中國討論政府官制的論著中，最有系統的一部。」[6]此書不僅對歷

6　蕭公權：《康有為思想研究》，北京：新星出版社2005年版，第191頁。

代制度分門別類敘述討論，而且視野極為開闊，時時伴以中外比較，「中外會通」構成了此書的顯著優點。人們自以為瞭如指掌的諸多古制，經古今中外的對比辨析，忽然現出嶄新的意義了。比如康氏陳述中國古代的「供奉」之官，隨即就與日本的宮內省、沙俄的御前職做比較，與那些不設供奉官的國度做比較：「設官之制，原以為國為民，故美、法之國，無供奉之官。而君主之國，若俄、德、英、日，皆有宮內部以奉人主。」其論歷代封爵及其變遷，隨即就與歐洲的公侯伯子男爵和日本爵制做比較，還指出「惟美國文官無爵位，此惟民主平等之至者能行之，他國不能行也，況中國承數千年之舊乎」。[7]

在這同時，梁啟超發表了〈中國專制政治進化史論〉(1902)，以現代政體理論為「平台」，採用了專制、貴族制、封建制等概念，遵循中國史的內在發展邏輯，為歷代政治變遷勾畫出了一個基本輪廓。在他看來，周代是貴族制與封建制的，這七百年是封建政治全盛；秦以後是皇帝專制與中央集權的，清朝是君主專制全盛；魏晉南北朝出現了貴族現象，不過有貴族但無貴族政治，也就是還構不成制度意義的「貴族政治」。(順便說，業師田餘慶也認為魏晉南北朝的門閥專權，其實只是皇權政治之變態，不足以構成「貴族政治」。)梁啟超還辨析了中央集權、外戚勢力、異族政權和部落貴族、宰相權臣等重大問題。這篇著名論文，可以列為歷史系本科生的必讀之文。其歷史分期模式以政治體制、政治形態為本，可以說是「制度史觀」的開山之作。

7　分見康有為：《官制議》卷一二〈供奉省置〉、卷十三〈改差為官 以官為位〉，《康有為全集》，北京：中國人民大學2007年版，第7卷，第323頁、326–327頁。

　　除此之外，近代以來文化史觀、經濟史觀等也開始展示風采。郭沫若等學者把唯物史觀引入中國學界，國人由此才知道中國史上原來還有母系氏族、父系氏族，還有奴隸社會、封建社會，這些概念都是清以前的史家夢想不及的。又如郭沫若以銅器論夏國家起源，以鐵器論戰國劇變——所謂「奴隸制與封建制的更替之發生在春秋、戰國之交，鐵的使用更是一個鐵的證據」，[8] 這樣的論點，均為傳統學人聞所未聞，人們由此耳目一新。

　　當然不是說「會通」都是由唯物史觀促成的，但「五種生產方式」旗下曾聚集了最多學者，確實曾是一個最重要的「會通」平台。郭沫若的「戰國封建論」，其實同馬克思所論「封建」已拉開了很大距離，[9] 由「會通」而新創了。另一些學者則努力拿本土與同類社會對齊，例如以「城邦制」論春秋，以羅馬帝國對比秦漢，或提出古代中國與埃及、巴比倫、印度、波斯、大夏、安息等同屬奴隸社會，與希臘、羅馬也大同小異，還有學者推定東晉南朝與東羅馬帝國相近，而西羅馬帝國與魏晉北朝相近，等等。

　　用現代眼光審視中國史，日本學者比中國學者先行一步。京都學派的內藤湖南、宮崎市定等人，用古代、中世、近世語詞為中國史分期。「上古」或「古代」到東漢中期為止，這是中國文化的形成、發展和擴張時期。經歷了漢晉過渡，歷史進入六朝隋唐之「中世」，這個時代的最大特點是貴族政治。唐宋之際又有

8　郭沫若：〈中國古代史的分期問題——代序〉，《奴隸制時代》，北京：人民出版社1973年版，第6頁。

9　何懷宏指出：郭沫若的觀點距經典作家最遠，「最具中國作風和中國氣派」。見其《世襲社會及其解體：中國歷史上的春秋時代》，北京：生活·讀書·新知三聯書店1996年版，第51頁。何懷宏還認為，「戰國封建論」的巨大魅力，就是緊緊抓住了戰國時那個天翻地覆的社會形態變化。同書，第39頁。這個評價可以說相當到位。

一場重大「變革」發生了，這是一個根本性的社會形態轉型，[10] 其意義是「東洋的近世」，中國由此步入近代社會。

這個「三段論」，很大程度上是比照西歐史而來的。近代日人受西歐史啟發，把日本史分為「上古」、「中古」、「近代」，進而又把「上世」、「中世」、「近世」概念用於中國史，[11] 把西歐的古代、中世、近世及各期特徵，加之於中國史。有日本學者說這個中國史的「三段論」與西歐史只是「形似」而已，實際遵循的仍是中國史的內在規律，以此淡化其「搬用」的性質。但請注意，宮崎市定是這樣提問的：「歐洲史上三個時代的概念，大致如上所述，這個時代觀念怎樣適用於其他地域？」顯而易見，宮崎意圖，就是要把「歐洲史上三個時代」「適用於其他地域」。於是漢帝國可以媲美於羅馬帝國，北方民族勢力「亦可與日爾曼僱傭兵相比」，「東洋的近世亦和宋王朝的統一天下一起開始」，宋代的資本主義、君主獨裁、國民主義、宋學思潮等，也都可以同西歐近世相比了。宮崎市定是這樣論述的：「把特殊地域的歷史發展模型，原封不動地應用於其他地域，自然有很大的危險。既然我們的態度是將特殊的事物嘗試應用在一般事物上，則所謂特殊事

10　柳立言強調，只有認為唐宋間發生了一場根本性的社會轉型，而且這個轉型具有「近代化」的意義，才是日本京都學派「唐宋變革論」的基本觀點。見其：〈何謂「唐宋變革」？〉，《中華文史論叢》，2006年，總第81期，第125–171頁；《宋代的家庭和法律》，上海：上海古籍出版社2008年版。至於申說唐宋間發生了變化，中國史進入了中期或後期，那是不能跟日人的「唐宋變革論」等量齊觀的。

11　參看王晴佳：〈中國史學的西「體」中用──新式歷史教科書和中國近代歷史觀之改變〉，《北京大學學報》，2014年，第1期，第109–112頁。

物實際上便不再特殊。」[12] 這個「特殊——一般」的思辨確實非常機智，我不禁擊節讚賞。可見宮崎本人完全明白，西歐只是一個「特殊」，他的一項項「比之」的做法，實際就是拿「特殊」當「一般」，而他的表態，意味着他就是在刻意尋求「深刻的片面」。[13]

「中外會通」意味着把眾多國度納入同一框架，這時候就可能出現扭曲變形。然而也不能因噎廢食。學術的推進很奇妙，「曲解」、「誤讀」也能啟迪創意，「深刻的片面」也能贏得新知。我一向認為，各種不同論點，宛若從各個角度投向黑暗的歷史客體的一束束探照燈光，它們肯定都有所見不及之處，但畢竟照亮了一幅獨特景象。追求「全面」也可能導致「平庸」，「深刻」與「片面」時常是伴生的。應該承認，中國的「五種生產方式」、日人的「三段論」，吸引了大批學者投身其中，其探索逐漸深入到了歷史各個細部，仍留下了豐厚的學術成果。

然而反過來說，不同視角照亮了不同景象，但也必定各有所見不及之處，對這一點也不能懵無所知，或諱而不言。只有上帝才是「全面」的，可上帝並不存在。在人間，沒有哪一個模式無所不包，唯一正確。日本的京都學派的「三段論」被說成是「文化史觀」。「文化史觀」並不是「從思想文化看歷史」的意思，這個「文化」是「大文化」，意指一支文明或一個社會的整體形態，是由經濟、政治、文化、社會等共同構成的，包括、但不限於思想文化。日人相信，內藤的「文化史觀」揭示了中國史的內在特質。

---

12 宮崎市定：〈東洋的近世〉，黃約瑟譯，收入《日本學者研究中國史論著選譯》，北京：中華書局1992年版，第1卷《通論》，第153頁。

13 我是最早從黃子平那裏，聽到了「深刻的片面」這個提法的。見其〈深刻的片面〉，收入《沉思的老樹的精靈》，杭州：浙江文藝出版社1986年版，第7頁。

然而這個模式對於秦朝帝制的奠基意義，以及兩千年帝制的連續性，有低估之嫌。而且唐宋間的歷史趨勢，是沿中國史的自身邏輯繼續前行呢，還是轉身走上了西歐那種近代化道路呢？「三段論」與中國史的內在規律，仍有齟齬不合之處。

經濟史觀是以「五種生產方式」為本的，可是「生產方式」只有五種嗎？任何社會都必然經歷「五種生產方式」嗎？比如說，還有一種「農村公社」形態的生產方式，廣泛存在於人類社會之中，歐洲、亞洲、美洲、大洋洲都有，如德國的馬爾克公社、南歐的扎德魯加公社、俄國的米爾公社、印度的哥羅摩公社、拉丁美洲印加人的愛利尤公社、大洋洲美拉尼西亞人的科羅公社、中國周代的井田公社，以及蒙古族的阿寅勒公社、哈薩克族、柯爾克孜族的阿烏爾公社、鄂溫克族的尼莫爾公社、鄂倫春族的烏力楞公社，等等。甚至現代仍有，例如中國的「人民公社」、以色列的「基布茲」公社。「農村公社」既非原始社會的，也不是奴隸制或封建制的。馬克思、恩格斯未能成功地為這種生產方式定性。它曾經被強行劃入奴隸制或封建制，結果是削足適履。

范文瀾相信生產關係是起決定作用的，所以認為三千年的一大堆歷史現象，本質上「只有一個土地問題，即農民和地主爭奪所有權問題」，一旦土地改革勝利，「即全中國永遠大治的時候」。[14] 然而歷史真這麼簡單嗎？一段時間裏，中國學者對中古士族往往冠以「地主」二字，以「士族地主」稱呼之，偏重從生產關係角度定性士族。而日本學界對中古士族是「寄生官僚」還是

14　范文瀾：〈研究中國三千年歷史的鑰匙〉，收入中國社會科學院近代史研究所編：《范文瀾歷史論文選集》，北京：中國社會科學出版社1979年版，第108、112頁。

「自律貴族」，曾有很充分的研討。這個「貴族vs.官僚」視角是中國學者較生疏的，然而很有意義。在這個話題上，我覺得日人居優。把兩千年帝制時代說成「封建」，既同「封建」古義相左，實際也不符合馬克思對「封建」的定義。西歐的「feudalism」本是一個政治法律概念，「封建」了就無法「專制」，「專制」了就無法「封建」，「封建專制」的提法顯有自相矛盾之病。「戰國秦封建論」出現後，隨即就遭遇質疑。上世紀80年代，也就是改革開放之初，對「地主封建制」之類概念的質疑捲土重來，甚至把「封建」概念說成「百年來的誤譯」。

這個過程中，「制度史觀」並沒有中絕。上世紀中葉，日人西嶋定生提出，用奴隸制、地主制等概念，不如「帝國體制」更符合實際，遂揭舉「個別的人身支配」論點：「秦漢時代皇帝對人民的統治樣式，並不是單純按氏族或地域劃分，採取全體人民都直接受皇帝支配的形式」，至於豪強地主與農民的關係，並不構成國家秩序的基礎：「此等豪強，也跟一般庶民同樣，都應是皇帝支配對象的『民』。」[15]這個看法直接來自制度，來自他對秦漢二十等爵制度的具體研究，我覺得它也可以劃歸「制度史觀」。

至上世紀末，中國史研究中的「制度史觀」，因「中西會通」而再度激活。以日本「中國史研究會」為主的一批學者，有感於1978年以來的中國改革與東歐改革結局的差異，遂對斯大林式的「五種生產方式」單線進化論加以批評，也對京都學派的文化史觀加以批評，決意另從「專制」入手認識中國史之獨特性，是為「專制國家論」。（當然他們也沒有放棄經濟史觀，小農經濟、

15　西嶋定生：《中國古代帝國的形成與結構：二十等爵制研究》，武尚清譯，北京：中華書局2004年版，第34、48頁。

土地所有制等仍是一個觀察之點。)也許是擔心中國學者的反感吧，「專制國家論」逐漸不提了，另有了一個「國制論」的提法。

對文革之反思，以及對「中國崛起」及其經濟成就之研討，經濟學家、社會學家、政治學家、法學家幾乎都在強調「制度」因素，比如把「中國特色」歸結為「行政主導」。這也推動了歷史學者家把更多視線地投向「體制」，投向這一事實：無論古今，政治體制在塑造中國社會形態上，都是一個巨大權重。這是一個「政治優先的社會」，「政治決定着經濟、身份、文化等其他方面」。[16]對那個集權官僚制，有人稱之為「軸心制度」，有人視之「統攝核心」。據報道，在2010年的一次研討會上，20多位中國史學家取得了如下共識：「在秦至清這一漫長的歷史時期，與現代社會不同，權力因素和文化因素的作用要大於經濟因素」，自秦商鞅變法始，「國家權力就成為中國古代社會的決定性因素，不是社會塑造國家權力，而是國家權力塑造了整個社會」。[17]其實幾十年前，也就是1973年的一次演講中，余英時就已提出：「中國現在所遭遇的問題，政治仍是最緊要的」，「這一傳統籠罩到經濟、文化、藝術各方面。所以要研究中國歷史的特質，首先必須研究這個政治的傳統」。為此他忠告：「我希望大家多研究中國的政治史，不要存一種現代的偏見，以為經濟史或思想史更為重要。」[18]我很贊成這個看法，進而還想補充一句，「更為重要」

16　李開元：《漢帝國的建立與劉邦集團：軍功受益階層研究》，北京：生活·讀書·新知三聯書店2000年版，第256頁。

17　〈《文史哲》雜誌舉辦「秦至清末：中國社會形態問題」高端學術論壇〉，《文史哲》，2010年，第4期，封二－封四。

18　余英時：〈關於中國歷史特質的一些看法〉，收入《文史傳統與文化重建》，北京：生活·讀書·新知三聯書店2004年版，第139、146–147頁。

的這個「政治史」，並不是人與人的爭權奪利史、勾心鬥角史——這種事兒在天下各處都是常態，不獨中國——而是足以塑造經濟、文化、社會面貌特徵的政治體制。

中國的GDP體量已居世界第二，政治體制又與西方國家判然不同。此體制將在多大程度上繼續維持，或在什麼方向上發生改革，都成了一個世界性論題了：中國很重要，「當中國統治世界」會發生什麼？[19]中國人已在討論如何改變世界規則了。[20]就連斷言「歷史的終結」的學者，也不由得承認了中國的未來「尚無答案」。[21]顯然，歷史並未「終結」，不同制度的競爭前景並不明朗，那麼制度研究的意義就更凸顯了。此外，社會科學方面有一個動向，就是對「制度」的關注與日俱增，經濟學領域出現了「新制度主義」，政治學領域也出現了「新制度主義」。這對「制度史觀」也是一個好消息。制度史研究走向「會通」的動力與壓力，也將水漲船高。

19　例如安德森：《中國預言：2020年及以後的中央王國》，葛雪蕾、洪漫、李莎譯，北京：新華出版社2011年版；雅克：《當中國統治世界》，張莉、劉曲譯，北京：中信出版社2010年版。此類討論甚多，本文無法遍檢縷舉，僅舉手邊之書，聊以為例。

20　例如閻學通：《歷史的慣性：未來十年的中國與世界》，北京：中信出版社2013年版。

21　弗朗西斯·福山在20世紀末期出版《歷史的終結及最後之人》（中譯本，黃勝強、許銘原譯，北京：中國社會科學出版社2003年版），其中對中國的討論並不充分。而在他2011年出版的《政治秩序的起源：從前人類時代到法國大革命》（中譯本，毛俊杰譯，桂林：廣西師範大學出版社2013年版）中，對中華帝國的政治體制便增加了很多篇幅，而且隨後承認，未來的世界局勢有兩點尚無答案：一是中國的未來發展，二是西方民主國家的政治衰敗。

三、本土資料：發掘價值與理論潛力

在現代學術推動下，傳統中國史學發生了革命性變化。不過所謂「現代學術」，主要是以西方的歷史經驗為基礎，在西方率先發展起來的。它提供了很多被認為是普適性的方法與認識，但因還沒有把更多民族與地區的歷史經驗充分納入考慮，那些方法與認識的「普適」程度，有時就需要一番評估斟酌。

如果誰證成了三角形的三個內角之和是180°，或者 $\pi \approx$ 3.1415926，這樣的認識立即具有了普適性，可以適用於任何地方的任何三角形或圓形。這是一種知識。還有另一類型的知識，其效力大小涉及證據的數量。歷史知識就是這樣的。前面引述了宮崎市定這樣一句話：「我們的態度是將特殊的事物嘗試應用在一般事物上，則所謂特殊事物實際上便不再特殊。」請注意這個「嘗試應用」。設想A地的學人根據A地資料得出了「認知Ⅰ」，隨後又把它成功應用於B地，則「認知Ⅰ」得到A、B兩地資料的支持了，其效力提升了，同時適用於A地與B地了。然而也有第二種可能，「認知Ⅰ」在用於B地時出現牴牾不合，那就得根據B地資料自我調整，結果是修訂成了「認知Ⅱ」。第三種情況，是由A地觀察B地，或相互觀察，都發現對方情況大異，兩相對比中B地的特點明亮起來，A地的特點也明亮起來了，由此形成「認知Ⅲ」。還可能有第四種情況，B地資料中潛藏着特有問題，而A地既無其事，A地學者也無所知的，則B地學者有義務發展出「認知Ⅳ」來。等等。

中國人本沒有「政體」意識，近代之際民主共和、君主立憲、君主專制等概念讓中國人恍然大悟，隨即意識到了「本朝」在這個世界上的位置，維新、革命因之而起。來自西歐歷史的「三段論」或「五種生產方式」被應用於中國，那麼這兩個模式所涵蓋的實例

增加，效力上升。兩個新視角給國人照出前所未知的景象，然而其所不能照亮之處逐漸也被發現了，便有人嘗試修訂調整。

在討論國家起源時，張光直指出：「（美國）考古學界在將社會進化學說應用在世界各區古代文化史時，集中其注意力於所謂『國家起源』這個問題上。在這些討論中間，很少人用到中國的材料，因為中國古史材料還很少用最近的比較社會學的概念和方法去處理」，那麼中國的商周史料，「在社會進化論上與在國家起源問題上可能有什麼新的貢獻？」面對商周國家的獨特性，一種方式是把中國視為常規的變態，而「另一種方式是在給國家下定義時把中國古代社會的事實考慮為分類基礎的一部分，亦即把血緣地緣關係的相對重要性作重新的安排」。總之，張光直認為，「中國考古學可以對社會演進的一般程序的研究，供給一些新的重要資料，並且可以有他自己的貢獻」。[22] 依張光直的看法，中國的古史材料，可以用現代比較社會學的方法來處理，同時中國考古學的資料與成果，也可以為國家起源研究做出自己的理論貢獻。如果在「給國家下定義時」居然真的就「把中國古代社會的事實考慮為分類基礎的一部分，亦即把血緣地緣關係的相對重要性作重新的安排」了，就可以說「認知 II」問世了吧。

「比較」讓 A 與 B 兩地的特點都明亮起來，中西法文化的比較算是實例之一，由此學者發現，西方法文化是一種「私法文化」，而中華法系是一種「公法文化」，前者以公民間的平等身份和契約關係為基礎，後者以國家對居民的不平等關係、統治關係為基礎。[23]

22　張光直：《中國青銅時代》，北京：生活·讀書·新知三聯書店 1999 年版，第 89 頁。

23　可參看張中秋：《中西法律文化比較研究》，北京：法律出版社 2019 年版，第 81–124 頁。

所以，在中世紀西歐存在着「刑事案件民事化」的做法，連殺人這樣的重罪，都可以用罰金或「和解金」了斷，而這是民事糾紛的解決方式。[24]古代中國則存在着「民事案件刑事化」的傾向，悔婚另嫁、欠債不償之類民事糾紛，要給予刑事處罰，笞杖甚至徒刑。[25]西方刑事庭、民事庭分立，中國官老爺刑事、民事一把抓，司法行政不分。西方刑法、民法分立，中國古代「諸法合體，民刑不分」。西方歷史上最顯赫的法學成就，是在私法或民法方面贏得的，[26]而中華法系最顯赫的法學成就，是在刑法和行

---

24 在公元6世紀法蘭克人頒佈的《薩利克法典》中，罰金條文就比比皆是，如：「任何人殺死一個自由法蘭克人或遵守薩利克法律而生活的蠻人，而經證明者，應罰付八千銀幣，折合二百金幣」、「如果有人殺死替國王服務的男人或同樣的自由婦女，應罰付二萬四千銀幣，折合六百金幣」。《薩利克法典》，北京：法律出版社2000年版，第24頁。「和解金」，參看孟德斯鳩：《論法的精神》，張雁深譯，北京：商務印書館1961年版，第30章第19節「野蠻民族的和解金」，下冊，第332頁。

25 例如《唐律》卷一三〈戶婚〉：「諸許嫁女，已報婚書及有私約，而輒悔者，杖六十」、「若更許他人者，杖一百；已成者，徒一年半」。又卷二六〈雜律〉：「諸負債違契不償，一匹以上，違二十日笞二十，二十日加一等，罪止杖六十。」《唐律疏議》，劉俊文點校，北京：中華書局1983年版，第253–254、485頁。學者指出：「全部唐律，涉及損害賠償的寥寥無幾」、「凡涉及侵害人身的行為，一律作為犯罪處分，而不視為侵權損害、需要賠償的民事行為」、「涉及侵害他人財產的行為，如行為人在主觀上有故意或過錯的，即作為犯罪處罰」。葉孝信主編：《中國民法史》，上海：上海人民出版社1993年版，第287–288頁。

26 勒內‧達維德：「羅馬、日耳曼法的另一個特徵在於這樣的事實：由於歷史原因，這些法首先是為了規定公民間的關係而制定的。法的其他部門只是從『民法』的原則出發，較遲並較不完備地發展起來的。民法曾經長時期是法學的主要基礎。」《當代主要法律體系》，上海：上海譯文出版社1984年版，第28頁。附帶說，薛軍不贊成「在公法領域，羅馬人乏善可陳」之說，見其〈羅馬公法與現代歐洲憲政〉一文，收入高全喜主編：《從古典思想到現代政制》，北京：法律出版社2008年版，第145–184頁。

政法規方面贏得的——唐律、清律為此而得到了歐日的盛讚。[27]
假設西人與國人最初互無所知，現在雙方都因忽然看到了「他
者」，而瞬間看清了自我了。西人那邊也是一樣，正如勒內‧達
維德(René David)所云：公法與私法有別，民法與商法有別，「一
個只學習過法國法律的人認為這些區別是當然的，並滿心想肯定
這些區別是必不可少的。比較法卻使我們瞭解它們並非到處被採
用，在有些國家它們可能日趨沒落甚至已被拋棄；比較法使我們
超出它們的起源，探索在我們現有的本國法體系中，為什麼要採
用它們，以及它們真正的意義如何」。[28]

　　前面說到，一地資料中，還可能潛藏另一地學者意識不到的
問題。近代以來，學者引入了「唯心主義」、「唯物主義」、「認識
論」、「辯證法」等概念，中國思想史為之煥然一新。然而中國傳
統思想的某些獨特處，可能就被忽略、埋沒了。眼下我所想到
的，是一個跟制度史相關的例子，被奉為制度楷模的經典——
《周禮》。

　　在所謂「軸心時代」，人類思想哲學的初次非凡突破，「幾乎
同時在中國、印度和西方，這三個相互間並不瞭解的地方發生
了」。[29]第一批偉大的經典，呱呱墜地了。值此之時，一部不同
凡響的《周官》在中國問世。此書用理想化的方式構擬六官體制，
是一部「以官治國」的宏偉藍圖。「六官」即六個職類，它們各以
天、地、春、夏、秋、冬命名，其官數、架構高度數列化、圖形

27　英人斯坦頓對《清律》的盛讚和日人中田薰、仁井田陞對《唐律》的盛讚，
　　參看本書第68–69頁所引。

28　勒內‧達維德：《當代主要法律體系》，第10–11頁。

29　雅斯貝爾斯：《論歷史的起源與目標》，李雪濤譯，上海：華東師範大學出
　　版社2018年版，第8頁。

化，精巧整齊，完美無瑕，足以同宇宙法則一體化。朝廷官僚與後宮嬪妃的設置，嚴格遵循3‧9‧27‧81這樣的數列，三公、九卿、二十七大夫、八十一元士，與三夫人、九嬪、二十七世婦、八十一女御呈陰陽鏡像。天下秩序規劃為「九服」，以王畿為中心，每500里一服，方方正正，以「回」形層層相套。只看諸官職責的具體陳述，頗有實用精當之處，然而總體上又是一個童話般的完美想像，空中樓閣。即就官數而言，王畿官數多達六萬，[30]也表明此書絕非實錄。

同為「軸心時代」三大文明的，還有西方與印度，它們那裏有類似著作嗎？在古希臘，蘇格拉底、柏拉圖、亞里士多德等在討論政體與治理，然其性質是歷史記述、理性分析。古印度的考底利耶有一部《政事論》，此書論政頗詳，對職官條分縷析，例如第二篇「督官職守」中，對三十多種職官一一詳解，[31]然而也是實用取向的，實錄性質的。總之，古希臘、古印度的政論，與《周禮》這樣的「職官烏托邦」相比，差別太大了。《周禮》通過安排職官來安排「天地人」秩序，體現了中國人特殊的精神關懷和運思方向，其獨特性，不該被西方思想史的敘述模式遮蔽埋沒了。

構建組織框架時尋求形式整齊，這種心理傾向，西方也不是沒有。戴爾就曾談到：「有些組織『工程師』易於認為好看的組織圖本身就是目的，他們的任務就是使得組織圖看來對稱，成金字

30　據孫詒讓《周禮正義》統計，天官3,980人，地官41,695人，春官3,673人，夏官4,071人，秋官3,660人，合計57,079人。北京：中華書局1987年版，第57、687、1295、2278、2470頁。推測加上冬官，總官數當在六萬以上。

31　此書又名《利論》，其作者又譯憍底利耶。摘譯可參《政事論》，晉劼譯，收入《世界史資料叢刊‧古印度帝國時代史料選輯》，北京：商務印書館1989版，第25–52頁。全譯本近年問世，參看憍底利耶：《利論》，朱成明譯，北京：商務印書館2020年版，第二篇「督官職守」，第23–56、87–244頁。

塔或『扁平形』等，而將對『對稱圖形』的偏離視為旁門左道。」[32]
在西方這是只是個人偏好而已，比之華夏《周禮》，肯定是小巫
見大巫。新莽、北周、太平天國都曾利用《周官》改革官制，皆
「職官烏托邦」之犖犖大端。唐朝的尚書六部，也曾改依《周禮》
六官之名。「職官烏托邦」還包括「官名的文學化」，在制定官名
時尋求字面駢偶，聲調和諧，語詞典麗古奧。如北齊軍號以「廣
德」對「弘義」、以「蹦岷」對「越嶂」；唐朝門下省曾改名「鸞台」，
又改紫微省；中書省曾改名「鳳閣」，又改黃門省。還包括地名
的「嘉名化」，新莽大改郡縣之名，所遵循的是「嘉名」原則，用
來烘托皇帝的神聖、新朝的昌隆、制度的完美無瑕。

　　説到了改地名，此處也有中西對比會通的餘地。美國、蘇聯
都有用名人之名改地名的做法。美國的例子，如麥克阿瑟公園
(MacArthur Park)、華盛頓湖 (Lake Washington)、亞當斯縣 (Adams
County)；蘇聯的例子，如列寧格勒 (Leningrad)、斯大林格勒
(Stalingrad)、加里寧格勒 (Kaliningrad)。這樣地名選擇是很「務實」
的。中國「文化大革命」時的「大改名」就不同了，地名、店名、
校名、街道名、單位名、職務名以至人名的革故鼎新，無不遵循
「革命化」原則。其內在邏輯，就是對一個紅彤彤的新世界，事物
的名稱也要煥然一新。這種強調象徵性、神聖性、形式化的命名
原則，顯然上承新莽。

　　「名正言順」、在名號上作文章的官名設置之法，還觸發了百
濟國、渤海國和日本國的靈感，而且「青出於藍而勝於藍」，三
國又創勝境。百濟國的官階，大量使用「恩」、「德」字樣。三品

32　戴爾：《偉大的組織者》，孫耀君等譯，北京：中國社會科學出版社1991年
　　版，第19頁。

官稱「恩率」，四品官稱「德率」，七品至十一品官則分別以「將德」、「施德」、「固德」、「季德」、「對德」命名。[33] 其十六品官位，有 1/3 使用了「德」字。「這些並非隨意命名的官職，自然給人留下強烈的『以德治國』的印象。」[34] 渤海國的政堂省之下所設六部，分別用忠、仁、義、智、禮、信命名，忠部相當於吏部，仁部相當於戶部，義部相當於禮部，智部相當於兵部，禮部相當於刑部，信部相當於工部。[35] 日本 7 世紀初的冠位十二階，用德、仁、禮、信、義、智做階名，各階配有不同顏色的冠服。[36] 官與階的「非實用性命名」做法，中國與東亞三國有同有異，若去對比佛教、道教對神仙、神界、修行境界的命名之法，以及基督教天使的三組九階架構，頗有「形似」、「神似」之感，而在世界其他國

33　《周書》卷四九〈異域傳上〉「百濟」，北京：中華書局1971年版，第886頁。《三國史記》卷二四〈百濟本紀〉第二，古爾王二十七年（260年）條，奎章閣圖書，掃描版第5冊。

34　宋成有：〈百濟冠帶文化論〉，《北大史學》，北京：北京大學出版社2015年，第18輯，第209頁。

35　《新唐書》卷二一九〈北狄・渤海傳〉，北京：中華書局1975年版，第6182–6183頁。王承禮：《渤海簡史》，哈爾濱：黑龍江人民出版社1984年版，第105–106頁；張高、姜華昌、關穎：《渤海國管窺》，北京：中國社會科學出版社2003年版，第65頁；王成國：〈唐代渤海國官制概述〉，收入《渤海的歷史與文化》，延邊：延邊人民出版社1991年版，第134頁以下；沙弗庫諾夫等：《渤海國及其俄羅斯遠東部落》，宋玉彬譯，長春：東北師範大學出版社1997年版，第58頁。

36　王輯五選譯：《世界史資料叢刊・中世紀部分・1600年以前的日本》，北京：商務印書館1983年版，第15頁。又參依田熹家：《簡明日本通史》，卞立強等譯，上海：上海遠東出版社2004年版，第15頁；張世響：〈日本對中國文化的接受〉，山東大學2006年博士論文，第127頁；陳偉：〈試論日本早期國家官制的形成與發展〉，《古代文明》，2008年，第4期，第61頁。

家的現實制度中，則沒有看到「見賢思齊」之事。原因何在呢？
又一個涉及了「中外會通」的課題浮現了。

　　在中國古代政治制度領域，歷代累積的資料浩如煙海。就
我所關心的官階品位來說，歷代所曾使用的爵、命、秩、品、
勳、階、衛、號等，千姿百態，紛繁多彩，可以說沒有任何一個
國家，在品位設置的複雜性、精緻性和連續性上，能跟中國相
比。人類社會中的品位運用的規律、原理，在其他地方晦暗不
顯，在中國這地方就呈現出來了。我用了很多精力揭示那些規
律、原理，這時就經常涉及「中外會通」，尤其是「會通平台」的
搭建。這時我給自己設定了「引進」與「創造」兩樣工作。

　　行政學告訴人們，現代文官等級制有兩大類型：「職位分類」
與「品位分類」。把這個「品位—職位」模式用於中國古代，紛繁
歧異的爵秩品階立刻可以分成兩大類型，歷代位階進化可以劃分
為五大階段。進而我還想超越技術層面，進而在政治層面解釋五
大階段。便利用艾森斯塔得的官僚取向理論，把它們簡化為「服
務取向」、「自利取向」兩種，前一種官僚是大獨裁者的馴服行政
工具，後一種官僚趨於「貴族化」了，弱勢的皇權無力約束他們。
於是我建構了這樣一個模式：服務取向的官僚政治與職位分等具
有更大親合性，自利取向的官僚政治與品位分等具有更大親合
性。周以來三千年的品位結構變遷，由此得以同皇權、官僚、貴
族間的關係變化，內在地聯繫起來了。

　　研究之中我感到，「品位—職位」模式仍有相當之大的拓展
空間。官僚薪俸研究，被我區分為「品位薪俸」與「職位薪俸」，
前者依身份獲得，後者依職責獲得。在現今的行政學中，級別與
職位並不處於同一維度，我卻發現在中國古代，職位經常性地轉
化為級別，由此提煉出了一個「職階轉化律」。如何評價品位發
達不發達，現代行政學未有論及，於是我擬制了三個標準：位階

設置的複雜或簡單程度、所獲待遇的優厚或簡薄程度、獲得品位的開放或封閉程度。這樣的拓展空間從何而來呢？來自中國古代豐富多樣的爵秩品階史料。我確信，浩如煙海的中國歷史資料，給中國制度史的研究者們提供了一個廣闊空間，足以從中提煉出更多規律、原理，把收穫用於「中外制度的會通」，充實既往的行政學、組織學、管理學理論。

近日看到了余英時在「唐獎」頒授典禮上的致辭，其中有這麼一段話：「我們必須致力於揭示中國歷史變動的獨特過程和獨特方式。然而這絕對不是主張研究方法上的孤立主義，恰恰相反，在今天的漢學研究中，比較的觀點比以往任何階段都更受重視。原因並不難尋找。中國文明及其發展形態的獨特性只有在和其他文明（尤其是西方文明）的比較和對照之下，才能堅實而充分地建立起來。」[37] 我很贊成「只有比較和對照，才能如何如何」這個論述，其他學者想必也有類似看法吧。

其實，西方學術研究也沒有徹底擺脫「地方性」。在中國歷代浩如煙海的典籍文物中，蘊含着極豐富的歷史信息；中國歷史的各種獨特處，包括其無與倫比的連續性，也使得人類社會的很多內在規律，在這裏更鮮明地體現出來了。「中外歷史會通」的工作將把各地區的「地方性知識」置於同一平台，由此點燃靈感、激發創造，推動世界學術共同體的形成，充實人類共同知識體系。當然，這對中國史學者的世界史素養和社會科學素養，提出了更高要求，而令人欣喜的是，新一代的學者足能勝任。

本文原刊於《文史哲》2015年第1期

37　余英時：〈唐獎獲獎致辭〉，公法評論網站，「公法新聞」專欄，2014年9月20日，https://www.gongfa.com/html/gongfaxinwen/201409/20-2670.html。

第八章

結構功能化的制度史研究的
一個嘗試

杜澤遜先生邀我為《國學季刊》寫一篇學術心得，以供尼山學堂的學生們參考閱讀。接到這份邀請時，我心裏不無猶疑：我的制度史研究的社會科學色彩，是比較濃厚的，這種路數跟「國學」好像有點隔膜。然而杜先生熱情鼓勵，指示不妨就我的《中國古代官階制度引論》談起，從其中的「品位—職位」分析模式談起。在這個數字化的時代，電子郵件大行其道，親筆信已很罕見了，杜先生用的是親筆信函，很漂亮的軟筆小楷。真是盛情難卻，那麼勉力為之吧。曾經聽學生說過，閻老師的品位理論，本系的研究生也不怎麼明白。不久前一個飯桌上，Z教授也偶爾言及：閻步克的官階研究沒幾個人懂。可見自己覺得順理成章的東西，他人未必一望即知。然而敝帚自珍，作者也有義務把自己的想法說清楚了，那麼不妨利用這個機會，對自己的爵秩品階研究再做一次解說。

《中國古代官階制度引論》（下文簡稱《引論》）這部書，是以我的《品位與職位：秦漢魏晉南北朝官階制度研究》、《從爵本位到官本位：秦漢官僚品位結構研究》二書為基礎的，但與之不同之處，是這部《引論》主要用於理論建構，而不是陳敘史實。在思考歷代品位結構之時，自己把所看到的各種規律性現象，盡可

能地予以概括提煉，並在《引論》一書集中陳述，以期拋磚引玉，給後來者提供參考。整個建構以「品位—職位」的分析模式為起點，推演出若干問題與方法，用以解析品、秩、勳、爵等各種等級設置。

建構模式的做法，跟傳統歷史學的「人文性」，看上去存在着相當距離，而跟社會科學有了相似處了。一位同事就曾對我說：你的《引論》一書，更像是一本政治學的書。相對而言，歷史學的主要任務，本是復原與敘述那些獨一無二、不可重複的人與事，社會科學則關注個別的、具體事象背後的普遍原理。兩種方法的差異，有時候還會觸發齟齬。這種摩擦齟齬在西方早就出現了。如伯克（Peter Burke）之所敘：「社會學家和歷史學家都挑剔對方的缺點」，至少在英國，許多歷史學家覺得社會學家毫無時空感，硬把活人套進他們的分類，並冠以「科學」標籤；而在社會學家看來，歷史學家只是缺乏體系、缺乏方法的「事實收集者」而已。二者間的對話，通常就成了「聾子之間的對話」。[1]中國近代「西風東漸」，現代社會科學傳入，類似的分歧也在中國學界發生了——學人一度被分成了「史觀派」和「史料派」。還有個「京派」與「海派」之分，也被拿來轉指兩種不同的文史研究路數。

「讓事實說話」這句話當然很有力，然而我是這麼看的：事實自己不會說話，事實本身不能解釋事實，只有理論才能揭示事實之間的關係。面對事實，其實人人都有先入之見，先存了一個認知框架的。很多認知框架早已成為大眾共識，習慣成自然，無

1　伯克：《歷史學與社會理論》，姚朋、周玉鵬、胡秋紅、吳修申譯，上海：上海人民出版社2001年版，第3頁。

須特別提示了，有時候就好像不存在似的。但這不等於「模式」真的不存在。當相關事實間顯出了前所未知的聯繫時，方法論的問題就凸顯了。這就意味着，早已成為共識的模式通常是「隱性」的，而新模式則要明確揭舉、清晰論述，只能以「顯性」面世。所幸「百花齊放」的觀念初獲人心，學人開始接受各種風格的異彩紛呈了，儘管社會科學化的研究風格在文史領域處於邊緣，但還是有了一席之地，我也有了幸逢同好，「鍾期既遇，奏流水以何慚」的指望。

學者的個人研究路數總是各有千秋的，有時這跟個性有關。我一向偏好原理性、思辨性的東西。比如少年時面對收音機，就很想知道聲音怎麼發出來的，後來就嘗試組裝晶體管收音機；成年後看到人群裏發生的事情，就不由自主想知道其背後的人際規律是什麼，對涉及群體行為、生物進化的原理、結構之類的讀物興味盎然。所以結構、原理的分析比較適合自己，選擇了適合自己性情的路數，閱讀、寫作時的快樂之感就更多一些。

進而，研究的對象既然不是人物、事件之類或思想、文化，而是政治制度，是「國家政權的組織形式和管理制度」，就此而言也無法把結構功能的問題排除在外。結構化的思維或許不適合人物、事件或思想文化的研究，但比較適合制度史的研究，至少我是這麼覺得的。除了像《百官志》那樣考述職官的職掌、品秩、員數，考訂其細節之外，除了拿制度給政治史註腳之外，制度的背後必然潛藏着一些深層的機制、原理，等待着被發掘出來。監察體制內部應該潛藏着監察原理，法律制度內部應該潛藏着法制原理，俸祿制度的內部應該潛藏着薪俸原理……用官制給政治史研究做註腳，由官制向外拓展，進及政治以至社會層面，不妨說是一種「外推」，也是通行的做法；而探索制度內部潛藏的原理，不妨說是一種「內窺」，對此我有特殊興趣。

此時我所面對的是王朝的官貴等級管理制度，它由各種品、秩、階、勳、爵、銜、號之類組成。約在兩周之交發展出了兩套爵，即公、侯、伯、子、男「五等爵」，以及公、卿、大夫、士爵；戰國秦漢出現了二十等軍功爵，出現了由「若干石」秩級構成的祿秩；魏晉出現了九品官品，五等爵東山再起，九品中正制下的「中正品」則是一種區分做官資格的等級；南朝蕭梁創十八班，北周「周禮」復古，起用了九命之法；唐宋使用文階、武階、勳官與封爵，科舉學歷取代中正品而用於標識士人的任職資格，還有檢校官、憲銜、功臣號等等銜號；由明入清，階官衰落變質，勳官融入了封爵⋯⋯

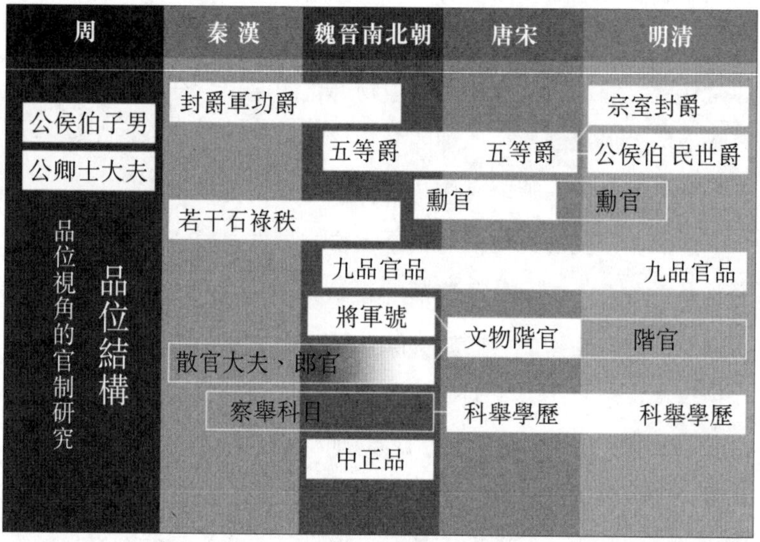

周	秦漢	魏晉南北朝	唐宋	明清
公侯伯子男	封爵軍功爵			宗室封爵
公卿士大夫		五等爵	五等爵	公侯伯 民世爵
		勳官		勳官
	若干石祿秩			
		九品官品		九品官品
		將軍號	文物階官	階官
	散官大夫、郎官			
	察舉科目		科舉學歷	科舉學歷
		中正品		

（左側豎排：品位視角的官制研究／品位結構）

圖1 歷代品位結構變遷簡示
（此圖係自製，曾用於「中國古代官僚等級管理制度研究」課程，下同）

歷代等級設置因時而異，給人以五花八門、雜亂無章之感。當然，對某朝代的某一種等級設置，大抵都有學人的專門考察。境外學者如日人宮崎市定的《九品官人法研究：科舉前

史》、西嶋定生的《中國古代帝國的形成與結構：二十等爵制研究》等，都是名著。至於中國學人的相關成果，就不煩縷舉了。至今每年的期刊論文、學位論文與專著中，新推進不斷湧現，撲面而來。

在這些豐富成果面前，還能做些什麼呢？如在紛繁史料中發現了某一位階的新線索，就可以順藤摸瓜、繼續深挖了。至於從宏觀上俯瞰歷代等級結構，思考其總體變化規律者，就相對較少了。從周代的公卿大夫士，經戰國秦漢的「若干石」秩級，再到隋唐九品官品，諸如此類的變遷在以往的意識裏，只是級數、級差、級名的變化罷了。然而從結構化的視角觀察則不盡然，其間還隱含着結構性的演進，不宜忽略了。

讀者已看到，每一時代都並存着多種等級設置，它們樣式、功能與性質各異，彼此鏈接耦合，組成了一個有機整體。這個有機整體，可以名為「品位結構」或「位階體制」。進而「品位結構」或「位階體制」在歷代變動不居，每個時代都有其特別的樣子。那麼，相對於只考察某時代的某一品爵的既往做法，一個全新任務擺在案頭了：嘗試對周以來三千年的品位結構做通貫性考察、總體性觀照。歷代品、秩、階、勳、爵、衛、號令人眼花繚亂、目迷五色，像一個亂線團兒，應努力把它們編織為連貫的線索，令其井然有序、條理分明。這就要把品位結構背後潛藏的原理、結構，把變遷的因果、意義，發掘出來。

在通貫性考察中，我首先對歷代品位結構變遷建構了一個「三段論」模式：

第一階段是周朝的公卿大夫士爵，這個結構相當簡單，只是一個單一縱列，用以區分貴族官員的身份高卑。

第二階段是漢制，此時「若干石」秩級與二十等軍功爵雙峰並峙，前者用以保障行政，後者用以安排身份，而且爵、秩二者

的關係是疏離的——爵級與秩級不對應，不能通過擁有爵級而獲得秩級，或説爵級不被用做任職資格。這個結構可稱「爵—秩體制」。

第三階段，是在魏晉至唐之間完善起來的九品官品。九品官品構成了一個大框架，把職、階、爵、勳都容納其中，「爵以定崇卑，官以分職務，階以敘勞，勳以敘功」，[2] 幾種各有其用、承擔不同功能的等級設置，由此一元化、一體化了。對此體制，我名之為「一元化多序列複式體制」。在這個「複式體制」中，職、階、爵、勳各種等級的孰高孰低，可以極便利地換算對比，足以實現複雜的等級管理功能。

茲舉例以明之。〈木蘭詩〉有「策勳十二轉」一句，所謂「十二轉」指十二轉勳官上柱國。[3] 在九品體制中，勳官上柱國在正二品。〈木蘭詩〉又有「木蘭不用尚書郎」一句。唐制允許通過勳級獲得品級，而品級構成了任官資格。上柱國給予正六品官資，即所謂「上柱國，正六品上敘；柱國已下，每降一等」。[4] 而「尚書郎」恰好就在五六品左右。[5] 所以「木蘭不用尚書郎」這一句詩，基本

2　王鏊：《震澤長語》卷上〈官制〉，北京：中華書局1985年版，第13頁。

3　逯欽立云：「十二轉勳制始於唐。」見逯欽立輯校：《先秦漢魏晉南北朝詩》「梁詩」卷二九，北京：中華書局2017年版，第2160頁。唐長孺詳考唐制，並輔以出土勳官告身，證成了逯氏的推斷。見其〈〈木蘭詩〉補證〉，收入其《山居存稿續編》，北京：中華書局2011年版，第112–121頁。

4　《唐六典》卷二《吏部郎中》，陳仲夫點校，北京：中華書局1992年版，第312頁。

5　根據《魏書》、《隋書》、兩《唐書》官志及《唐六典》、《通典》記載，北魏「尚書郎中」正六品下，北齊「尚書諸曹郎中」正六品上；隋開皇初，「尚書諸曹侍郎」正六品上，開皇三年 (583) 加為從五品。唐玄宗到唐代宗時，「尚書郎中」從五品上，「尚書員外郎」從六品上。〈木蘭詩〉中的「尚書郎」不必看得太死，當有泛稱意味，可能是尚書郎中，也可能是尚書員外郎，總之大致在五六品之間。

符合唐制。上柱國與尚書郎的相對高低，因九品框架而一清如水；假設木蘭決意從政、由尚書郎入仕了，她就將擁有兩個品級了——上柱國正二品，尚書郎約五六品。可見九品體制能夠完成很複雜的等級管理任務。它的問世，標誌着中國古代的等級管理體制業已高度成熟。唐代三省六部制、科舉制、律令體制是三個重大制度進步，可稱「三大豐碑」，若再加上這個「一元化多序列複式體制」，我想就可以説成「四大豐碑」了。

上述「三段論」表明，從周代至隋唐官階制變化，並不僅僅是級數、級差、級名的變化而已，還能從中窺見三種不同的品位體制，以及兩次結構性的轉型。參看圖2。對「一元化多序列的九品複式體制」這個認識，就是通過「結構功能分析」而獲得的。

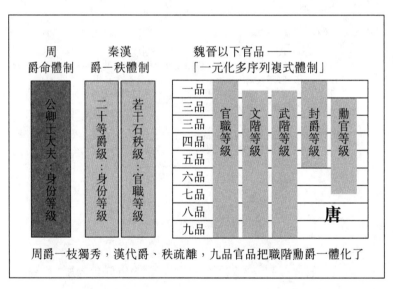

圖2　周—唐間品位結構的三種形態與兩次轉型

上述「三段論」只是個「階段性成果」，各色位階宛如亂線團兒，依然令人眼花繚亂。解繩結很費事兒，聰明的古人便發明了

「觿」——一種解繩的角錐。解析紛繁位階之間的關係，也得借助一些概念工具。如果現有的工具不敷應用，那還得設法造出一些新工具來。我使用的工具，首先就是「品位分等」和「職位分等」這對概念。下面略作解釋。

任何組織都有兩大結構：人員結構與職位結構。先把這兩大結構裝在腦海裏面，理解「品位—職位」概念就很輕鬆了。人員需要分等分類，職位也需要分等分類。等級設置的兩大目的，就是給人員分等分類，給職位分等分類。

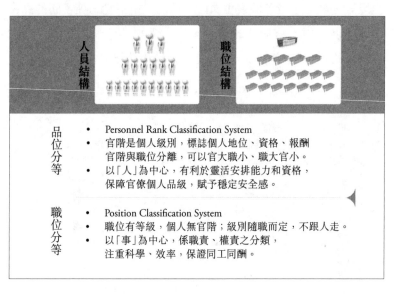

圖3 兩大結構與兩種分等

現代文官等級制，大致可分為兩大類型：「職位分類」（position classification system）、「品位分類」（personnel rank classification system）。「職位分類」只是把各種職位分出等級類別來。如果在職位等級之外，還給官員個人設置了一套官階，這套官階就是「品位」了，這種設有「品位」的體制就是「品位分類」了。「品位」用以標示官

員個人的地位高低、資歷深淺、報酬多寡，所以品位分類是「以人為中心」的，依個人身份地位而分等定待遇；「職位」則意味着一份事務與一份權責，所以職位分類是「以事為中心」的，是依職責與勞務來分等定待遇的。在品位分類下，由於職位有職級，個人又有官階，就可能出現官大職小、職大官小，甚至有官無職、有職無官等現象。

借助軍銜制來打比方，問題立刻就明快了。軍銜與軍職分離為二：上將、中校、少尉之類軍銜是從屬個人的品位，師長、團長、連長等軍職，才是繫以權責的職位。中國在1956年7月頒佈了「職務等級工資制」，計30級。在這個制度之下，同樣都擔任縣長或處長，級別、進而是工資可能並不一樣，「同工不同酬」的現象由此而生；若逢工作調動，一位縣長或處長是帶着他的「行政級別」而就任另一職位的，即，級別跟人走。這種「行政級別」是非常典型的品位分類。

一般認為，職位分類有利於保障同工同酬，強調專才專用，重視科學與效率，保證公開性與民主性。而品位分類富於彈性，官階的存在給了文官以安全感，職務變動也不致喪失位階、待遇下降。而且給人分等，在技術上簡單易行。兩種體制之別，也就是今之所云「崗位管理」或「身份管理」之別。傳統社會重身份，而身份通常要由品位來保障。或云：「古代文官莫不以獲高官厚爵為榮，品位秩等適足以滿足此等希名求位心理而鼓舞其上進。現代文官固然不以熱衷名位為根本要圖，但公務人員在品位觀念影響下，仍以享有品級地位為榮。」[6]所以品位分類是比較傳統的。歷史上較早出現的文官制，通常都屬品位分類。在

6　許南雄：《人事行政學》，台北：商鼎文化出版社1993年版，第138頁。

西方，英國文官制出現最早，所採用的便是品位分類。直到20
世紀初，職位分類才在美國問世，這種體制更富於現代性。

　　參照現代「品位分類」、「職位分類」概念，我擬定了「品位分
等」和「職位分等」的兩個語詞，二者的區別，就在於是否存在着
跟人走的位階。[7]

　　以此來觀察中國歷代品秩勳爵，能看到什麼景象呢？首先映
入眼簾的是：

- 秦漢「若干石」秩級，展示了濃厚的「秩級從屬於職位」色彩；
- 唐代文武散階，明係官吏個人的品級標識，跟職位的品
  級兩立並用。

　　漢唐品位結構的差別，隨即凸現。「品位—職位」概念，真
的照出了一幅獨特景象。

　　進而，就可以把前述的周代五等爵、公卿大夫士爵、秦漢二
十等軍功爵、秩級、官品、中正品、十八班、九命、文武階官、
勳官、封爵、科舉學歷等，以及各色加官、衛號如檢校官、憲
衛、功臣名等等，都納入「品位—職位」框架加以觀察了。也就是
說，我對「品位」概念做了一個拓展：它不僅僅指個人的行政級別
了，我把職級之外的所有身份等級，全都歸於「品位」範疇之中。
「雜亂無章」的歷代品秩勳爵，現在被分成了兩大類：一類屬職位

7　之所以不直接採用現代行政學的「品位分類」、「職位分類」，另行擬制「品位
　　分等」和「職位分等」，這是我的一個概念策略。相關的考慮有二。第一，古
　　代的等級管理是以「分等」為主的。第二，「職位分類」是很現代的制度，直
　　到20世紀初才在美國問世，很多國家直到上20世紀中期才開始參用美式「職
　　位分類」。改用「分等」，就可以與現代氣息的「職位分類」拉開距離，避免「把
　　現代概念強加於古代」這樣的指責——若有人這樣指責我，我就可以這樣辯
　　護：我使用的已不是「職位分類」，而是「職位分等」了，這個概念由我定義。

等級，一類屬品位等級；進而就能看到，有些時代品位分等的色彩較濃，有些時代職位分等的色彩較濃。尋找貫穿其間的一以貫之的線索的努力，迎來了一線曙光。這就讓我有了興奮之感。

在技術層面上已能看到，秦漢秩級偏重職位分等，而唐代散階的性質是品位分等。再把視線投向先秦、宋、明、清諸朝，各時期「品位─職位」關係又顯露出了更多的差異。應當如何解釋這些差異呢？由此我的思考進入了政治層面。在這一層面上，我的理論建構工作繼續推進。

王權、貴族、官僚的關係，是各種傳統政治體制的一個最基本的問題。孟德斯鳩云：「在沒有貴族的君主國，君主將成為暴君。」[8] 梁啟超也看到：「貴族政治者，雖平民政治之蟊賊，然亦君主專制之悍敵也。」[9] 強大的貴族是抑制王權的。最高統治者要加強個人權力，通常就會打擊貴族，代之以官僚治國，官僚才是他得心應手的行政工具。所以亨廷頓有言：「官僚是貴族的天敵。」[10] 帝制中國的典型形態是皇帝與官僚的結合，而不是皇帝與貴族的結合。但官僚與貴族又不是截然兩分、涇渭分明的。現實中的貴族會發生「官僚化」，向職業文官、行政工具演變；官僚也會發生「貴族化」。即，日益特權化、封閉化、身份化，甚至蛻變為貴族了。二者間也存在着各種居間形態、中間色層。在周王朝，傳統貴族佔據了政治舞台的中心；秦始皇用「刀筆吏」治天下，刀筆吏是非常典型的職業文官。魏晉南北朝時，

8　孟德斯鳩：《論法的精神》，張雁深譯，北京：商務印書館1961年版，上冊，第16頁。

9　梁啟超：〈中國專制政治進化史論〉，收入《梁啟超全集》，北京：北京出版社1999年版，第3卷，第782頁。

10　亨廷頓：《變化社會中的政治秩序》，王冠華、劉為等譯，北京：生活·讀書·新知三聯書店1989年版，第148頁。

士族門閥發展起來了，王亞南很恰當地把這個現象稱為「官僚貴族化」。[11]中古士族的「貴族化」程度，當然低於周朝傳統貴族了。

把政治形態、政治體制考慮在內，再來看「品位─職位」視角還能提供什麼。由職位分等重效率、以「事」為中心，品位分等重身份、以「人」為中心一點，我們做如下推定：

- 若專制強化，官僚變成了卓有成效的行政工具，此時統治者傾向於向職位給待遇，職位分等的色彩就會濃厚起來。亦即：強勢皇權與工具化官僚相結合的那種政治形態，與職位分等具有較大親和性；

- 若皇權萎靡，官僚日益特權化、封閉化、身份化甚至貴族化，那麼品位性的等級安排就將發達起來。這時將出現繁雜的品位設置、優厚的品位待遇。亦即：較弱勢的皇權與貴族化官僚相結合的那種政治形態，與品位分等具有較大親和性。

這個分析框架，就成了我最核心的理論基點，此後各個推論都是由此出發的。隨後再把這個框架用於歷代品秩勳爵，一幅幅連環畫面，就依次浮現出來了：

- 周代：公卿大夫士爵可視為品位分等的一個高峰。這是周代貴族政治的一部分。

- 秦漢：秩級具有濃厚的「從屬職位」性質。此時官僚的品位特權是相對較小的，體現了秦漢「以吏治天下」的政治精神。

11　王亞南：《中國官僚政治研究》，北京：中國社會科學出版社1981年版，第79頁以下。

- 魏晉南北朝的散官、軍階、中正品和進階制度，使此期成為又一個品位分等的高峰，這就適應了其時的士族政治和部落貴族政治。
- 唐代文武散階和宋代本官，仍屬品位分等。但因這時實行考課進階，這又超越了士族政治，向官僚政治回歸了。
- 明清：散階制衰落，各種待遇向職位靠攏，一定程度地向職位分等回歸了。其背景是專制強化和官僚特權的相應萎縮。

為便於直觀地理解這個歷程，我製作了一個示意圖，以向上表示品位分等的濃厚程度，向下表示職位分等的濃厚程度，請看：

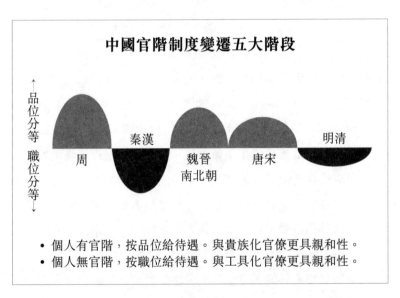

圖 4 品位結構變遷五階段示意

在「品位─職位」框架的光輝照耀下，歷代等級設置中的一條前所未知的線索，由晦暗而顯明了。由此得以知道，各色品秩勳爵的變遷之中，原來還隱藏着這樣一條上下波動、左右

搖擺的歷史軌跡，其中包含着五大階段。由此我又收穫了如下
推進：

- 通過「品位—職位」框架，把周以來三千年的品階勳爵成
  功地編入了一條連貫線索；
- 在技術層面，揭示出歷代品位結構的一個基本變遷軌
  跡，就是在品位分等和職位分等兩極間的波動搖擺；
- 進而進入政治層面，揭示其那條軌跡的波動搖擺背後，
  是官僚化或貴族化之間的波動搖擺，事涉官員身份性的
  強化或淡化，進而是皇權、貴族、官僚三者關係的變化。

　　由於這些推進，政治史上的若干老問題也可以重新審視了。
比如說，面對宋朝的複雜位階，日本學者梅原郁只是讚揚它的
「巧妙」，只把它說成「高度智慧的結晶」而已。[12] 我卻看到了更多
東西：宋代位階體制的這種疊床架屋狀態，其實是宋代官僚的身
份性仍很濃重、其品位特權仍很豐厚的表現。又如日本學者認
為，唐宋間中國社會形態發生了一場根本性「變革」，其論據之
一，就是貴族政治變成了皇帝獨裁，貴族官僚變成了職業官僚。
現在可以這樣質疑這個論據了：品位結構在唐宋間的變化較為平
緩，而這意味着兩朝官僚的身份化程度仍有較大相似處，皇權與
官僚的關係仍有較大相似處。兩朝處於同一發展階段，不宜一刀
兩斷，較大的變化其實發生在宋明之間。
　　面對繁複叢脞的制度細節，方法論的問題不斷出現，現有的
分析工具不敷應用。例如，當我們說「某時代品位分等比較發達」
之時，這個「發達」指的是什麼？周代僅僅使用公、卿、大夫、

12　梅原郁：《宋代官僚制度研究》，京都：同朋舍1985年版，第10頁。

士幾個爵級，這麼簡單原始，憑什麼說它「發達」呢？對「如何評價品位」這一問題，現代行政學至今為止，尚無相關論述可資參考。那麼只有DIY，自己動手了。經一番斟酌，我擬定了如下三個指標，用以刻畫品位特徵：

- 品位體制的複雜或簡單程度。所謂「複雜」，包括繁密的級別設置、繁密的升降規則等。
- 品位待遇的優厚或簡薄程度。包括利祿的豐厚程度、特權的優越程度與禮遇的高貴程度等。
- 獲得品位的開放或封閉程度，如依賴於功績才德或依賴於門第親緣的程度，以及佔有品位的穩定程度或變動不居的程度。

沒有這些指標，「品位分等發達」的說法就是飄搖不定的，而運用上述「三指標」，便可以精確評估歷代品位發達或不發達的程度了。即如：

- 周爵：制度簡單，待遇最優，封閉性最強；
- 中古的門品秩序：可以說待遇優厚，制度較複雜，封閉性較強；
- 唐宋品位：待遇較優，制度最複雜，開放性強；
- 明清品位：待遇下降，安排趨簡，開放性最強。

待遇優厚程度與品位封閉程度，與官吏的貴族化程度成正比。之所以說周代等級制的「品位化」程度最高，主要是就周爵之待遇優厚、封閉性強而言的。繁密的級別、複雜的規則，則是行政體制充分進化之後才會出現的現象。魏晉南北朝繼承了秦漢的複雜行政架構，所以其時的品位設置便跟着複雜起來了。同時

此期品位待遇優厚、封閉性較強，其品位化程度低於周代。而當皇權走強，統治者又儘量面向職位給待遇，這時官僚的品位特權反而會萎縮，從而令品位趨簡，這就是明清時的變動了。回頭再看唐宋，其品位設置疊床架屋，其升降規則繁雜細密，這表明唐宋兩朝官僚的身份化程度，處於魏晉南北朝與明清之間。[13]「品位三指標」的理論建構，使品位結構變遷的五階段，得到了更細膩的解釋。

又如，觀察歷代品位時我能發現，很多品位性的等級設置，原本是從職位演變而來的。在現代行政理論中，職位是職位、級別是級別，二者涇渭分明。不太恰當地說，好比在古典物理學裏，時間是時間、空間是空間一樣。然而現代物理學認為時空可以互相轉化，中國古代的等級制史料顯示，職位與級別之間也經常發生轉化。為此，我又提煉出了一個「職階轉化律」。

「職階轉化律」用於揭示職位轉化為品位的全過程。這個過程大致分為三個階段。某一種職事官權重位尊，皇上為施予個人恩寵，有時就把它賜給了某人，卻令其不必承擔職事，只是消受

13　王德權曾對我的《品位與職位》一書提出了批評，分別涉及了對魏晉南北朝和對唐代等級體制的認識。見其《為士之道：中唐士人的自省風氣》，台北：政治大學出版社2012年版，第42頁以下及第53頁以下。不過讀畢其批評，卻深感王先生的看法同我的論點之間，其實無大分歧。王先生認為，唐代的品階勳爵體制仍是一種「官人身份制」，同時又被整合到官僚制秩序之中了。對這一看法，我雙手贊成。又如，王先生關於魏晉南北朝「人之品」的論述，我也無異議。問題或許是這麼發生的：王先生有一套自己的術語，而我也有一套自己的術語，二人在表達上各有千秋。例如王先生認為魏晉南北朝到唐有一個從「官─士二軌」到「官＝士」的轉變，其表述就很有特色。而我所說的官僚的「自利取向」，並不止是官僚「自私自利」的意思而已，「自利取向」是一個同「官僚貴族化」息息相關的概念。此類分歧，讀者不妨各從所好。

一個榮銜。在我看來，這就開始「把職位用為品位」了，但這尚是個別性的。這是第一步。隨後，達官貴人紛紛覬覦謀求這種優待。若皇上手鬆、越賜越多，這個職事官就開始「品位化」了。這樣一來，這個職名的擁有者就變成了兩種人：真正的任事者，及只擁有其官號、但不任其事者。在後一情況下，這個職事官的性質變成了「品位性官號」。這是第二步。官名相同，卻有任事和不任事兩種人，這就造成了制度混亂。在釐清混亂時，當局索性把這個官名通用為榮銜，同時為其職能另行設官、另擬新名。這樣，原先的職位就徹底品位化了。這是第三步。請參圖5。

圖5「職階轉化律」示意

中國古代很多重要的品位序列，都是由「職階轉化」而來的。商周時的侯、甸、衛、男，起初是職名，後來演變為爵名；戰國大庶長、駟車庶長等本來是軍職，後來變成了軍功爵級；漢代的將軍原係領兵的軍職，魏晉時一百多個將軍號卻發展為一套軍階

了；北周的柱國大將軍、大將軍等本為府兵將領，後來逐漸榮銜化，至唐逐漸演變為勳官；唐代尚書省的尚書僕射、尚書、丞、郎等官都是職事官，而北宋以唐代省部寺監之官為階官(時稱「本官」，後來又稱「寄祿官」)，那些官號便被用作位階了。以上「由職而爵」或「由職而階」的轉化，大致都經歷過上述三階段，而且在「爵」或「階」形成之後，往往隨即就出現了一套新的職事官名，承擔起了舊官的職能。

從上述現象裏提煉出「職階轉化律」的工作，已超出了歷史學範疇，具有社會科學意義了，它作為一個「原理」，可以用於分析古今中外的所有同類現象。如果在史實中看到某種結構或規律，我就盡力把相應的分析方法提煉出來。例如，看到了針對職位發俸和針對身份發俸的區別，便擬制了「品位薪俸—職位薪俸」這一對概念；看到了不同時代俸祿的種類也有變化，便擬制了「形態—項目」的論題；看到了古代有許多官職兼具職位與品位的雙重意義，便擬制了「品位性官職」這一概念。我多年來形成了一個習慣，每遇到一個制度現象心裏就會斟酌推敲，看看有無可能在「技術原理」層面為之建立一個分析框架。比如古代官制中的「文武關係」問題，是很多學者都曾涉足的，而我覺得，若把文人、文職、文階與武人、武職、武階區分開來，在理論上說，四對要素便可以形成 $4 \times 2 = 8$ 種排列組成，即：

- 文人、文職、文階
- 文人、文職、武階
- 文人、武職、文階
- 文人、武職、武階
- 武人、武職、武階
- 武人、武職、文階
- 武人、文職、武階
- 武人、文職、文階

透過這個框架，去分析「文」、「武」兩個群體的具體狀態，觀察朝廷安排「文武」關係的制度手段，就可能更精巧細膩一些。

　　雖然建構理論通常不被認為是史學家的任務，但如有助於分析理解，個人又有學術興趣，那何必「畫地為牢」呢。寫作《引論》一書時我有了一種感覺：每天的太陽都是新的。學生曾問我，對自己的哪一本書比較滿意呢？我想了想，我的那些考證工作，假如我沒做，將來也會有人走到那一步；《引論》一書的價值多大另當別論，但其分析三千年等級設置的這套體系，是體現了我個人特色的。在此之前，跟此書多少有點兒類似的，似乎只有胡如雷的《中國封建社會形態研究》一書。胡在書中申明，他寫此書，就是以建構理論體系為目的的：「與一般單純的歷史著作有所不同，它是按照政治經濟學體系的要求建立起來的」，「有純粹推理的地方」。[14]

　　自古以來，中國就是一個「官本位」社會，周以來三千年政治制度的連續發展，留下了相當豐富的品秩勳爵資料，這是一筆獨特的史學財富。在另一些社會中未必那麼顯眼的品位現象，在這兒就特別突出。西方各國較早實現了現代化，包括行政現代化，其行政研究面對的是「理性官僚制」，主要圍繞「效率」而展開，所以其行政級別的研究着眼點也是最大效率，而不是安排身份。傳統中國的繁複品位與豐富資料，卻使人類社會中的運用品位來安排身份的規律，更充分地顯露出來了，從而給中國制度史的理論開拓，提供了一種「比較優勢」。

　　我個人的品位研究，便是被那些繁複品位與豐富資料觸發的。當年閱讀王仲犖的《北周六典》這部名著時，在其書卷九「散官」、「戎號」那一部分裏，[15]偶然發現了一個現象：北周的散官與

14　胡如雷：《中國封建社會形態研究》，北京：生活・讀書・新知三聯書店
　　1979年版，第1、5頁。

15　王仲犖：《北周六典》，北京：中華書局1979年版，第581–613頁。

軍號，看上去是成雙成對授予的。即如：授予一個驃騎將軍，同時就授予一個右光祿大夫；授予一個車騎將軍，同時就授予一個左光祿大夫，而且所授予的軍號與散官同品同階。這就引發了我的興趣。我把這種做法稱為「軍號散官雙授制度」，隨即考得眾多實例，足以證明這一制度的存在。在大致完成了對北周「雙授」的細節考辨之後，我又決定把這個制度同唐代的文武散階聯繫起來，把北周「雙授」看成唐代文武散階之先聲。再進一步，就開始思考文武散階的性質和意義了。

在這時候，我想起了讀研究生時，「走向未來叢書」特別受歡迎，我買的幾本中有一部《西方文官系統》，其中有介紹「品位分類」、「職位分類」的內容。[16]王德權已提及，唐代散階當屬「品位分類」。又，此前楊樹藩已指出：漢代有職而無階，唐代則實行「階職分立制」。[17]我轉去審視漢代秩級，看到其特點是「居其職則有其秩，居其職則從其秩」，帶有「職位分等」的濃厚色彩，而這正與唐代散階的性質相反。隨後我進一步通過「從稍食到月俸」這個線索，闡述了周爵到秦漢「爵—秩體制」的轉變。後來我的一位學生——現已任教當老師了——評價說，對「從稍食到月俸」和「北周雙授」的兩個考辨，作為兩個關節點，分別溝通了周至秦漢，及南北朝至隋唐。

在史實辨析與理論建構的互動中逐漸推進，我日益堅定了這一信念：對於制度史研究，結構性分析是有效的方法之一，不妨嘗試。當然，我的「三段論」模式、「品位—職位」模式，只是所

16　楊百揆等，成都：四川人民出版社1985年版，第112–140頁。

17　王德權：〈試論唐代散官制度的成立過程〉，《唐代文化研討會論文集》，台北：文史哲出版社1991年版，第843頁；楊樹藩：《中國文官制度史》，台北：黎明文化事業公司1982年版，上冊，第10–11頁。

可能的解釋中的一種，不可能覆蓋古代官貴等級管理的所有側
面，但它畢竟從一個特定角度，照亮一幅其他角度看不到的景
象。有人覺得使用「模式」就會把事情簡單化了，而歷史是複雜、
多面的。可是我覺得，「簡單化」未必全是壞事。「簡單就是美」
也自有它的道理。有一把「奧卡姆剃刀」(Occam's Razor)，就是
要求我們把命題中的冗餘成分一概剔除。伯克說得很好：「針對
這種模式最頻繁的批評同時也是最不公平的：稱它把事情簡單化
了。模式的功能就是簡單化，從而使真實的世界更易於理解。」[18]
只有上帝才全知全能，人類只能從一個個不同視角看事物。所以
「簡化」是人類認識事物的必要策略。若認為某個模式不「全面」，
那可以去開闢另一個模式。反對「簡化」者其實也有模式，而且
也是簡化的，只不過那模式習以為常、平淡無奇，遂「日用而不
知了」。有人的模式解釋力強，能提供新知，有人的模式就比較
粗陋，只有那些比較差的模式，才會給人「其言論愈有條理統
系，則去古人學說之真相愈遠」[19]的感覺，好的模式不會。能提
供新知的模式就是好的模式。我期望自己的模式不是太差。

　　2006年，我接到了一封電子郵件，來自2001級管理學專業
的一位畢業生。其中說到：

　　我本人目前從事企業人力資源諮詢工作，經常為企業設計薪酬
　　體系和考核體系。您的《品位與職位》一書幫我解開了一個困
　　惑已久的疑惑。我們諮詢公司在薪酬設計時常見的一種做法
　　（也是西方的管理理論），是「以崗位為核心」進行薪酬體系的

18　伯克：《歷史學與社會理論》，第72頁。
19　陳寅恪：〈馮友蘭中國哲學史上冊審查報告〉，收入《金明館叢稿二編》，北
　　京：生活‧讀書‧新知三聯書店2001年版，第280頁。

設計，由崗位價值決定薪酬級別的。但最近做了幾個大型中央級企業的項目，發現這套思路行不通，大型國企的員工是終身僱用制，常見做法是「薪酬待遇隨人走」。在閱讀了您的《品位與職位》後發現，原來這兩種做法（以崗位為中心、以人為中心），在中國歷代的待遇政策設計上早就被前人研究、實踐過了，並且各有利弊，適用於不同情況。

作為一名歷史系教員，在歷史學之外，還能在等級管理上給學管理的學生提供參考，這也給了我特別的成就感。

本文原題〈結構化的制度史研究：閻步克個人學述〉，
刊於杜澤遜主編：《國學季刊》總第 10 期，
濟南：山東人民出版社 2018 年版

第九章

古爵漫談：從爵本位到官本位

在當今世界上，約有二十多個國家，主要是君主制國家，仍然保留着爵位，如英國、丹麥、荷蘭等。2014年初，澳大利亞總理阿博特宣佈恢復爵制，隨即向英國女王伊麗沙白的丈夫菲利普親王授予騎士爵位。不過同年9月，後任總理特恩布爾就把爵制給廢除了，宣稱「內閣認為爵士與女爵不適合現代的榮譽制度」。[1] 無論如何，菲利普親王由此多了一個頭銜：「澳大利亞勳位騎士」（Knight of the Order of Australia）。在此之前他的爵號與勳位已頗壯觀了，如「菲利普親王殿下」（His Royal Highness The Prince Philip）、「愛丁堡公爵」（Duke of Edinburgh）、「梅里奧尼思伯爵」（Earl of Merioneth）、「格林威治男爵」（Baron of Greenwich）、「嘉德勳位騎士」（Knight of the Garter）、「薊勳位騎士」（Knight of the Thistle）、「功勳勳位」（Order of Merit）、「英帝國勳位的首席騎士」（Knight Grand Cross of the Order of the British Empire）等等。[2]

---

1 中國新聞網：〈澳大利亞總理廢除封爵制度 展現親共和制色彩〉，2015年11月2日，https://www.chinanews.com.cn/gj/2015/11-02/7601608.shtml。

2 維基百科：https://zh.wikipedia.org/zh-hk/愛丁堡公爵菲臘親王。

　　至於當代的國人，看上去對爵位已失去興趣，視之如古董了。據報道，2006年廣東有專家建議「根據對國家的貢獻和長期表現，恢復爵位制，以激勵公民的榮譽感」，[3] 公眾卻不附議，還有人調侃説，若恢復爵位制的話，雷鋒應該封公爵還是侯爵呢？回觀古代，就大不相同了。「馮唐易老，李廣難封」、「忽見陌頭楊柳色，悔教夫婿覓封侯」、「一萬年來誰著史？三千里外欲封侯」……，這類涉及「封侯」的詩文，都表明「爵」曾為世人汲汲以求。

　　在中國歷代的各色品級秩等中，「爵」獨具特色。其特色之一，便是其超常穩定性與連續性。「爵」約在東周初具形態，此後各朝代幾乎都設有爵列，一直存在到袁世凱的「中華帝國」。1915年12月袁世凱頒佈〈錫爵令〉，封龍濟光等128人為公侯伯子男爵，又封一二等輕車都尉70餘人，次年3月又頒佈〈襲爵條例〉，正式實行世爵、世職制度。[4] 這是中國史上最後一次大規模封爵。這樣算來，「爵」的生命史長達27個世紀以上。中國皇帝制度延續了22個世紀，已稱奇蹟，而爵制更勝一籌，又多五百年。帝制與爵制，都是「中國歷史連續性」的集中體現。一種制度的延綿達到了兩千年以上，這樣的事情，在世界其他地方很難看到。

　　其特色之二，便是爵的貴族性。《周禮》列有馭制群臣的「八柄」，「爵」赫然居首：「一曰爵，以馭其貴。」[5] 其時的爵命高下，

3　新浪網：〈廣東專家建議恢復「爵位制」以激勵公民榮譽感〉，2006年2月21日，https://news.sina.com.cn/c/2006-02-21/11118264546s.shtml。

4　中國第二歷史檔案館編：《政府公報》，上海：上海書店1988年版，第75冊，第51頁以下；第82冊，第463頁。中國史學會：《北洋軍閥》第2卷〈洪憲封爵題名〉，武漢：武漢出版社1990年版，第1117–1118頁。

5　《周禮・天官・大宰》。《周禮註疏》卷二，阮元校刻：《十三經註疏》，北京：中華書局1980年版，第646頁中欄。

不僅決定着土地與人民的佔有，而且進及生活中的方方面面。《周禮》又云：「其宮室、車旗、衣服、禮儀各視其命之數。」[6]明人王鏊也有論述：「爵以定崇卑，官以分職務，階以敘勞，勳以敘功。」[7]相比於職官、散階、勳官，「爵」的獨特性在於它是用來「定崇卑」的，它所賦予個人的，是一種貴族式的榮耀。

當然在漫長的中國史上，爵制本身也在不斷變化着。一滴水尚可以見太陽，像爵制這麼重要的制度，其每一個變化，都能折射出整個體制之變遷，以至社會之變遷。對於各朝爵制，學者都已分別地深耕熟耘了。值此之時，對歷代爵制做通貫性的觀照，便既有必要，也有條件了。「爵」是如何演生出來的，在各朝如何一脈相承、又發生了哪些變化呢？所謂「草色遙看近卻無」，「爵」中所蘊藏的很多未知歷史信息，會在「遙看」或「通觀」中呈現出來。在這時候，方法論的問題便無法繞行了，如：界定研究對象，確定觀察點，擬定具有分析效力的概念，建構理論框架，等等。

首先可以明確，「爵」在性質上屬於「品位」。什麼是「品位」呢？任何組織都擁有兩大結構：職位結構與人員結構。給職位分等分類，是為「職位分等」（position classification）；給人員分等分類，稱「品位分等」（personnel rank classification）。所以「品位」就是個人級別，用以標示個人的身份、資歷、薪俸、待遇。比如唐制之下，職、階、勳、爵有別。「職」即官職，它對應着一份事務、一份權力、一份資源和一份報酬；而階級、勳級、爵級三者都是面向個人的，具有個人屬性，因而都在「品位」範疇之內。

6　《周禮‧春官‧典命》。《周禮註疏》卷二一，阮本，第781頁上欄。

7　王鏊：《震澤長語》卷上〈官制〉，北京：中華書局1985年版，第13頁。

　　階級、勳級、爵級三者，彼此又有不同。階級通過考課來晉升，是所謂「階以敘勞」；勳官用來獎酬軍功，是所謂「勳以敘功」（後來也用來獎酬文職的事功）。相形之下，階、勳更具行政意味，「爵」則重在人之尊卑。所以，若某時代「爵」的分量較重，即可斷言那時政治體制的貴族色彩較為濃重，若某時代「爵」的分量較輕，則那時政治體制的貴族氣息較為淡薄。由此一個觀察視角浮現了：「行政性 vs. 貴族性」。進一步考慮爵是在周代封建土壤中滋生出來的，而在戰國秦漢間，發生了一場集權官僚制轉型，那麼在觀察爵制時，還可考慮這樣一對概念：官僚性 vs. 封建性。然而如前所述，不同時代的「爵」，其本身也在變化着，「爵」也可能發生變質，呈現出行政性、官僚性來。

　　值得關注的，除了「爵」的政治意義，還有「爵」的技術意義。在爵制的演生與變遷中，在其層級結構與運用規則中，在其跟其他各種品位的鏈接耦合方式中，都隱藏着人類社會很多基本的等級原理。

　　首先，這個「爵」字本身就潛藏着奧秘。「爵」字本義是酒爵，其在甲骨文中的字形，就是一個有柱有流有鋬的三足酒爵。那麼飲酒之爵與命秩之爵，為什麼會使用同一個「爵」字呢？對此古人已有解說了：「古人行爵有尊卑貴賤，故引申為爵祿。」[8]日本學者西嶋定生進而提出：周代鄉飲酒禮上的席次與爵次，嚴格依照長幼尊卑，這種體現了長幼尊卑的席次與爵次，就是原生意義

8　朱駿聲：《說文通訓定聲・小部》，北京：中華書局 1984 年版，第 337 頁下欄。

的爵列、爵序。[9]酒之爵與人之爵，由此就呈現出了內在聯繫。原生意義的「爵位」，本是飲酒禮上的執爵而飲之位。其背後的原理，就是空間位置的差別（如席次）與行事次序的差別（如爵次），可以用來區分身份貴賤、標識地位尊卑。由執爵而飲的坐席所展示的身份等差，我稱為「席位爵」，相應地，作為王朝命秩的爵列就可以稱為「品位爵」了，「品位爵」是由「席位爵」發展而來的。「席位爵」、「品位爵」兩個概念的創制，給我帶來了重大的敘述便利。

「席位爵」到「品位爵」的演進，發生在飲酒禮上。鄉飲酒禮來源於氏族的會食共飲風俗。氏族社會的主幹是「父老—子弟」體制，這在飲酒禮上的體現，就是三等席位：子弟在堂下西階執爵立飲，父老在堂上執爵坐飲，兩個酒尊之東是族長、元老之席。參看圖1。

9　西嶋定生：《中國古代帝國的形成與結構：二十等爵制研究》，武尚清譯，北京：中華書局2004年版，第314、319–435頁。晁福林亦云：「為什麼要用『爵』來表示秩次等級呢？……在周代貴族飲宴的時候，以爵飲酒有長幼貴賤之序。……另外，在古代禮儀中，爵為貴族常用器物，是普通貴族皆可使用者，而其他酒器則有許多限制。」晁福林：〈先秦時期爵制的起源與發展〉，《河北學刊》，1997年，第3期，第74–75頁。又趙縕：「而在殷周天子舉行的祭祀儀式或筵席上，只有具備某種身份等級的人才有資格享受持爵的殊榮……於是爵由一種物品逐漸抽象為貴族的等級身份。」〈五等爵溯源：兼論三代血緣政治〉，收入《庚寅集》，濟南：齊魯書社2016年版，第22頁。

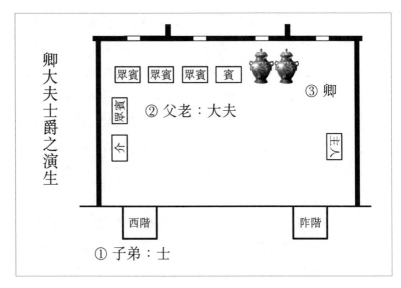

圖 1　飲酒禮三等坐席示意（此圖係我自製）

　　因為男子二十歲加冠之後就稱為「士」，所以堂下子弟的身份就是「士」；堂上就坐的父老身份是「大夫」，「大夫」的本義同於「大人」，原是對長者、尊者的敬稱；[10] 主持典禮的族長可以稱「卿」，[11] 氏族元老也在「卿」之列。也就是說，卿、大夫、士本是飲酒禮上的三等身份之稱，以及三等席位之稱。隨政治體制進化，王朝官吏逐漸分化為執政官、高官、卑官三個層級。在鄉飲酒禮及國君主持的燕禮上，執政官在卿席就坐，高官在大夫之席就坐，卑官在堂下士位站立。由此，卿、大夫、士這三等身份與三等坐席之稱，就逐漸演變為執政官、高官、卑官三等貴族官員之稱了。三等「席位爵」，大約是在兩周之間，如此這般地演變為三等「品位爵」的。

10　段志洪：《周代卿大夫研究》，台北：文津出版社1994年版，第3–8頁。

11　楊寬：〈鄉飲酒禮與饗禮新探〉，收入《古史新探》，上海：復旦大學出版社2016年版，第218、221–222頁。

我確信，先秦凡是稱「爵」的品位，都跟使用酒爵的飲酒禮有關。公侯伯子男這套爵列之所以稱「爵」，也是如此。諸侯盟會宴飲時，通過坐席秩序而把公、伯、子與侯、男等尊號融匯為一，使之變成了一套列國國君的身份序列。二十等軍功爵也是如此。西嶋定生已指出，賜爵時伴隨着飲酒之禮，獲得更高爵位的人得以在新坐席就坐，由此宣示了他的更高的身份地位，這就是賜爵的本意。

西歐中世紀的爵列，無論稱 peerage、稱 rank of nobility 還是稱為 title of nobility，都說不上有什麼微言大義，只不過表明這是一套尊號而已。中國的爵列獨獨以酒器為名，因為它是在飲酒禮的搖籃中誕生的。順便說，尊卑之「尊」是古代最重要的等級概念之一，而這個「尊」字，也同飲酒禮相關，來自酒尊。鄉飲酒禮的坐席規則是「統於尊」，即，離兩個酒尊越近，坐席就越「尊」，在酒尊附近就坐的人就是「尊者」。

各級爵號的命名，也值得推敲。周朝的公侯伯子男爵稱，大多來自人稱、親稱。最早注意到這一點的，目前看是洪仁玕，其後現代學者亦有論述：

1. 洪仁玕：蓋公、侯、伯、子、男等字是家人、兒子之稱，以之名官，實屬糊混不雅之至。[12]
2. 傅斯年：公、伯、子、男，皆一家之內所稱名號，初義並非官爵，亦非班列。侯則武士之義，此兩類皆宗法封建制度下之當然結果，蓋封建宗法之下之政治組織，制則家族，政則戎事。[13]

12　洪仁玕：〈英傑歸真〉，《中國近代思想家文庫‧洪仁玕卷》，夏春濤編，北京：中國人民大學出版社 2014 年版，第 281 頁。

13　傅斯年：〈論所謂五等爵〉，收入《民族與古代中國史》，石家莊：河北教育出版社 2000 年版，第 113 頁。

3. 斯維至：五等爵，除侯以外，公、伯、子、男原來都是家族稱謂。這樣，等級起源於血緣關係亦可證明。[14]

4. 李零：金文中的「公」、「伯」、「子」多源於親屬稱謂，公乃前輩長者，用於生者是尊長之義，往往指顧命老臣。……而伯多指同輩長者，引申為君長之義。……而子是晚輩之稱，多指在喪新君或王侯子弟。[15]

周朝實行宗法封建制，所以才會有「等級起源於血緣關係」這種事情。宗法、家族在社會生活中的重要性，使親稱擁有了演化為爵稱的更大潛力。

至於歐洲史上的爵號來源，學者也有考察。13世紀西歐貴族制逐漸成熟，爵制便跟着完善起來。被譯為公、侯、伯、子、男的duke、marquis、earl、viscount、baron，各有來源。按照起源次序來說，最早出現的伯爵earl，本是鎮守一方、管理數郡的地方行政首長；男爵baron原是騎士領地的擁有者；公爵duke最初是部落首領之號；侯爵marquis本為邊防長官；子爵viscount原指高級貴族侍從。[16]又如，knight的本義為僕人或奴隸，後來用作騎士之稱；低級騎士bachelor一詞，在字面上是「年輕人」的意思；男爵baron在日耳曼語中本義是「人」，逐漸用以特指領主之下的重要附庸。[17]在各個語種中，歐洲的爵稱都不是家族親

14　白壽彝主編：《中國通史》，上海：上海人民出版社1994年版，第3卷，上冊，第837頁。

15　李零：〈西周金文中的職官系統〉，收入《盡心集：張政烺先生八十慶壽論文集》，北京：中國社會科學出版社1998年版，第205頁。

16　可參看閻照祥：《英國貴族史》，北京：人民出版社2000年版，第100–104頁。

17　布洛赫：《封建社會》，北京：商務印書館2004年版，第302–303、546頁。

稱。學者有這樣一種看法：比較而言，西歐中世紀的封建制「契約」氣息濃厚一些，周朝的封建制「宗法」氣息濃厚一些。今以中西爵稱之來源兩相比較，則周爵的「宗法」氣息撲面而來。

中國古代存在過眾多的品級位階，其級別之名，各有各的來源，加以比較是一件饒有趣味的事情。戰國秦漢的二十等軍功爵，其各級爵名，如大庶長、駟車庶長、大上造、少上造之類，大抵來自軍職。這跟周爵的爵稱大多來自人稱一點，大不相同了。其爵稱來自軍職一點，宣告了軍功爵的功績制性質。

又秦漢職官的級別以俸祿額度命名，即如二千石、六百石、百石之類。這種秩級，明明是被「按勞取酬」原則所塑造的──不是個人身份，而是職責輕重、事務簡繁及其所對應的穀祿多少，構成了官職高下的衡量尺度。

又魏晉官品，發源於朝堂班位，九品官品對應着朝會時的不同站位。當各色官貴歡聚一堂時，其爵號、軍階、秩級的相對高下，就在朝堂隊列中一體化了。贅言之──

1. 周爵多為親稱，屬宗法性品位，重身份。
2. 軍功爵稱源於軍職，屬軍事化品位，重軍功。
3. 祿秩的級名源於俸額，屬行政化品位，重職事。
4. 官品源於朝禮，屬禮制化品位，重地位。

在周朝公卿大夫士爵、公侯伯子男爵之後，又有軍功爵繼之而起。西晉復興五等爵，此後歷朝爵制仍變動不居、因時而異，對其變遷的方向、性質及意義，理應進行通貫考察；爵制之外又發展出了祿秩、官品、散階、勳官等多種等級設置，則為什麼爵制不敷應用了，需要其他設置與相配合了，為什麼其他等級設置也在起伏變遷着，便需要作通貫考察。

　　上述第一點，即對數千年爵制的通貫考察，首先需要確定若干着眼點，用作分析框架，以供歷代比較。我把初步擬定的着眼點，羅列於次：

1. 爵號來源與爵列結構。
2. 授民授疆土。
3. 官屬的設置。
4. 頒授對象或條件。
5. 傳襲範圍。
6. 爵祿豐薄。
7. 特權大小。
8. 是否構成官資。

　　我在自己開設的「中國古代官僚等級管理制度」這門課上，在講歷代爵制變遷時，就是運用這個框架，圍繞這些着眼點，進行講授的。下面選取三例，以顯示闡述是如何展開的。

　　第一個着眼點是爵號爵列。周朝五等爵與軍功爵分別構成了爵列發展的兩大階段。戰國秦漢時，軍功爵排擠了周朝五等爵，在六個多世紀中佔據了歷史舞台的中心。魏晉以降五等爵捲土重來，開啟了第三階段，在約11個世紀中，「王＋五等爵」成了爵列的主要形式。第四階段是明清時期，其時面向宗室的封爵與面向軍功的封爵各成一列了。從爵號上區分宗室與功臣，顯然具有技術合理性；讓龍子龍孫的爵號自成一格，也彰顯了皇族成員的一枝獨秀。爵號爵列也發生了較大變化，由截取前朝的王爵、五等爵與軍號、勳級，清朝又加上滿族特有尊號，雜糅而成。各時期爵列的「主幹樣式」，大致如下：

1. 周代：五等爵＋公卿大夫士爵。
2. 秦漢：二十等軍功爵。
3. 魏晉南北朝唐宋：王＋五等爵。
4. 明宗室封爵：王＋將軍＋中尉；功臣封爵：公侯伯三等爵
5. 清宗室封爵：滿式爵＋將軍；功臣封爵：五等爵＋都尉 ＋騎尉。

接下來的任務，就是探索上述變化之因果了。比如說，魏晉時五等爵之所以死灰復燃，同漢唐間的「古禮復興運動」息息相關，在這個時期，好多制度都在向「周禮」靠攏。明清時五等爵、軍號、勳官被熔鑄一爐了，這同此期位階體制趨簡，應是同一進程。

　　着眼點之二「授民授疆土」，也能推動相關史實的連綴與比較。首先來看「授民」。漢朝封侯者會受封若干戶，在法律上一度「得臣其所食吏民」，[18] 這就在形式上繼承了周朝分封制的「授民」做法。但經漢廷「削藩」，封主被剝奪了統治權，「其後諸侯唯得衣食租稅」。[19] 這種「衣食租稅」，在唐前期由「實封家」派出自己的徵封使者，會同州縣官向封戶徵收。到了武后、玄宗之時，就改為國家徵收、國家支付了，由此割斷了封家對封戶的騷擾，割斷封家與封戶的直接聯繫。至唐後期，所謂「實封」又向賜錢賜物演變。宋代的「食實封若干戶」，不過是每戶每月折錢 25 文錢，隨月俸發給封爵擁有者而已。司馬光一度食實封二百戶，其時他每年可以多得 $25 \times 200 \times 12 = 60$ 貫錢。迄《資治通鑑》成書，司馬光已「食實封一千戶」了，那麼每年就可以多得 300 貫錢了。至南宋，宋理宗把「食實封」每戶 25 文的計算方法也給廢

18　《續漢書・百官志五》。《後漢書》，北京：中華書局 1965 年版，第 3630 頁。
19　《漢書》卷三八〈高五王傳・贊〉，北京：中華書局 1962 年版，第 2002 頁。

了。「實封」名存實亡，「封戶」在名義上也不存在了。周朝封侯者要「授民授疆土」，宋朝異姓封侯者的「食實封若干戶」，只相當於一份「政府特殊津貼」。對於其間變遷如何認識呢？我的觀感是「封爵行政化」，封建性質的周爵蛻變為集權官僚制的附庸，變成一種官僚激勵之法了。

　　隨後再看「授疆土」。周朝的諸侯擁有國土，大夫擁有采邑，「天子、諸侯及卿大夫有地者，皆曰君」。[20]有地者即可以稱「君」，不但天子、諸侯是「君」，就連大夫也是「君」。這種體制，我命名為「封建等級君主制」。不過大夫立家，沒有建立社稷的資格；而諸侯建國，擁有「社稷」，就可以宣戰、可以立法、可以鑄幣了。漢代情況有變，列侯雖然稱「國」，但已不能受茅土、建社稷、立宮室了，劉家的宗室諸王才可以。魏晉以降，制度領域出現了一場「古禮復興運動」，被認為是「周禮」的「茅土」之禮再度用於五等諸侯了，「五等諸侯……例受茅土」。[21]然而這只是象徵性的，諸侯們並不真正擁有「社稷」，並不構成一個政權。朝廷開始禁止王國屬官向國王稱「臣」，這意味着王侯們已被剝奪了「君」的身份。「茅土」之禮至隋而止，到唐代就廢弛了。

　　自漢至明，爵號的主流結構是「地名＋爵級」，地名象徵着「授疆土」。然而偶爾也用「美名」之法。徐天麟有論：「漢世封侯，皆以縣邑，其後或以鄉亭」，「至於功名顯著，則有特加美名者」。[22]蕭何之酇侯、曹參之平陽侯，就是「皆以縣邑」的例子，

20　《儀禮‧喪服》，鄭玄註。《十三經註疏》，阮本，第1100頁下欄。

21　「茅土」禮制與封爵的關係，可參王安泰《再造封建：魏晉南北朝的爵制與政治秩序》，台北：台灣大學出版中心2013年版，第191–236頁。

22　徐天麟：《東漢會要》卷一八〈封建下‧王侯號〉，上海：上海古籍出版社1978年版，第252頁。

田千秋之富民侯、張騫之博望侯，就是「特加美名」的例子。明朝爵號結構，被王世貞分為「國郡邑名」和「取事名」兩類。前者如魏國公、韓國公、河南侯、延安侯，後者用「榮譽稱號」之法，如劉基之誠意伯、汪廣洋之忠勤伯等。[23] 清廷則決意向「號擬山河」說再見，爵號不用國郡縣邑之名，而全用美名了，多者四字，少者一字，如和珅之忠襄公、曾國藩之毅勇侯、左宗棠之恪靖侯、李鴻章之肅毅伯。清朝的公、侯、伯，與周代的公、侯、伯早已名同實異，所謂「授疆土」之事，在爵名上也無跡可尋，看不到「疆土」字樣了。

　　着眼點之三是官屬的設置。周代列國係獨立的政權，擁有一整套國家機構和一群官吏。漢初王國設有太傅、內史、中尉、丞相及御史大夫以下各級官吏，官制一度與中央朝廷略同，王國及侯國都「得臣其所食吏民」。在「削藩」之後，王國與侯國仍設有「國官」，但御史大夫、廷尉、少府、宗正、博士等官就被裁減了。兩晉南北朝不但諸王，而且「五等爵」皆有國官，如國相，「三卿」郎中令、中尉、大農，及諸署令如典書令、典祠令、典衞令、學官令等。西晉時郡侯、縣公以上，其國中還可以置軍。[24] 唐前期，王公以下設有國官。親王府官多達66種，1,040人。開元十年 (722) 裁撤嗣王以下的府佐國官，異姓封爵的國官最晚在此時被裁撤了。此後唐及宋代的異姓五等爵，應該沒有國

23　王世貞：《弇山堂別集》卷四〇〈追贈王公侯伯〉，上海：上海古籍出版社2017年版，第938–963頁。

24　可參王安泰：《再造封建：魏晉南北朝的爵制與政治秩序》，第68–72頁。

官之設了。[25]宋代親王府的規模遠比唐代為小，還有若干國官設而不置。[26]中唐至宋，異姓五等爵喪失了設置國府的資格，喪失了擁有國官的權利，更接近一個「榮譽稱號」，更為「行政化」。明代朱皇帝又覺得爵號太高貴，索性不讓文官染指沾光了。

本文用爵號爵列、授民授疆土及官屬設置三例，顯示通貫性「鳥瞰」可以怎樣展開。在把各個着眼點上所看到的事象，做一個總體「拼圖」之時，我打算用「從爵本位到官本位」來為這幅圖景命名。「爵本位」與「官本位」是什麼意思呢，二者有什麼差別呢？簡單說來是這樣的：

爵本位：封閉性，凝固性，貴族性。
官本位：功績制，流動化，行政性。

周代是「爵本位」體制，爵號面向特定階層，很少變動升降，通常世代傳襲，維繫着貴族的生生不息。這是一種「先賦性地位」

---

25 唐前期王公以下所設國官，至唐玄宗開元十年(722)發生了較大變化，「王公以下視品國官參佐」，嗣王以下府佐國官，都被省廢了。可參看李錦繡：〈唐代的視品官制：以嗣王以下府佐國官為中心〉，收入《唐代制度史略論稿》，北京：中國政法大學出版1998年版，第115–154頁。在通訊討論中，葉煒教授據此向我告示：既然嗣王以下府佐國官都被省廢，那麼異姓爵的國官，最晚應在此時也被省廢了。葉煒還認為，宋代爵制大為衰落了，特別是異姓爵的封授，幾乎跟普通的獎勵無大區別。《宋史》卷一六八〈職官志八〉所見「國令、大農、尉、丞」之文，應是同姓爵、而不是異姓爵的國官。

26 張邦煒指出，宋代親王府的規模遠遠小於唐代。據《宋史》卷一六二〈職官志二〉，親王府的王傅、長史、司馬通常「有其官而未嘗除」，諮議參軍、王友各二人，翊善、記室參軍各一員，教授「初無定員」，僅此而已。見其〈宋代對宗室的防範〉，《首都師範大學學報》，1988年，第1期，第28頁。

(ascribed status)，憑世襲而得。「官本位」下的各種品秩勳階，則用以維繫官僚行政，按勞依功晉升，頻繁變動升降。雖然「官」也是一種顯赫的地位，但至少在理論上它屬「自致性地位」(achieved status)，是憑奮鬥或業績贏得的。

在理論上，「爵本位」與「官本位」構成兩極；在現實中，兩極之間則存在着大量的中間色層，及各種變異。周代的爵號世襲罔替，理論上「百世不斬」，具有濃厚的貴族性、封建性；二十等爵以軍功為封授條件，這是功績制意義的，所獲爵號卻是「擬貴族」的。依漢代爵制的傳襲之法，某人若獲得了第18至10級的爵位，所襲爵級須逐代下降，到第5代孫降至平民，形成「五世而斬」了。漢朝的男子還可以通過普賜甚至通過購買而獲得爵級。朝廷還為爵級買賣設有定價，輔以促銷措施。「買爵」以財力為條件，而財力係個人經營所得，這樣想來，買來的爵級，多少也算一種 achieved status 了。

說到爵位買賣，無獨有偶，17世紀的西歐也有。此期社會流動加速，英國王室賣爵與富紳富商買爵，成了一道亮麗的風景線。1606年，克蘭菲爾德花了373鎊1先令8便士，從朋友手中購得6名騎士的封授權。1611年商人貝擁用1,500鎊買了一個從男爵。由於爵位泛濫，從男爵的單價在1622年跌至220鎊。男爵、子爵、伯爵……也陸續投放市場。這種賣爵現象，被認為是新興階層崛起、貴族制衰微的標誌。[27] 西歐之大批量賣爵發生在現代前夜，中國的賣爵卻發生在帝制之初。世入魏晉，法定爵級買賣便止步剎車了。

27　斯通：《貴族的危機：1558–1641年》，上海：上海人民出版社2010年版，第43–49頁；閻照祥：《英國貴族史》，第159–163頁。

漫談至此，不妨再就着眼點之四「頒授對象或條件」以下各視點，略作瞻望。魏晉以降，門閥士族及十六國北朝的部落貴族，變成了政壇主角。此時爵制的相應變化，一是「家族化」，二是「文官化」。

秦漢二十等爵是面向個人的，魏晉以降，各種回封、傳封、別封、分邑推恩之法，卻使整個家族變成了封爵的受惠者，是謂「封爵家族化」。到了唐代肅宗、代宗之後，異姓爵的承襲與「家族化」大為低落。馬端臨有一個比較：「諸侯王與列侯，皆以其嫡子嫡孫世襲，其所受之封爵，自非有罪者與無後者，則爵不奪而國不除，此法漢以來未之有改也。至唐，則臣下之封公侯者，始止其身而無以子襲封者，然親王則子孫襲封如故。」[28] 異姓爵逐漸不能傳給子孫了。[29] 宗室襲爵一時如故；然而至宋，傳襲的限制又波及宗室：「皇子之為王者，封爵僅止其身，而子孫無問嫡庶，不過承蔭入仕。」[30]

漢代異姓封侯，主要以軍功封，故以武人居多。魏晉以來，統治核心不再是軍功貴族，而是文化士族了，文職官僚便成了受封主體，是謂「封爵文官化」。楊光輝指出，魏晉士人呼籲「野績不越廟堂，戰多不逾國勳」，轉而強調文職事功，士人便佔了明顯優勢，士人與武將的受封比例，西晉約為 7：1，東晉約

28　馬端臨：《文獻通考》卷二七七〈封建一八〉，北京：中華書局1986年版，第2202頁中欄。

29　對《文獻通考》「至唐，則臣下之封公侯者，始止其身，而無以子襲封者」之說，葉煒教授有專門討論，見其〈唐代異姓爵的襲封問題〉，《國學研究》，北京：北京大學出版社2011年版，第27卷，第175–190頁。根據葉煒的辨析我們知道，一方面「無以子襲封者」的說法過於絕對了，同時「以子襲封」的事情確實已經大為低落。

30　馬端臨：《文獻通考》卷二七七〈封建一八〉，第2202頁中欄。

為6：1。[31] 范文瀾認為，西晉大封國王和五等爵的目的，是讓皇族和士族「合力來擁戴帝室」。[32] 漢代有向吏民普賜二十等爵的做法，魏晉南北朝出現了向百官普賜五等爵的新招數。封爵「文官化」高歌猛進。唐宋的五品以上官幾乎人人有爵，皇帝時不時地「泛授」階級、勳級、爵級，讓百官笑逐顏開。這時候的「爵」更多地是一種榮譽制度和津貼制度，服務於「官本位」體制。

明清爵制的變化方向，看上去與唐宋封爵的「文官化」、「行政化」背道而馳。朱元璋大概是覺得爵號過於高貴了，決定不讓文官染指，於是拍板定策：「非社稷軍功不得封」。這麼一弄，文職官僚只好同封爵灑淚惜別。與唐宋五品以上官幾乎人人有爵相反，明清文臣而擁有爵位的寥若晨星。「封爵文官化」的進程由此反轉，對文臣的等級管理，主要依賴職官、品級、學歷，不涉爵位了。而職官、品級、學歷不能世襲，若想蟬聯冠冕，就得督促子孫去讀書拼搏，否則就會被擠出精英隊伍。（即令子弟走恩蔭一途，也得入學做官生，讀書考試。）這讓人聯想到一個論述：「世襲貴族一向短命，而像天主教那樣的選任組織有時卻能維持好幾百年或者好幾千年。寡頭政體的關鍵不是父子相傳。」[33]

明清時的「爵」，無論作為一種高貴身份，還是作為品位利

31　楊光輝：《漢唐封爵制度》，北京：學苑出版社2004年版，第112頁。王安泰與顧江龍對這一問題又續有討論。參看王安泰：《開建五等：西晉五等爵制成立的歷史考察》，新北：花木蘭文化出版社2009年版，第25–37頁。顧江龍：〈漢唐間的爵位、勳官與散官：品位結構與等級特權的視角〉，北京大學歷史系2007年博士論文，第76–82頁。

32　范文瀾、蔡美彪：《中國通史》，北京：人民出版社1994年版，第2冊，第366頁。

33　奧威爾：《一九八四》，董樂山譯，上海：上海譯文出版社2008年版，第214頁。

益，都已同文職官僚無大關聯。宗室封爵則穩如磐石。一個無任期限制、永久執政而且世代蟬聯的元首及其家族，是帝國體制的壓艙石。皇子皇孫的高貴爵號與優厚待遇，凸顯了皇族的高不可攀，進而是皇權的至高無上。功臣封爵在唐宋是大批量的，然而幾乎不能傳襲；至清朝，功臣獲封者人數劇減，傳襲反而大大強化。清朝的民世爵二十七等，自雲騎尉以上，爵每高一等，則多傳襲一代，爵至一等公，可以傳承二十六代，每代相隔若以30年計，則可傳承780年！我猜想在制度設計者的潛意識中，滿人尚武，軍功與滿貴有必然聯繫，倘若漢人也有軍功，則其氣質就近似滿人，就不妨視為同類了。總之，「爵本位到官本位」路線並不是筆直的。從爵制看，唐宋的「官本位」與明清的「官本位」，無可置疑地各成一格，劃開了政治體制的兩大階段。

以上只選擇了幾個視點進行通覽，但已能看到，對爵制的研討不能囿於「爵」的本身，還要把「爵」放在整個品位結構中加以審視。所謂「品位結構」或「位階體制」，指的是同期並存的爵、秩、品、階、勳及衞號的結構關係，以及它們歷代變遷。每一歷史階段的「品位結構」，都必定具有它的獨特性。百年來這種「品位結構」的研究模式，亦即對爵秩品階做通貫性思考的研究模式，只能說是剛剛起步。百餘年前卻不是如此，近現代之交的兩位思想偉人，康有為、章太炎，在此竟有篳路藍縷之事，首發原創之功。

康有為創造了一個「虛爵」概念，此概念與現代所謂「品位」，已相當接近了。各種職位之外的、用於確認個人身份地位的位階，例如宋代的官(即寄祿官)、職(即「學士」之類的加號)、勳、階，他一律視之為「虛爵」，由此出發，為數千年的「虛爵」變遷，初次勾畫出了一條簡明線索：

1. 周代公、卿、大夫、士為爵。「大夫無數，而任職者無幾人。」

2. 戰國秦漢，職官之外有軍功爵，「亦官、爵並用之義也」。

3. 六朝官、爵合一。以「門族之人望為爵位」。

4. 唐創檢校、行、守、試之法。宋之「差遣」相當於職務，「其所謂官也、職也、勳也、階也、爵也，皆爵位也」，其法最善。

5. 蒙古入主，盡罷宋制，有官無爵，勳、階皆隨官位而授之。「唐宋以來官爵並行之良法美意，皆掃盡矣。」

6. 明「無官、爵並行之法，而酷類漢制」。

7. 清「因元、明之舊，全無三代、唐、宋官、爵並行之法」，「累百代之弊」，「於是無可救藥矣」。[34]

　　康有為所勾勒的這條線索，可稱為「歷代虛爵論」。這是對歷代品位變遷的一個初步總結。康氏對許多關鍵之點的評述，都富卓識。例如他認為，元朝構成了唐宋到明清的品位結構轉折點，所謂「蒙古入主，盡罷宋制」。後來張帆、李鳴飛也發現遼金元是位階體制的轉折點，並做了系統論證。[35]而百餘年前，康有為已有其說了。又如，我指出秦漢與明清的位階體制特點相近，都有相對較強「職位分等」色彩，而在百餘年前，康有為已看到了明朝「無官、爵並行之法，而酷類漢制」。

34　康有為：《官制議》卷十三〈改差為官 以官為位〉，姜義華、張榮華編校：《康有為全集》，北京：中國人民大學出版社2007年版，第7集，第323–325頁。

35　張帆：〈金元における散官の地位の下降とその原因〉，日本河合文化教育研究所編《研究論集》，第2集，名古屋：日本河合文化教育研究所，2006年6月。李鳴飛：《金元散官制度研究》，蘭州：蘭州大學出版社2014年版。

康有為稍後不久，章太炎繼踵而來，揭舉「官統」概念，用以指稱歷代「等秩階位之分」，進而提出「官統周秦二家説」：

> 官統之異，大別不過周、秦二家。自漢及訖江左，多從秦；宇文、楊、李以下，多法周。非謂其執務也，謂其等秩階位之分矣。

「執務」即執掌與事務，這是官制研究的傳統內容，可説是一種「功能視角的官職研究」；而從「等秩階位之分」視角看官制，則屬「品位視角的官制研究」。在此章氏發現，周制、秦制構成了兩種不同樣式，此後兩千年的「官統」變遷主線，就是「法周」與「從秦」兩大系的交錯演進。[36] 這一看法，也極具卓識。

康氏、章氏的品位研究，隨後即成絕響、無人問津。為了讓他們的創獲不被遺略，我已另行作文詳述。[37] 在此要説的，是康氏的「虛爵説」、章氏「官統説」早已顯示，除了對各朝爵制做斷代研究，以及對各期秩、品、階、勳等做分別研究之外，歷代爵制，以及各期形形色色的秩、品、階、勳等，是可以連綴起來，作為一個整體加以研討，從而成為一個富有潛力的努力方向的。

本文收入北京大學歷史學系世界古代史教研室編：《慶祝馬克垚先生九十華誕論文集》，北京：商務印書館2023年版

---

36 章太炎：《檢論·官統上》，《章太炎全集》，上海：上海人民出版社1984年版，第3冊，第546–548頁。

37 閻步克：〈康有為、章太炎的歷代官階研究〉，收入《田餘慶先生九十華誕頌壽論文集》，北京：中華書局2014年版；〈康有為、章太炎的歷代官階研究續篇〉，刊於北京大學傳統文化研究中心編：《國學研究》，北京：北京大學出版社2016年版，第37卷，第57–90頁。

通識教育與歷史教學答問錄

2002 年，我與同事葉煒合開了一門「中國傳統官僚政治制度」課。2015 年秋季，這門課程列入了北京大學的「通識教育核心課程」。隨後，學校有關部門給承擔核心課程的教師發來一份採訪綱目，希望就「通識教育」的相關問題，各自發表個人看法。按照這個要求，我就如何看待通識教育的意義，如何設計所承擔的這門通識課程，以及期望學生如何學習這門課程，提供了一份筆答。收入本書時，又做了增補修訂，並為部分引述增添了註釋，以供檢索之用。

一、你是怎麼看待通識教育課程的意義的？

通識課程的特殊意義，其實以前我沒專門思考過，只能現想現說了。

對於一個告別了中學階段，進入燕園開始了大學四年的青年人，通識教育應該說有很大的意義。我有這麼一個感覺：一個人的思維方式、思想觀念乃至性情氣質，主要是在兒童時代到青年時代定型的。在此之後，個人的能力和知識會十倍百倍地增

長，至如思維方式、思想觀念，對大多數人來說，就一成不變
了。很有可能這大學四年，就是塑造思維方式和價值觀的最後一
個階段了。

現代學術是高度分化、高度專業化的。而分化與專業化的
結果呢？一方面，借用《莊子‧天下篇》的話說，這就造成了一
個「百家眾技也，皆有所長，時有所用」的局面，「專」了才能
「深」，如同一把刀子，刀尖是最銳利的。同時在另一方面，還是
借用《莊子‧天下篇》的話，就是「道術將為天下裂」，即，「天下
多得一察焉以自好」，讓人變成了「不該不遍」的「一曲之士」，在
專業小圈子裏坐井觀天而不自知。

人們對事物的看法從哪裏來呢？說來就複雜了，出身的家
庭、居住的區位、從屬的階級、從事的職業等等。借助「平均人」
概念加以引申，可以說你的看法就是你周圍人的平均數。事實上
「人們所說的語言是他所處的團體的語言，思維方式也屬於他所
在的團體。只有在十分罕見的情況下，一個人才會想出和說出可
以認為只屬於他自己的思想來」。[1]你以為是自己在思考、在說
話，其實是你所屬的團體或環境在替你思考、替你說話。而「職
業」、「專業」是塑造認知的主要因素之一，這一點已為研究及觀
察所證明。[2]無論完善一己人格，還是更好地應對社會，開闊的

1　轉引自鮑爾：《預知社會：群體行為的內在法則》，暴永寧譯，北京：當代
　　中國出版社 2007 年版，第 236 頁。

2　布爾迪厄的研究證明，學生的政治態度與其所修專業高度相關，例如，法
　　語和哲學的優勝者常常比地理學優勝者發表更多的左派言論，古代語言優
　　勝者所表達的右傾觀點更多，等等。見其《國家精英：名牌大學與群體精
　　神》，楊亞平譯，北京：商務印書館 2004 年版，第 25 頁。又 Zikui Wei 對杭
　　州大學生的問卷表明，民族主義情緒和性別、家庭背景等無關，甚至與黨
　　員身份無關，而是與專業呈顯著相關，理工科學生明顯比文科生的民族主

視野、開放的心靈都是一種珍貴的素質。所以在大學這個階段，避免坐井觀天、作繭自縛，過早地局限於某個專業之內，而是接受通識教育，力爭海納百川，是有很大意義的。通識教育可以給人們多方面的知識，理解世界的多樣性，訓練多元化的思維方式，儘可能地「備於天地之美」。

中學學習的目標主要是應付高考，由此塑造了學生這樣一種心理：學習的目的就是努力掌握正確的答案。大學的歷史學習卻包括這麼一個任務：努力掌握各種不同答案。中學課本說中國封建社會從戰國開始，你不這麼回答就錯了，拿不到分兒，排名下降。而在大學課堂上，學生就該知道，即便同樣依照唯物史觀，對「封建社會的始於何時」也有七八種不同觀點，斷限上下相差超過千年。進而，中國是否存在過奴隸社會、秦以來的中國是不是「封建社會」這樣的問題，學界都有不同的聲音，有人就認為中國沒有過奴隸社會，秦以來的中國不是「封建社會」。就連任課老師的個人觀點，也不過是一家之言而已。大學老師會告訴你，瞭解在一個論題上的不同觀點、各種論著和主要研究者，跟掌握歷史知識同等重要。當被問到一個論題的時候，如果你能對各種相關觀點、論著和研究者娓娓道來、如數家珍，那麼你的學習就相當深入了。

在每一個史學問題之上，都可能矗立着各種不同的觀點，那麼，不同學科之間呢？思維方式的差異同樣觸目可見。比如

義傾向更強，在文科生中，人文專業比社會科學專業的學生民族主義傾向更強。見其 "China's Little Pinks?: Nationalism among Elite University Students in Hangzhou," *Asian Survey* 59.5, 2019, pp. 822–843。毛澤東也曾看到，工程技術人員接受社會主義好一些，學理科的其次，學文科的最差。〈關於阪田文章的談話〉，收入《毛澤東思想萬歲》，內部材料，第4冊，第160頁。

説，我從事的是歷史學。大致上説，歷史學的方法更偏重個性，即人和事的不可重複性、獨一無二性。所謂「歷史所涉及的是獨特和特殊的，科學所涉及的則是一般的和普遍的」。我們來讀歷史學著作，它們所揭示的因果關係，往往是個別化的，一個事件所涉及的各種因素，其間的即時聯繫，嚴格地講只有一次，不可能百分百地重現。在歷史學中被稱為「理論」的東西，從社會科學的角度看，很多並不能構成「理論」。陳寅恪論北朝隋唐政治，提出了「關隴集團」、「關中本位政策」的論點，有人也把這樣的論點稱之為「理論」。可是從社會科學看來，這類論點只算是現象的概括，還夠不上「理論」，因為它仍是個別性的。又有學人説，陳寅恪使用了「種族—文化」研究視角。這個「種族—文化」的視角，是可以轉用於古今中外的同類事象的，那麼就具有「理論」意味了。

社會學家所説的「理論」，更多是指可以用於同類事象的「通則」，而不僅僅是「這一個」。某一位農民工居然成了大企業家，這種事情在生活中時而有之。但是，隨着你視野中的農民工數量的不斷增多，轉而進行群體的觀察，那麼「大數定理」就開始起作用了：農民工這個群體展示了大致相同的生活命運，成功者只是少數的幸運兒。即便如此，在閱讀這位實現了「階層跨越」的農民工的傳記時，他的悲歡成敗，依然會吸引人們，引發人們的人生感悟，也許還會激勵起奮鬥的欲望。也就是説，個性化的描述，與「通則」具有同等的認識價值。面對孔子，在社會學家看來，只要文化發展到了一個特定階段，社會裏就會出現類似的人物；而在歷史學家看來，孔夫子只有「這一個」，他不可替代，若沒有他，歷史真的就不同了。

在跟學生的交流中，一位經濟專業的學生談了這樣的感想：讀歷史書，知道了一大堆人和事兒，可是知其然不知其所以然；

學習了經濟學，才發現芸芸眾生的行為背後，潛藏着更深刻的法則，經濟學讓他更深刻地認識了人與社會。我也能提供若干類似例子。比如說，〈杜十娘怒沉百寶箱〉的故事催人淚下，讓你忍不住從道德上質問「癡情女子薄情郎」，社會生物學卻有這麼一個發現：當忠貞率在雌性為5／6、雄性為5／8時，這個種群在遺傳上是穩定的。[3]那麼「癡情女子薄情郎」是自然法則嗎？若然，看待這事情就不止一種眼光了。然而杜十娘的故事依然打動了很多很多人。歷史學通過描述一個個「獨一無二」，展示了千姿百態、無比豐富的世界實態。天底下沒有兩片相同的葉子，也沒有兩個相同的人。我的命運就是我的全部。「每一座墓碑之下都埋着一部世界史。」生活中人們必須應付的，也是個別的人、個別的事兒。展示每一個人、每一件事件、每一種文化現象的與眾不同之處，是人文學科的強項，同樣具有巨大認識價值、永恆的閱讀魅力。「一般化」與「個性化」的思維方式，各有所長，跨學科的觀察給了我們多元的思維，讓人們看到了同一個事物的更多映像。

社會科學教科書眼下提供的「通則」，其中有很多在實踐上未必真的「通」：它們往往只是從有限的、局部的案例中概括出來的，比如說，只是從西方的歷史經驗或用西人視角概括出來的。歌德說得很好：「生命之樹長綠，而理論總是灰色的。」[4]生機勃勃的歷史研究，源源不斷地發掘出前所未知的新個案，從而使某些一度成為成見的「通則」變得可疑了，需要訂正了。中國傳統

3　道金斯：《自私的基因》，盧允中、張岱雲譯，北京：科學出版社1981年版，第194頁。

4　語出歌德《浮士德》。我手頭只有董問樵譯本，此本譯作「灰色啊，親愛的朋友，是一切的理論，而生活的金樹長青」。上海：復旦大學出版社2001年版，第105頁。

官僚政治是一種「士大夫政治」，這是一個很大的「中國特色」。西方的政體理論沒能把這一點充分考慮在內。羅素面對中國史時，便有了這麼一個感覺：「中國總是一切規律的例外。」因為在中國，除了秦始皇的時代，「儒士通常是能夠挫敗皇帝的」。[5] 預期同學們會從中國史中獲得另一種啟發，與社會科學、與其他人文學科不相同的啟發。

歷史學告訴人們，古往今來的人類社會，有一個千萬年的縱深，「當下」只是一個單薄的平面，「我們」只是一個小小的局部。另一些時候、另一些人群，想着不同的問題，按不同方式生活，有他們自己的是與非。即便是同一個時候，同一個社會，若從不同專業出發，看到的景象、做出的判斷也往往不同。法家持「性惡論」，這是因為「著書定律為法家」，[6] 法家是搞法律的，而法律是從人最壞的可能性出發的。殺人放火的人總是極少數，然而刑律就是專門給他們制定的。儒家為什麼持「性善論」呢？因為儒家是搞教育的，而教育學是從人最好的可能性出發的。「沒有教不好的孩子，只有不稱職的老師」，這話就含有「性善論」的意思。儒家與法家對人性的不同看法，背後還有一個「專業思維」的差異。因專業不同、出發點不同而造成的分歧，當代也不乏其例，甚至比比皆是。

人文學者描述了下崗工人的艱難生計，質疑「一代人的犧牲」；經濟學者基於「資源的最優配置」，卻指出那些毫無效益的工廠若不關停，就會變成經濟發展的巨大包袱。網上某個論壇的

5　羅素：《權力論：新社會分析》，吳友三譯，北京：商務印書館1991年版，第129頁。

6　章太炎：《檢論・原法》，《章太炎全集》，朱維錚點校，上海：上海人民出版社2014年版，第3冊，第444頁。

醫生們，很認真地討論用什麼手段終結流產胎兒的生命才更便利；而人工流產本身是否道德，又是一個嚴峻的價值觀問題，眾說紛紜。技術專家的某個社會方案遭人文學者激烈抨擊，人文學者的議論被技術專家指為汗漫空泛，其事往往而有。理工科的學生走上工作崗位之後，不可能不面對社會人文問題；而人文工作者呢？也免不了要對技術問題表達看法。像社會輿論中的轉基因之爭、中西醫之爭、核電之爭等等，皆是。通識教育的功能之一，就是讓學生瞭解不同的專業思維方式，以建立開闊、多元、均衡的社會認知。

　　我的專業是歷史學，然而其他專業的知識，對我也有過很大啟迪。記得周一良老師、業師田餘慶老師都曾說過，建國後的馬克思主義史學，雖有教條主義之病，但對於提高大陸學者的思辨能力，也有好處。初學者心目中的歷史，通常都是一個個的人物、事件，及其善惡與成敗。所以政治史的著作讀者最多，更容易引起初學者的興趣。然而社會科學式的思維，會讓你看到更多東西。最近在網上看到一段話，大意是說：一個群體的特徵，是其內在的組織結構及觀念架構決定的；「群體特徵」是抽象概念，與任何具象的個體都無關。這就是另一種思維，系統的、整體的、結構性的思維。我的研究方向是古代制度史，比起研究政治、研究文化的人，更需要這種結構性思維。

　　我進了歷史學系，但學生時代也瀏覽過政治學、行政學。雖只浮光掠影，但當時讀到的「品位分類」、「職位分類」概念，在很多年後，竟然就成了我著作的中心詞，拿它們解析中國古代官僚等級制了。自己在少年時，曾着迷裝晶體管收音機。後來當了雷達兵，學習過無線電，受過「跑線路」的訓練——把雷達電路圖看熟了。我看到同一些組件按不同方式連接起來，這個電路就會呈現出不同功能，這就強化了自己的結構性思維。我的關

注，後來逐漸集中到政治制度上來了，覺得這更適合自己，因為「制度」恰好就是一種結構性的東西。有學生曾説，閻老師講制度的幻燈片很「理科化」──有很多結構示意圖。這也跟我以往的一點兒無線電知識有關。又比如，自然科學、社會科學要求對「相關性」和「因果關係」做清晰區分，這樣一個意識，就不是在歷史著作中讀到的。

不同專業的知識、方法、視角，能夠豐富和提高認知能力、思辨能力，我想這就是通識教育的一大功能。至於通識教育有助於健全的人格、優美的教養、理性的態度，很多專家都闡述過，我就沒什麼特別的感想了。

二、你是如何設計這門課程，
並平衡專業與非專業學生二者關係的？

在最初，「中國傳統官僚政治制度」這門課程，是作為「通選課」而開設的。當時對「通選課」的定位，是選擇若干各系高水平，又便於外系學生選修的專業課程，向全校本科生開放。

今年遵照學校通知，我提交申請，此課得以列入「通識教育核心課程」，但內容無大調整，因為人文課程的彈性相當之大，個性也相當之大。前一課的知識，不一定構成下一課的學習基礎；同一主題之下，什麼知識需要詳述，什麼知識可以從簡，每每因人而異，並無成規。這跟理、工、醫等專業相當不同。北大歷史系的傳統就是課程的個性化，同一門斷代史或專門史，不同老師肯定有不同的講法。老師還會突出一己的思考創獲，而這就是最能吸引北大學生的地方了。在書上讀到某人的一個論點，跟現場聽這個人講這個論點，後者感覺好多了。標準教科書

沒大多用，那是考研者用來應付標準答案的。自己當年聽課，覺得特別有啟發的，就是老師個人的研究創獲，尤其是即興發揮的學術評述、脫口而出的學人花絮，那是教科書中聽不到的。所以學生選課的態度可以有兩種。第一種：有一套系統知識，期待着老師按照教科書把它們傳授給我；第二種：有那麼一位專業學者，我想聽聽他對歷史文化的獨特看法。

我對所承擔的這門課程，若實話實說，本沒有預先規劃出一套理念。那些事先宣稱、事後總結的「教學理念」，就算頭頭是道，跟實際教學未必真有什麼關係。這門課程之所以講成了這個樣子，是在一輪一輪的講授中摸石頭過河，跟着感覺走，走一步「摸」一步，逐漸「摸」出來的。備課時預設的說辭，到課堂上講出來才發現很彆扭，學生聽着也茫然漠然，那麼下次就會「改弦更張」；有的講法，能感覺到瞬間就抓住了學生，下了課還圍上來追問，以後就會「發揚光大」。我的課程，就是這樣一點一滴地積累打磨的。

我跟葉煒老師合作，決定不按斷代，而是按專題形式，如皇帝、宰相六部、地方行政、法制、選官、品位、俸祿等等，安排各講。這樣，每一制度構成完整的一次課程。不但便於分工，而且主題鮮明。學生可以集中思考每一種制度的源流、功能與意義，避免被同一斷代的不同制度所割裂，分散思緒。

由於要面對非歷史專業的學生，包括很多理、工、醫專業的學生，所以跟講給歷史系學生的課有所不同。不同在哪裏呢？我的個人感覺是，專業學生重視史實細節與史料來源，給非歷史專業的學生上課，則要適度強化思辨性，營造歷史感。強化「思辨性」，就要時時做宏觀審視，提示規律線索，一二三四地羅列概括，以收綱舉目張、以簡馭繁之效，不致於淹沒在細枝末節之中。「思辨性」意味着概括精彩、分析深入、觀點獨到，以及系

統、準確、清晰，論點環環相扣等等。這是智力的考驗，也跟個人的科研深度直接相關。所謂「歷史感」，就是通過具體的人、事和文化現象，讓枯燥僵硬的制度鮮活生動起來。

　　第一堂課闡述「制度」的意義。在切入主題之前，借助了羅爾斯的那個「分蛋糕」的著名比喻：由於「人性惡」，分蛋糕者大概率會給自己切一塊大蛋糕，而改進制度就能化解這個困境：切蛋糕和分蛋糕由兩人分任，在這時候，切蛋糕的人將儘量把蛋糕切得同樣大，負責分蛋糕的人就沒法兒上下其手了。[7]可見「制度」能調整人的行為。寥寥數語，隨後再闡述「制度史觀」，聽起來就比較有思辨性了。

　　所謂「制度史觀」，是從政治體制看歷史的一種觀察方法。對「政治體制」，我們是從「制」和「人」兩方面來認識的。「制」就是國家政權的組織制度、人事制度和法律制度；「人」指各種政治勢力、集團和階級的結構，如貴族政治、官僚政治、宦官外戚政治、門閥政治、軍功政治、士大夫政治等。我提示學生：孟德斯鳩就是這樣定性政體的，比如，「制」的方面無三權分立，「人」的方面無「中間階層」(貴族、教會等足以制約君權的勢力)，則此體制將成為專制政體。在第一講敘述歷代政治體制時，對皇權、貴族、官僚的三者關係，給出一個「皇權強則官權弱，皇權弱則官權強」的概括，以便學生隨即把握皇權與貴族間的此消彼長關係。大家都知道，無論是授課還是寫作，簡練概括能強化表達力，而且也是思考深度的體現。田餘慶師論東晉「皇帝垂拱，門閥專權，流民出力」，陳蘇鎮教授論劉邦「居秦之地，用秦之

7　羅爾斯：《正義論》，何懷宏譯，北京：中國社會科學出版社1988年版，第81頁。

人，承秦之制」，都是精粹概括之典範，拿到課堂上也能令講授
生色。

再比如「俸祿制度」一講，若按斷代平鋪直敍，講歷代官僚
各掙多少錢米，那太枯燥乏味，難免催人入夢了。我嘗試從中提
煉出若干論題，這樣設計章節：

1. 先秦秦漢的高低差
2. 形態、項目的多樣化
3. 職位薪俸與品位薪俸
4. 法外灰黑收入
5. 賞賜問題

第1節通過「高低差」和「民生比」兩個概念，把歷代俸額串
聯起來了。這兩個概念是我創制的。所謂「高低差」，是官吏薪
俸表上的最高等與最低等之比；所謂「民生比」，是官吏薪俸與
國民一般收入之比。孟子所設想的「卿之祿」，其「高低差」和「民
生比」，分別是下士與農民的32倍。漢代的丞相俸祿，是一家農
民生計的28倍。清代一品與九品官俸的高低差非常之低，僅5.7
倍而已。1956年幹部工資的高低差是28倍，最高工資之民生比
約86.7倍。2006年的高低差是12.6倍，2015年是10.4倍。世界
各國文官薪酬的高低差，通常為6至10倍。這樣，歷代俸額就不
再是一堆枯燥的數字，它們眾星捧月，簇擁出若干「問題」。學
生的興趣和聯想，也就被調動起來了。

第2節闡述歷代薪俸的形態與項目。歷代薪俸的物理形態，
有采邑、人力、穀米、錢幣、布帛、職田、寶鈔、銀兩，以至
鹽、茶、木炭、胡椒、蘇木之類；曾經出現過的各種「項目」，
有穀祿、料錢、職錢、祿粟、傔人衣糧餐錢、茶酒廚料、添支料
錢、廚食錢、折食錢、添支錢、添支米、茶湯錢、薪銀、蔬菜燭

炭銀、心紅紙張銀、案衣雜物銀、修宅雜物銀、迎送上司傘扇銀
之類。在有些朝代，薪俸的形態與項目同時趨繁，複雜多樣，南
北朝唐宋就是這樣的；有時就相當簡單，比如秦與西漢主要就是
錢幣，清代主要就是銀兩。形態、項目的簡繁有異，原因何在
呢？我提示學生至少注意三點：一、王朝興衰造成的政府財政能
力興衰；二、自然經濟或商品貨幣經濟的差別；三、皇帝對官僚
福利無微不至的照料程度，或漠視程度。

　　第3節的「職位薪俸與品位薪俸」論題，要點在於是向身份發
俸還是向職務發俸。這是前人很少討論的，來自我個人研究心
得。我把「品位─職位」視角引入了傳統官僚等級研究，構建了
一整套分析模式，參看《中國古代官階制度引論》。第4節談官僚
的灰黑收入，先行揭舉「厚俸與薄俸」：為什麼有的時代實行厚俸
制度，而有些時代實行薄俸制度呢？其背後也有規律可尋。

　　再談談「歷史感」。業餘愛好者與初學者腦海中的「歷史」，
往往由具體的「人」和「事」組成。政治史的著作讀者最多，因為
人物、事件初學者容易懂，鮮活生動。「文化」也很容易吸引初
學者。「制度」就抽象枯燥多了，初學者甚至會有排斥心理。然
而制度的背後是人，是人的文化觀念。通過相關的人和事，通過
文化現象來解說制度，制度也會「鮮活」起來。

　　對東漢俸祿的「半錢半穀」之制，我是從著名詩人陶淵明「不
為五斗米折腰」進入話題，期望使枯燥的問題生動起來。何為「五
斗米」？解釋莫衷一是。陶淵明還曾經讓「公田」種秫，還有
「力」、「吏」給他幹活，而這都跟「形態與項目」的話題相關。講
官吏的灰黑收入，談到了清朝22,830名品官的灰黑收入，可能高
達1.2億兩，相當於清廷歲入的1.5倍，談到了吏胥衙役的各種勒
索手段，也講了一個戶部某書吏敲詐王爺福康安的故事。在選官
一講，談到明清是個「學歷社會」，學歷是當官兒的主要條件。

這時我提供了一種傳統遊戲「陞官圖」，「陞官圖」棋盤起點部分的格子都由學歷構成，即童生、秀才、舉人、進士、探花、榜眼、狀元等。（以陞官為樂的遊戲，只有中國有，而且有一千多年的歷史了，極富「中國特色」。）這樣的講法，不是製造噱頭，而是展示制度跟社會生活息息相關，血肉相連。

　　適當的時候，我也會把制度跟文化聯繫起來，顯示制度需要文化觀念的支持，不同制度的背後是不同的文化觀念。在「皇帝制度」這一講中，有一個小節以「民之父母」為題，這時我就圍繞「家長主義」，做了一番中西比較。中國皇帝自稱「民之父母」，儒家持「忠孝一體論」，由此統治者承擔了施予「父愛」的義務，也擁有了像父母一樣不可質疑的統治資格，以及全面干預「子民」生活的權利。西方雖然也曾有過「君權來自父權」的理論，近代以來便不同了。康德説：「一個政權可以建立在對人民仁愛的原則上，像是父親對自己的孩子那樣，這就是父權政治。……這樣一種政權乃是可能想像的最大的專制主義。」[8]這個態度的背後，是近代萌生的個體自主觀念。如密爾所言：「一個人自己規劃其存在的方式總是最好的。」[9]我的生命應由我自己支配，那麼誰來統治我，也應經過我的同意。這很像包辦婚姻與自主婚姻的區別，自主婚姻並不能保證家庭幸福，只是保證了個體自主而已。在國人中，嚴復最早看到了這個文化差異：中國人所殷殷期望的「父母斯民」的皇帝，「顧彼西民則以如是之政府，為真奪其

8　康德：《歷史理性批判文集》，何兆武譯，北京：商務印書館1996年版，第182頁。

9　密爾：《論自由》，許寶騤譯，北京：商務印書館2007年版，第80頁。

自由，而己所居者，乃真無殊於奴隸」。[10] 這樣的比較可以讓學生進一步認識到，近代民權體制與傳統集權體制，各自有一套政治哲學作為基礎。

會有這樣的情況：低年級時聽得很爽很興奮的課，到了高年級就覺得是小兒科，索然無味了。那麼能做到這一點最好了：既能吸引低年級的學生，還能讓他們到了高年級仍然回味。不管是否真做到了，它曾是我的一個努力方向。

附　古麗巍〈鶯飛草長　當時只道是尋常〉片斷

華中師範大學歷史文化學院的古麗巍老師，值北大中國古代史研究中心創建40週年之際，在研究中心的公眾號上發佈了〈鶯飛草長　當時只道是尋常〉一文（2022年8月21日），懷念當年在北大歷史系學習的時光。文中也回顧了當時的「中國古代史」課程建設，對鄧小南、張帆和我的教學改革做了評述。徵得古麗巍老師同意，把有關段落附錄於此，用以追念我們在歷史教學上曾經付出的精力心血。

> 中心搬到新址前後也正值中國古代史課程標準化、體系化、技術化建設的時期。享譽學界經年、由閻步克、鄧小南、張帆三位老師共同擔綱的「中國古代史」課程就是在這個時候開設的。這門課是本科生基礎課，但好多研究生也會去聽，北大歷史系本科基礎課一貫投入極大，由名師任教。閻師負責先秦到隋唐以前，閻師稱他這套課件最早應是在1999年7月開

10　嚴復：《政治講義‧第五會》，《嚴復全集》，方寶川、林大津點校，福州：福建教育出版社2014年版，第6卷，第45–46頁。

始製作，至少 2000 年應該全套使用 PPT 課件了。作為一個當過雷達兵的技術人員，閻師對技術格外着迷，早早就熱衷收集各種電子書，檢索能力極強，是超星、讀秀的忠實用戶。2000 年那個時候電腦技術並不普及，網上圖像資源也很有限，閻師的課件基本都是自己掃描、自己錄入，用 Photoshop 進行圖像和文字處理。一張 PPT 有時要花上一個多鐘頭時間製作，每一次課的 PPT 大概 50 張左右，每課是一套，每課課件用的底色都略有所不同，不同課程之間又相互配套。每一幀都如藝術品，十分精美。鄧小南師和張帆老師是在 2003–2004 年加入課程的，鄧師負責隋唐五代兩宋部分，張老師負責元明清部分，課件是和閻師課件配套的。鄧師和助教（方誠峰、康鵬等）也花了大量時間學習技術，投入課程 PPT 的製作，鄧師課件也很精美，以墨綠色為底色；張老師的課件就相對比較「辣眼睛」，配色、排版都挺驚悚。不過這只是白璧微瑕，課程在每次開課之初就都有整套大綱章節安排，體系完整，內容涵括面很大，每次上課都是按照大綱精準推進。課程內容兼顧基礎性和前沿性，每課課後還備有參考資料和鏈接。整個課程全無花巧，知識體量很大，不少內容都是老師們自己的研究心得，而且每輪上課，基本都會有部分內容隨着學術研究的推進有所更新。另外一門「中國古代政治與文化」課程也是類似設計的，把中國古代史分為前後兩大段，由閻師和鄧師分別負責。

這兩門課不僅為學生自己學習打下基礎，中心很多畢業的學生進入教學崗位以後，很多也依賴、模仿這兩門課的內容化為己用進行教學。對於國內博士學習期間普遍缺乏教學訓練、畢業一下子就得進入教學角色的人來說，這兩門帶來了巨大的底氣，也成為我們這些學生自己教學的標準，甚至時時競相比攀誰的課件做得好看。多年以後，三五好友聚在一起討論自己的

學習和教學經歷，很多人都有共同的感受。以往很多大陸、甚至台灣的高校老師們，上課的隨意性都比較大，自己擅長的領域往往能講大半個學期，其餘部分都靠學生自己補足，似這樣體系完整、推進規律的本科課程是很少見到的。起初老師的課件是掛在北大歷史系網站上，全部免費公開給大家使用，後來這兩門課都被錄製成網絡課程，澤被更廣，甚至有很多其他專業和行業的人也都津津樂道。

三、你期望選課的學生如何學習這門課？

選修通識課的學生，基本是非歷史專業的，其歷史知識主要來自中學歷史課和個人課外瀏覽。在相互交流中，學生會舉出史實，引述論著，提出一己論點，希望老師予以回應。而交流時經常遇到一些思維方式的問題。我想藉此機會，跟選課學生談談個人看法。

圍繞歷史而滋生的不同觀點，還需要區分其性質、層次與類型。初學者的歷史觀念，大抵是少年時代被社會塑造的，跟專業思維會有距離。比如很多人不能清晰區分價值判斷與事實判斷。我以往在歷史系講「中國古代史」課程，會給新生提出這麼一個問題：「希特勒是壞人」，這是不是事實？在較早時候，只有很少的同學能明確回答：這不是事實陳述，這是個價值判斷。現在很多同學都能正確回答了。價值判斷事涉事物的美醜、善惡、好壞、進步或落後等，是主觀評價，因人而異；事實係客觀存在，不會因「評價」而改變。事實判斷只處理「真偽」問題。或者說，價值判斷所談的是「應然」，而事實判斷所談的是「實然」。

把價值判斷和事實判斷區分開來，討論「制度」時就可以避免一些不必要的糾葛。比如，有人說唐宋制度比秦漢又有了很大進步，錢穆卻認為宋制不如漢制。你可能會問：哪個說法符合事實呢？這時候我會建議你再追問一句：他們各自的評價尺度是什麼？一個制度「好」或「不好」，積極或消極、進步或落後，取決於各人的評價尺度，價值觀。比如科舉制的評價。如果你的着眼點是行政合理性，因科舉考試內容很多跟兵刑錢穀的行政技能無干，那麼你就會給科舉制扣分兒。不過科舉制促進了社會流動，給底層提供了向上流動的機會，若你的關注是公平競爭，你就會給它加分兒。古代還有這麼一種選官思想：「賢者居位」。「賢者」就是有文化教養的人。科舉制讓有文化教養的人優先當官，促進了社會文教的繁榮，「五尺童子，恥不言文墨焉」。浩如煙海的傳統典籍，大多是行政官僚的作品。這就是「賢者居位」制度的文化收益。

通觀古今中外，就能看到非常不同的制度評價尺度。在啟蒙思想家看來，能最大限度保障每個人權利的制度就是最好的；法家是國家主義者，他們認定最能強國強軍、最能管控編戶的制度就是最好的；孔子崇禮樂，這意味着最有利於繁榮文化、發展文明的制度就是最好的；孟子講民本，這意味最尊重民意、最能保障民生的制度就是最好的。這些思想並不虛無縹緲，它們構成設計制度的觀念基礎，現實制度的差異來源。比如說連坐制度好不好，死刑是否應該廢除等，古今中外都有爭議，那些爭議無一例外地都涉及了價值觀念問題。

不同評價發生衝突時，應先行釐清各自的評價標準，否則就等於雞同鴨講。事實判斷有終極答案，評價就不一樣了，它取決於各自的觀察角度、評價尺度。在這時候，對一位從事研究的學人，「理解」就比「爭辯」更重要。布洛赫說「歸根結底，『理解』

才是歷史研究的指路明燈」。[11] 我想這既包括理解歷史本身，也包括理解各種歷史觀點。在學習中掌握了各種不同的角度與尺度，本身就是收穫。當然在「理解」之餘，若事涉善、美、公正等信念，「衝突」仍可能發生。如果一位無神論者與有神論者發生爭論，通常不會以「皆大歡喜」告終。各持己見、各從所好可也。愛因斯坦看到：「要對基本價值的判斷進行爭論，是一件沒有希望的事。比如，如果有人贊成把人類從地球上消滅掉作為一個目標，人們就不能從純理性的立場駁倒這種觀點。」[12] 價值觀的分歧，無法在科學範圍內得到解決。

公眾對歷史評價的興趣特別濃厚。像岳飛是否算是民族英雄，龍是否是中華民族的象徵，康雍乾時代是否算「盛世」，這類「公共歷史文化問題」，人人都有權參與、陳說己見，所以通常都是眾說紛紜，不會有終極答案。專業學者不大陷身於「公共歷史文化問題」，他們另有專業任務：「求真」。專業學者的「求真」的能力，即運用史料考辨史實的能力，是公眾、外行無法企及的。

除了「評價」與「實證」，還有「理論」一事，也需要我們的理性對待。「評價」、「理論」、「實證」三者，構成了三個不同領域，不宜混淆。「評價」取決於個人觀念，「實證」取決於客觀證據，「理論」則是一套由概念、方法組成的框架，是由學者建構的分析工具。一個理論，有如從特定角度投向黑暗歷史客體的一束探照燈光，它能照亮一幅特殊景象，但也必然有其所見不及之處。

11　布洛赫：《歷史學家的技藝》，張和聲譯，上海：上海社會科學院出版社2019年版，第80頁。

12　愛因斯坦：〈自由與科學〉，《愛因斯坦文集》，許良英、范岱年譯，北京：商務印書館1976年版，第1卷，第101頁。

諸如「文化史觀」、「經濟史觀」、「社會史觀」、「制度史觀」之類，都是視角不同的探照燈光。認為歷史是有規律的，這是一種有價值的理論；認為歷史是無規律的，只是一波一波湧來的人物、事件，這也是一種有價值的理論；我堅持認為，二者都有認知價值，可以並存互補。

所以，當面對不同論點之時，我們還得想到這麼一種可能：分歧也許來自理論之異，即概念、方法之異。一般認為在中國歷史早期，戲劇不發達，與古希臘不同。後來有人做文反駁，說先秦楚辭中就有戲劇了。那麼請注意，這就涉及「戲劇」應如何定義了，認為先秦就有戲劇的論點，也許擴大了「戲劇」一詞的外延。有西方學者覺得孔子的學說缺乏思辨性，不夠「形而上」，算不上 Philosophy，只是一種道德說教。錢穆對中國文化抱有「溫情與敬意」，然而也曾說過：中國「不僅宗教、科學不發達，即哲學亦然。若以西方哲學繩中國思想，縱謂中國並未有純正哲學，亦非苛論」。[13] 但是仍有不少中國學者站出來反對，說孔子的學說完全可以看成「哲學」，這是一種「中國哲學」、「道德哲學」。這也就擴大了 Philosophy 這一概念的外延。

時不時地會有同學問老師，某個理論對還是錯。可是，在我面對一個「理論」之時，我首先考慮的是它能不能帶來新知。對於理論，我的習慣是不輕言「對錯」。也有歷史學者不喜歡理論模式這樣的東西，他們覺得在歷史學中使用「模式」，會有「簡單化」、「片面性」之病。其實未必是這樣的。

歷史學者伯克認為「模式就是簡單化」這樣的批評並不公平：「針對這種模式最頻繁的批評同時也是最不公平的：稱它把事情

13　錢穆：《中國思想史》，北京：九州出版社2012年版，第2頁。

簡單化了。模式的功能就是簡單化，從而使真實的世界更易於理解。」[14] 科學家霍蘭 (John Holland) 亦指出：「忽略細節在建模時是非常必要的。無論我們想研究什麼，建立的模型必須要比被建模的真實結構簡單。」[15] 考古學者賴斯 (Prudence Rice) 這樣看待「模式」：「模式是一種啟示性的策略手段。因為模式簡化了現實，所以它們並不涉及現實世界中變化的所有方面，也不解釋所有的事例。某一個相反的事例，也不會使一個模式失效。模式的貢獻，在於幫助考察事情是如何發生的以及資料收集策略的不足。模式的建立、檢驗和提煉，是一個學科的本質所在，並且也是理論和資料收集得以連接的程式。然而，有關模式需要牢記的重要一點是，因為它們是簡單化的，所以在它們所探討的現實各方面是有選擇的。因而不僅允許、而且也希望有多個模式適用於某種情形的不同方面。很明顯，有比較好的模式，也有比較差的模式。在一系列彼此爭勝的模式中，某些可能會被認為『更好』，那就是說在特定的情形下基於其廣泛性、預期性、有效性或準確性，可以說它們更加強大有力。」[16] 三位學者對模式的上述闡釋，非常明快精到。

理論模式是一種認知手段，它必須為特定目的而簡化現實，所以不會面面俱到。你指責「文化史觀」忽略了制度因素，指責「制度史觀」無視經濟關係，指責「經濟史觀」對文化影響視而不

14　伯克：《歷史學與社會理論》，姚朋、周玉鵬、胡秋紅、吳修申譯，上海：上海人民出版社2001年版，第72頁。

15　霍蘭：《湧現：從混沌到有序》，陳禹等譯，上海：上海科學技術出版社2006年版，第27頁。

16　P. Rice, "Evolution of Specialized Pottery Production: A Trial Model," *Current Anthropology*, Jun., 1981, vol. 22, No. 3, p. 238, Comments and Replay.

見，但你得承認，它們都各自照亮了一幅獨特景象，提供了新知，都是「深刻的片面」。避免「片面」的途徑是發展出更多模式，而不是放棄模式。其實很多謝絕「模式」的學者也是有「模式」的，只不過他的分析「模式」早已普及、固化、習慣成自然了，對作者與讀者都不言而喻，用不着特意申明了，看上就像不存在似的。其實不然，只要你嘗試解釋一段歷史，你心中必定先有了一個「模式」，哪怕連你自己都沒意識到。有人建構的理論模式解釋力強、涵蓋面廣、系統性好、創新度大，有人的分析方法就粗疏簡陋一些。理論模式肯定是有高下優劣之分的，但我總是避免把它說成「是非」之分。

理論或方法，都針對特定的層次與範圍，跨層次、跨領域運用理論、方法，就會面臨風險。低層次的體系，必然包含自身不能證成的命題，需求助於抽象程度更高、更大的體系；而高階理論又不能跨層次用於低階論題，因為抽象的層次一變，性質就變了。運用理論或方法時，若跨越的領域太多，因果鏈就會過長，可此處有一個常識：原因的原因就不再是原因了。舉例說明。「五種生產方式」是典型的「單線進化論」歷史觀，它處於「社會理論層次」，這個層次所面向的，是人類史上的所有社會。我覺得「單線進化論」也很有理論價值，也算是「從特定角度投向黑暗客體的一道探照燈光」，不妨拿到中國史中嘗試驗證。何茲全、王仲犖、唐長孺等學者，便採用了這種「單線進化論」的歷史觀，用「魏晉封建論」來解釋此期的社會性質。而業師田餘慶是治政治史的，所處理的是特定時代個人、集團、事件的具體聯繫，其研究方法、致力層次同「單線論」、「多線論」無干，也就是與人類社會演化的普遍規律無干。我倒是見過這樣的事情：用《周易》指導商戰，用《論語》管理公司，用《孫子兵法》炒股，用辯證法打乒乓球、賣西瓜，用偉大思想指導殺豬，用鈣通道阻滯

藥「培養學生認同感，維護多民族統一」，用腸道菌群「提高廉政文化建設效率」，用馬克思主義搞臭氧監測，等等，其跨層次、跨領域的「跨度」，大得駭人。它們或許是一種智慧，但肯定不是科學。對這類東西、這類思維方式耳濡目染而不自覺，就會受其影響，跨層次、跨領域而不自知。總之，田師的中古政治史研究與「單線歷史觀」無關，就好比打乒乓球、賣西瓜、殺豬跟「辯證法」、「唯物論」無關一樣。

「實證」的任務是發現前所未知的事實，這是科學研究的核心任務之一，也是歷史學的核心任務之一。實證所處理的是客觀事實，那麼必有是非。就算資料不足無法定案，從理論上說，依然是真偽必居其一。讀歷史著作，時不時就會遇到一種做法：把評價、理論和實證三者混着說。假設有這麼一段話：「由此可見，北魏孝文帝的改革，使拓跋社會由奴隸制向封建制過渡了，所以是進步的，應該肯定。」在這句話裏，「奴隸制」、「封建制」是理論概念，別人可能持有另一套理論；說封建制比奴隸制「更進步」是一種價值判斷，而別人可以採用不同的評價標準；孝文帝到底改了些什麼、怎麼改的，才是事實問題。假如你想質疑這段論述，就得把評價、理論、實證三者區分開來才成。

「理論」與「實證」屬科學的範圍，「評價」就超出科學範圍了。在「實證」層面，應嚴格遵循「價值中立」（value free），排除價值判斷。好比在醫生眼中，病人只是一個生理、病理意義上的人，不應考慮他是好人還是壞人，親人還是仇人。即便事實令人不快，也應先行承認，再說別的為好。傳統史學有「為尊者諱，為親者諱，為賢者諱，為中國諱」的史法，而我覺得「實錄」、「直筆」更為可取，借用一句西方法庭誓詞：Tell the truth, the whole truth, and nothing but the truth。

　　有史書説周武王伐紂時「血流漂杵」，孟子不以為然：「以至
仁伐至不仁，而何其血之流杵也？」這便是拿道德抹煞事實了。
古人以教化為目的，「求善」甚於「求真」，所以只歡迎「正能量」，
以論證「有德者有天下」、「得民心者得天下」、「正義必定勝利」。
然而真實的歷史，比起道德化的歷史來，可能蒼涼得多。生物學
家道金斯曾經感慨：「有些人無法把闡述對事物的認識，同倡導
事物應該如何這兩件事區別開來，這一類尚不在少數。」[17] 我感
覺此類人在中國會更多一些，因為中國文化的特點，恰好就是
「同真善」，把「是不是」同「好不好」融為一體。[18] 在學術範圍之
內，我認為「真」與「善」離則兩利，合則兩傷。維繫「善」，弘揚
社會良知和人類正義，也是史學家的社會責任，應予鼓勵，這裏
只是説，在你闡述「善」的時候，你應清晰意識到這已超出「真」
的範圍了。

　　除了「同真善」的道德史觀，實用史學也是常見的公眾思維。
這又跟傳統文化的一個特點有關了：「合知行」。[19] 公眾和初學者
的歷史興趣，集中在善惡、忠奸、成敗、得失上。談到一個歷史
事象，人們首先想到的它是好不好，有沒有用，能不能「資治」。

17　道金斯：《自私的基因》，盧允中、張岱雲、王兵譯，長春：吉林人民出版
　　社1998版，第3頁。

18　熊十力論「即真即善」：「儒者或言誠，誠即真善雙彰之詞。或但言善，而
　　真在其中矣。絕對的真實故，無有不善；絕對的純善故，無有不真。真
　　善如何分得開？」《十力語要・答張東蓀》，上海：上海書店出版社2007
　　年版，第60頁。張岱年：「中國哲人認為真理即是至善，求真乃即求善。
　　真善非二，至真的道理即是至善的準則。」《中國哲學大綱》，北京：商務
　　印書館2015年版，第28頁。雖然兩位先生説得娓娓可聽，實際生活中是
　　「善」重於「真」的，「好不好」比「真不真」重要得多。

19　張岱年：《中國哲學大綱》，第25頁。

有位朋友是古文獻與古文字專家，他給一批企業家講《孫子兵法》，當時就有聽眾提議說：您不用講那麼細，告訴我們怎麼用就行了。這是拿《孫子兵法》當《葵花寶典》了。我也有類似經歷。曾在某高校演講，主題是從「品位分等—職位分等」框架看古代爵秩品階，互動時便有聽眾質問：閻老師你講的這個沒結論啊，沒說哪個好哪個不好，沒說明我們應該用哪個啊。

我只能說，大學歷史課以非實用性的科學研究為主。我這些知識能幫助你認識古代品位制度，如此而已，而不是提供一個你拿來就能用的東西。胡適主張，整理國故的目的是還其本來面目，「做學問不當先存這個狹義的功利觀念」，「不當先存一個『有用無用』的成見」，「發明一個字的古義，與發現一顆恆星，都是一大功績」。[20]嚴復超越傳統思維，指出「學」、「術」有別：「是故古人談治之書，以科學正法眼藏觀之，大抵可稱為術，不足稱學。……學者，即物而窮理，即前所謂知物者也。術者，設事而知方，即前所謂問宜如何也。……今吾所講者，乃政治之學，非為政之術，故其途徑，與古人言治不可混同。吾將視各種國家，凡古今所發現者，如動植學家之視蟲魚草木。……但實事求是，考其變相因果相生而謹記之，初不問何等草木為良草木，何等魚蟲為良魚蟲。無所謂利害，無所謂功過。」[21]嚴復這段話，初次把「科學」與「實用」區分開來了，把「評價」與「實證」區分開來了，值得擊節讚賞！後來我上制度史課時，也會向聽眾先行申明，我所講的是「政治之學」，而不是「治國之道」，跟嚴復

20　胡適：〈論國故學：答毛子水〉，《胡適文存》，上海：上海科學技術出版社2015年版，第1冊，第333–334頁。

21　嚴復：《政治講義‧第一會》，汪征魯等編校：《嚴復全集》，福州：福建教育出版社2014年版，第6冊，第12頁。

一樣。又，梁啟超也把「學」與「術」區分開來了：「學也者，觀察事物而發明其真理者也；術也者，取其發明之真理而致諸用者也。」[22]

用科學眼光看傳統制度，則「如動植學家之視蟲魚草木」。然而有人說，你研究傳統制度，應持「敬畏」態度。又有人使用「靈魂」一辭，闡述歷史學的意義：若無家國天下的關懷，歷史學就沒有靈魂，就只是一個「工匠」。這種理想主義精神值得讚賞，學者在「求真」之外還要「求善」、「求美」，堅守人文良知、承擔社會責任。與之同時，「靈魂」的提法指向一種主觀的、個人的心靈狀態。而各人從事科學的動機、心態，千差萬別、各有其異，也可以說「靈魂」各異。

牛頓研究物理學，是為了證明上帝所創造的世界之完美性與可理解性：「我曾着眼於這樣一些原理，用這些原理也許能使深思熟慮的人們相信上帝的存在，而當我看到它對這個目的有用時，可以說沒有別的什麼東西能使我更加高興的了。」[23]這就是這位有史以來最偉大的科學家的「靈魂」，由此，他賦予了其研究以無與倫比的神聖性。愛因斯坦又有不同：「把人們引向藝術和科學的最強烈的動機之一，是要逃避日常生活中令人厭惡的粗俗和使人絕望的沉悶」，「好比城市裏的人渴望逃避喧囂擁擠的環境，而到高山上去享受幽靜的生活，在那裏，透過清寂而純潔的空氣，可以自由地眺望，陶醉於那似乎是為永恆而設計的寧靜景色」，從積極的方面說，「各人都把世界體系及其構成作為他的感

22　梁啟超：〈學與術〉，湯志鈞、湯仁澤編：《梁啟超全集》，北京：中國人民大學出版社2018年版，第8集，第323頁。

23　牛頓：《牛頓自然哲學著作選》，王福山等譯，上海：上海譯文出版社2001年版，第66頁。

情生活的支點，以便由此找到他在個人經驗的狹小範圍裏所不能找到的寧靜與安定」。[24]愛因斯坦也是一位偉大的人道主義者，但他把外在的「真」、「善」與一位絕世天才所渴望的內心安寧與純淨，清晰區分開來了。我們也會對學者的學術動機發生興趣，有時就會看到一個複雜的交融體。

最後，上述建議對選課學生會有多大意義呢？我並不確知。但我是這麼想的：在把它們都講給學生之後，至少師生交流時就比較容易溝通了，學生就可以根據我的思維方式，而來贊成、反對或補充我了。

順便說，師生交流時的最大感受，就是現在的大學生非常優秀。我自己的青少年在動亂年代度過，曾多年失學，這一代大學生的素質與能力，讓我羨慕不已。很多學生表現出了不計功利的求知欲、旺盛的好奇心，更是我最欣賞的地方。藉此機會，向曾選過我的課程的同學致謝，你們的選課就是對我的最大鼓勵。

隨即就將走到教師職業的終點了，難免依依不捨。所幸「病樹前頭萬木春」，年富力強、基礎紮實、思想敏銳的中青年教師，已為學生提供了更精彩的課程。「日月出矣，爝火當息」。

---

24 愛因斯坦：〈探索的動機：在普朗克六十歲生日慶祝會上的講話〉，《愛因斯坦文集》，第1卷，第101頁。

參考書目

Bodin, Jean, *Six Books of the Commonwealth*, Oxford: Blackwell Publishers, 1955.

Creel, H. G., "The Beginning of Bureaucracy in China: The Origin of Hsien," *Journal of Asian Studies*, vol. 23, no. 2, 1964.

Grafflin, Dennis, "The Great Family in Medieval South China," *Harvard Journal of Asiatic Studies*, vol. 41, no. 1, 1981.

Hamilton, Gary G., "Patriarchy, Patrimonialism and Filial Piety: A Comparison of China and Western Europe," *The British Journal of Sociology*, vol. 41, no. 1, 1990.

Lakoff, George, "Metaphor, Morality, and Politics, Or, Why Conservatives Have Left Liberals in the Dust," *Social Research*, vol. 62, no. 2, 1995.

Lea, Henry Charles, *The Ordeal*, Philadelphia: University of Pennsylvania Press, 1973.

Nathan, Andrew J., "Confucius and the Ballot Box: Why 'Asian Values' Do Not Stymie Democracy," *Foreign Affairs*, vol. 91, no. 4, 2012.

Rice, Prudence M., "Evolution of Specialized Pottery Production: A Trial Model," *Current Anthropology*, vol. 22, no. 3, 1981.

Rosenberg, Hans, *Bureaucracy, Aristocracy and Autocracy: The Prussian Experience 1660–1815*, Boston: Beacon Press, 1958.

Weber, Max, *From Max Weber: Essays in Sociology*, trans. and ed. H. H. Gerth and C. W. Mills, New York: Oxford University Press, 1958.

Wei, Zikui, "China's Little Pinks?: Nationalism among Elite University Students in Hangzhou," *Asian Survey*, vol. 59, no. 5, 2019.

《十三經註疏》，阮元校刻，北京：中華書局，1980年。

于振波：《秦漢法律與社會》，長沙：湖南人民出版社，2000年。

中共中央文獻研究室編：《關於建國以來黨的若干歷史問題的決議》(註
　　釋本)，北京：人民出版社，1983年。

中根千枝：《日本社會》，許真、宋峻嶺譯，天津：天津人民出版社，
　　1982年。

中國社會科學院近代史研究所編：《范文瀾歷史論文選集》，北京：中
　　國社會科學出版社，1979年。

中國社會科學院歷史研究所清史研究室編：《清史資料》(第四輯)，北
　　京：中華書局，1983年。

中國唐代學會編輯委員會編：《唐代文化研討會論文集》，台北：文史
　　哲出版社，1991年。

孔飛力：《叫魂：1768年中國妖術大恐慌》，陳兼、劉昶譯，上海：上
　　海三聯書店，1999年。

孔廣森：《大戴禮記補註》，王豐先點校，北京：中華書局，2013年。

尹保雲：《民主與本土文化：韓國威權主義時期的政治發展》，北京：
　　人民出版社，2010年。

———：《韓國的現代化：一個儒教國家的道路》，北京：東方出版
　　社，1995年。

巴特萊特：《中世紀神判》，徐昕等譯，杭州：浙江人民出版社，2007年。

方孝孺：《遜志齋集》，徐光大校點，寧波：寧波出版社，2000年。

方勇、李波譯註：《荀子》，北京：中華書局，2011年。

《方苞全集》，上海：復旦大學出版社，2018年。

日本近代思想研究會：《近代日本思想史》，馬采譯，北京：商務印書
　　館，1992年。

日知：《中西古典學引論》，長春：東北師範大學出版社，1999年。

比爾基埃等主編：《家庭史(第一卷)：遙遠的世界古老的世界》，袁樹
　　仁等譯，北京：生活‧讀書‧新知三聯書店，1998年。

牛頓：《牛頓自然哲學著作選》，王福山等譯，上海：譯文出版社，
　　2001年。

王一行：〈從倫理到法律的抉擇：西方家長主義理念嬗變〉，《中南林業
　　科技大學學報》，2009年，第5期。

王夫之：《讀通鑒論》，北京：中華書局，2013年。

王化雨：〈「唐宋變革」論與政治制度史研究——以宋代為主〉，收入李
　　華瑞主編：《「唐宋變革」論的由來與發展》，天津：天津古籍出
　　版社，2010年。

王世貞：《弇山堂別集》，上海：上海古籍出版社，2017年。

王仲犖：《北周六典》，北京：中華書局，1979年。

———：《魏晉南北朝史》，上海：上海人民出版社，2003年。

王先慎：《韓非子集解》，鍾哲點校，北京：中華書局，1998年。

王先謙：《荀子集解》，沈嘯寰、王星賢點校，北京：中華書局，2016年。

王安泰：《再造封建：魏晉南北朝的爵制與政治秩序》，台北：台灣大學出版中心，2013年。

王利器：《鹽鐵論校註》（增訂本），天津：天津古籍出版社，1983年。

王亞南：《中國官僚政治研究》，北京：中國社會科學出版社，1981年。

王家驊：《儒家思想與日本的現代化》，杭州：浙江人民出版社，1995年。

王國維：《觀堂集林》，石家莊：河北教育出版社，2001年。

王彬彬：〈以偽亂真和化真為偽：劉禾《語際書寫》、《跨語際實踐》中的問題意識〉，《文藝研究》，2007年，第4期。

王瑤：《中古文學史論》，北京：北京大學出版社，2014年。

王德權：《為士之道：中唐士人的自省風氣》，台北：政治大學出版社，2012年。

———：〈試論唐代散官制度的成立過程〉，收入中國唐代學會編輯委員會編：《唐代文化研討會論文集》，台北：文史哲出版社1991年。

王鏊：《震澤長語》，北京：中華書局，1985年。

仁井田陞：〈唐律的通則性規定及其來源〉，收入劉俊文主編：《日本學者研究中國史論著選譯（第八卷）：法律制度》，北京：中華書局，1992年。

《世界史資料叢刊·古代部分·古印度帝國時代史料選輯》，崔連仲等譯，北京：商務印書館1989版。

《世界史資料叢刊·中世紀部分·1600年以前的日本》，王輯五選譯，北京：商務印書館1983年。

世界著名法典漢譯編委會：《漢穆拉比法典》，北京：法律出版社，2000年。

史華茲：《尋求富強：嚴復與西方》，南京：江蘇人民出版社，1996年。

史黨社：《〈墨子〉城守諸篇研究》，北京：中華書局，2011年。

司馬遷撰；裴駰集解；司馬貞索隱；張守節正義：《史記》，北京：中華書局，2004年；點校修訂本，北京：中華書局，2014年。

尼斯坎南：《官僚制與公共經濟學》，王浦劬等譯，北京：中國青年出版社，2004年。

布洛赫：《封建社會》，張緒山等譯，北京：商務印書館，2004年。

———：《歷史學家的技藝》，張和聲譯，上海：上海社會科學院出版社，2019年。

布勞、梅耶：《現代社會中的科層制》，馬戎等譯，上海：學林出版社，2001年。

布魯瑪、馬格利特：《西方主義：敵人眼中的西方》，張鵬譯，北京：金城出版社，2010年。

弗·培根：《培根論說文集》，水天同譯，北京：商務印書館，1983年。

弗朗西斯·福山：《政治秩序的起源：從前人類時代到法國大革命》，毛俊杰譯，桂林：廣西師範大學出版社，2012年。

弗羅姆：《精神分析的危機：論弗洛伊德、馬克思和社會心理學》，許俊達、許俊農譯，北京：國際文化出版公司，1988年。

田餘慶：《東晉門閥政治》，北京：北京大學出版社，1991年。

白剛主編：《中國政治制度通史》(10卷本)，北京：人民出版社，1996年。

白樂日：《中國的文明與官僚主義》，黃沫譯，台北：久大文化有限公司，1992年。

皮錫瑞：《孝經鄭氏註》，吳仰湘點校，北京：中華書局，2016年。

《伍廷芳集》，丁賢君、喻作鳳編，北京：中華書局，1993年。

休謨：《人性論》，關文運譯，北京：商務印書館，1980年。

吉爾茲：《地方性知識：闡釋人類學論文集》，王海龍、張家瑄譯，北京：中央編譯出版社，2000年。

安德森：《絕對主義國家的系譜》，劉北成、龔曉莊譯，上海：上海人民出版社，2000年。

吉田浤一：〈中國史上的兩個時代：春秋戰國與秦漢以後——專制國家論序說〉，收入武漢大學中國三至九世紀研究所編：《中國前近代史理論國際學術研討會論文集》，武漢：湖北人民出版社，1997年。

托克維爾：《論美國的民主》，董果良譯，北京：商務印書館，1988年。

朱光磊：〈觀音形象在漢地女身化的途徑與原由〉，《世界宗教研究》，2016年，第6期。

朱彬：《禮記訓纂》，饒欽農點校，北京：中華書局，1996年。

朴漢濟：〈北魏王權的胡漢體制：有關北魏社會變質問題〉，收入韓國東洋史學會編：《中國史研究的成果與展望》，北京：中國社會科學出版社，1991年。

———：〈「僑舊體制」的展開與東晉南北朝史：為整體理解南北朝史的一個提案〉，收入中國魏晉南北朝史研究會編：《魏晉南北朝史研究》，武漢：湖北人民出版社1996年。

牟宗三：《中國哲學十九講》，上海：上海古籍出版社，2005年。

牟發松：〈略論唐代的南朝化傾向〉，《中國史研究》，1996年，第2期。

米特羅爾、西德爾：《歐洲家庭史：中世紀至今的父權制到夥伴關係》，趙世玲等譯，北京：華夏出版社，1987年。

艾永明：《清朝文官制度》，北京：商務印書館，2003年。

艾森斯塔得：《帝國的政治體系》，閻步克譯，貴陽：貴州人民出版社，1992年。

西嶋定生：《中國古代帝國的形成與結構：二十等爵制研究》，武尚清譯，北京：中華書局，2004年。

亨廷頓：《變化社會中的政治秩序》，王冠華、劉為等譯，北京：生活‧讀書‧新知三聯書店，1989年。

伯克：《歷史學與社會理論》，姚朋等譯，上海：上海人民出版社，2001年。

何天爵：《真正的中國佬》，鞠方安譯，北京：光明日報，1998年。

何休解詁；徐彥疏：《春秋公羊傳註疏》，刁小龍整理，上海：上海古籍出版社，2014年。

何金梅：〈古代敘事中母親形象的文化解讀〉，《玉林師範學院學報》，2006年，第2期。

何炳棣：《何炳棣思想制度史論》，北京：中華書局，2017年。

何晉：〈秦稱虎狼考〉，《文博》，1999年，第5期。

何寧：《淮南子集釋》，北京：中華書局，1998年。

何懷宏：《世襲社會及其解體：中國歷史上的春秋時代》，北京：生活‧讀書‧新知三聯書店，1996年

余英時：《文史傳統與文化重建》，北京：生活‧讀書‧新知三聯書店，2004年。

———：《歷史與思想》，台北：聯經出版事業公司，1976年。

余華青：《中國宦官制度史》，上海：上海人民出版社，1993年。

克羅齊埃：《科層現象》，劉漢全譯，上海：上海人民出版社，2002年。

吳宗國主編：《盛唐政治制度研究》，上海：上海辭書出版社，2003年。

吳思：《潛規則：中國歷史中的真實遊戲》，昆明：雲南人民出版社，2001年。

吳飛：〈父母與自然：「知母不知父」的西方譜系（下）〉，《社會》，2014年，第3期。

———：《人倫的「解體」：形質論傳統中的家國焦慮》，北京：生活‧讀書‧新知三聯書店，2017年。

呂思勉：《兩晉南北朝史》，上海：上海古籍出版社，1983年。

呂祖謙編：《宋文鑒》，齊治平校點，北京：中華書局，1992年。

尾形勇：《中國古代的「家」與國家》，張鶴泉譯，長春：吉林文史出版社，1993年。

岑仲勉：《墨子城守各篇簡註》，北京：中華書局，1958年。

李小榮：《弘明集校箋》，上海：上海古籍出版社，2013年。

李存山：《先秦哲學與儒家文化》，北京：華文出版社，2021年。

李伯重：〈問題與希望：有感於中國婦女史研究現狀〉，《歷史研究》，2002年，第6期。

———：《理論、方法、發展趨勢：中國經濟史研究新探》，北京：清華大學出版社，2002年。

李昉等：《太平御覽》，北京：中華書局，1960年。

李林甫等撰：《唐六典》，陳仲夫點校，北京：中華書局，1992年。

李治安：《元史暨中古史論稿》，北京：人民出版社，2013年。

李洵：《下學集》，北京：中國社會科學出版社，1995年。

李峰：《西周的政體：中國早期的官僚制度和國家》，吳敏娜等譯，北京：生活‧讀書‧新知三聯書店，2010年。

李偉：〈古今之間：連坐制度的表達、實踐與價值解釋〉，《蘭台世界》，2012年，第36期。

李慈銘：《越縵堂讀書記》，北京：中華書局，1963年。

李慎之、何家棟：《中國的道路》，廣州：南方日報出版社，2000年。

《李慎之文集》，2004年自印本。

李新偉等：《宦官的歷史》，北京：中國文史出版社，2006年。

李零：〈西周金文中的職官系統〉，收入吳榮曾主編：《盡心集：張政烺先生八十慶壽論文集》，北京：中國社會科學出版社，1998年。

李鳴飛：《金元散官制度研究》，蘭州：蘭州大學出版社，2014年。

李劍鳴編：《世界歷史上的民主與民主化》，上海：上海三聯書店，2011年。

杜正勝：《編戶齊民：傳統政治社會結構之形成》，台北：聯經出版公司，1990年。

杜佑：《通典》，王文錦等標點，北京：中華書局，1988年。

汪繼培：《潛夫論箋校正》，北京：中華書局，2018年。

沈家本：《沈家本未刻書集纂》，北京：中國社會科學出版社，1996年。

———：《寄簃文存》，北京：商務印書館，2015年。

———：《歷代刑法考》，北京：中國檢察出版社，2003年。

谷川道雄：《隋唐帝國形成史論》，李濟滄譯，上海：上海古籍出版
　　社，2004年。

貝克爾：《家庭論》，王獻生、王宇譯，北京：商務印書館，2005年。

亞里士多德：《政治學》，吳壽彭譯，北京：商務印書館，1965年。

《亞里士多德全集》，苗力田等譯，北京：中國人民大學出版社，1997
　　年。

亞當·斯密：《道德情操論》，蔣自強等譯，北京：商務印書館，2003年。

周良霄：《皇帝與皇權》，上海：上海古籍出版社，1999年。

周保明：《清代地方吏役制度研究》，上海：上海書店，2009年。

周雪光：〈國家治理邏輯與中國官僚體制：一個韋伯理論視角〉，《開放
　　時代》，2013年，第3期。

屈文軍：〈論元代君臣關係主奴化〉，收入湯開建、馬明達主編：《中國
　　古代史論集》（第二集），上海：上海古籍出版社，2006年。

孟德斯鳩：《法意》，嚴復譯，北京：商務印書館，1981年。

———：《波斯人信札》，羅大岡譯，北京：人民文學出版社，1958年。

———：《論法的精神》，張雁深譯，北京：商務印書館，1961年。

房玄齡等撰：《晉書》，北京：中華書局，1974年。

拉斯韋爾、卡普蘭：《權力與社會：一項政治研究的框架》，王菲易
　　譯，上海：上海人民出版社，2012年。

拉斯基：《國家的理論與實際》，王造時譯，北京：商務印書館，1959
　　年。

於興中：〈「法治」是否仍然可以作為一個有效的分析概念？〉，《人大法
　　律評論》，2014年，第2期。

昂格爾：《現代社會中的法律》，吳玉章、周漢華譯，北京：中國政法
　　大學出版社，1994年。

林惠祥：《文化人類學》，北京：商務印書館，1991年。

芬納：《統治史》，馬百亮、王震譯，上海：華東師範大學出版社，
　　2010年。

長孫無忌等撰：《唐律疏議》，劉俊文點校，北京：中華書局，1983年。

《阿奎那政治著作選》，馬清槐譯，北京：商務印書館，1982年。

阿倫特：《帝國主義》，蔡英文譯，台北：聯經出版事業公司，1982年。

———：《耶路撒冷的艾希曼：倫理的現代困境》，孫傳釗譯，長春：
　　吉林人民出版社，2011年。

———：《極權主義》，蔡英文譯，台北：聯經出版事業公司，1982 年。

阿爾布羅：《官僚制》，閻步克譯，北京：知識出版社，1991 年。

阿爾蒙德、鮑威爾：《比較政治學：體系、過程和政策》，曹沛霖、鄭世平等譯，上海：上海譯文出版社，1987 年。

侯外盧、趙紀彬、杜國庠：《中國思想通史》，北京：人民出版社，1957 年。

侯旭東：〈中國古代專制說的知識考古〉，《近代史研究》，2008 年，第 4 期。

哈耶克：《自由秩序原理》，鄧正來譯，北京：生活‧讀書‧新知三聯書店，1997 年。

姚大力：〈論蒙元王朝的皇權〉，王元化主編：《學術集林》（卷十五），上海：上海遠東出版社，1999 年。

威斯納‧漢克斯：《歷史中的性別》，何開松譯，北京：東方出版社，2003 年。

施萊弗、維什尼：《掠奪之手：政府病及其治療》，趙紅軍譯，北京：中信出版社，2004 年。

柏拉圖：《法律篇》，張智仁、何勤華譯，上海：上海人民出版社，2001 年。

———：《政治家》，洪濤譯，上海：上海人民出版社，2006 年。

———：《柏拉圖全集》，王曉朝譯，北京：人民出版社，2002 年。

柳立言：《宋代的家庭和法律》，上海：上海古籍出版社，2008 年。

洛克：《政府論》，瞿菊農、葉啟芳譯，北京：商務印書館，1997 年。

洛朗‧韋爾希尼：《論法的精神》，許明龍譯，北京：商務印書館，2015 年。

科爾內：《短缺經濟學》，李振寧譯，北京：經濟科學出版社，1986 年。

胡適：《中國哲學史大綱》，石家莊：河北教育出版社，2001 年。

———：《胡適文存》，上海：上海科學技術出版社，2015 年。

范文瀾、蔡美彪等：《中國通史》，北京：人民出版社，1994 年。

范祥雍：《戰國策箋證》，上海：上海古籍出版社，2011 年。

范曄撰；李賢等註：《後漢書》，北京：中華書局，1965 年。

韋伯：《支配社會學》，康樂、簡惠美譯，桂林：廣西師範大學出版社，2004 年。

———：《經濟與社會》，閻克文譯，上海：上海人民出版社，2010 年。

———：《經濟與歷史 支配的類型》，康樂、吳乃德等譯，桂林：廣西師範大學出版社，2004 年。

———：《學術與政治》，錢永祥等譯，桂林：廣西師範大學出版社，2004年。

倫斯基：《權力與特權：社會分層理論》，關信平等譯，杭州：浙江人民出版社，1988年。

唐長孺：《山居存稿續編》，北京：中華書局，2011年。

———：《魏晉南北朝隋唐史三論》，武漢：武漢大學出版社，1992年。

唐斯：《官僚制內幕》，郭小聰等譯，北京：中國人民大學出版社，2006年。

孫家洲：〈論漢代執法思想中的理性因素〉，《南都學壇》，2005年，第1期。

孫雲編著：《組織行為學》，上海：上海人民出版社，2001年。

宮崎市定：《九品官人法研究：科舉前史》，韓昇、劉建英譯，北京：中華書局，2008年。

———：〈東洋的近世〉，黃約瑟譯，收入《日本學者研究中國史論著選譯》第1卷（通論），北京：中華書局1992年。

———：《東洋樸素主義的民族和文明主義的社會》，劉永新、韓潤棠譯，北京：商務印書館，1962年。

徐中舒：《先秦史論稿》，成都：巴蜀書社，1992年。

———：《徐中舒歷史論文選輯》，北京：中華書局，1998年。

徐天麟：《東漢會要》，上海：上海古籍出版社，1978年。

徐梓：〈天地君親師源流考〉，《北京師範大學學報》，2006年，第2期。

徐翔：〈重審儒家的家國觀——從喬治‧萊考夫的道德政治論說起〉，《開放時代》，2011年，第3期。

恩格爾曼、高爾曼主編：《劍橋美國經濟史（第二卷）：漫長的19世紀》，王珏、李淑清譯，北京：中國人民大學出版社，2008年。

晁福林：〈先秦時期爵制的起源與發展〉，《河北學刊》，1997年，第3期。

班固撰；顏師古註：《漢書》，北京：中華書局，1962年。

祝總斌：《材不材齋文集——祝總斌學術研究論文集》，西安：三秦出版社，2006年。

秦暉：《傳統十論：本土文化的制度、文化和變革》，上海：復旦大學出版社，2003年。

笑思：《家哲學：西方人的盲點》，北京：商務印書館，2010年。

索緒爾：《普通語言學教程》，高名凱譯，北京：商務印書館，1980年。

《馬克思恩格斯全集》，中共中央馬克思恩格斯列寧斯大林著作編譯局譯，北京：人民出版社，1971年。

馬林諾夫斯基：《兩性社會學：母系社會與父系社會之比較》，李安宅譯，上海：上海人民出版社，2003年。

馬非百：《鹽鐵論簡註》，北京：中華書局，1984年。

馬基雅維里：《君主論》，潘漢典譯，北京：商務印書館，1985年。

馬端臨：《文獻通考》，北京：中華書局，1986年影印本；2011年點校本。

高鴻鈞：〈伊斯蘭人權觀〉，《世界宗教研究》，1995年，第3期。

───：《伊斯蘭法：傳統與現代化》（修訂版），北京：清華大學出版社，2004年。

冨谷至：《秦漢刑罰制度研究》，柴生芳、朱恆曄譯，桂林：廣西師範大學出版社，2006年。

勒內·達維德：《當代主要法律體系》，上海：上海譯文出版社，1984年。

密爾：《論自由》，許寶騤譯，北京：商務印書館，2007年。

《康有為全集》，北京：中國人民大學出版社，2007年。

《康有為政論集》，北京：中華書局，1981年。

康德：《歷史理性批判文集》，何兆武譯，北京：商務印書館，1996年。

張中秋：《中西法律文化比較研究》，北京：法律出版社，2019年。

張文顯：《20世紀西方法哲學思潮研究》，北京：法律出版社，1996年。

張仲禮：《中國紳士的收入》，費成康、王寅通譯，上海：上海社會科學院出版社，2001年。

張光直：《中國青銅時代》，北京：生活·讀書·新知三聯書店，1999年。

張帆：〈金元にぉける散官の地位の下降とその原因〉，日本河合文化教育研究所編《研究論集（第2集）》，名古屋：日本河合文化教育研究所，2006年。

───：〈論蒙元王朝的「家天下」特徵〉，《北大史學》，第8輯，2001年。

張邦煒：〈宋代對宗室的防範〉，《首都師範大學學報》，1988年，第1期。

張志京：〈中國古代女性法律地位的再認識〉，收入林德核主編：《沈家本與中國法律文化國際學術研討會論文集》，北京：中國法制出版社，2005年。

張岱年：《中國哲學大綱》，北京：商務印書館，2015年。

張建國：《兩漢魏晉法制簡說》，鄭州：大象出版社，1997年。

張洪濤：《國家主義抑或人本主義：轉型中國法律運行研究》，北京：人民出版社，2008年。

張晉藩主編：《中國法制通史》，北京：法律出版社，1998年。

張敦仁：《鹽鐵論考證》，北京：中華書局，1991年。

張舜徽：《訒庵學術講論集》，長沙：岳麓書社，1992年。

張維迎、鄧峰：〈信息、激勵與連帶責任：對中國古代連坐、保甲制度的法和經濟學解釋〉，《中國社會科學》，2003年，第3期。

曼德爾：《關於過渡社會的理論》，王紹蘭、高德平譯，北京：人民出版社，1982年。

───：《權力與貨幣：馬克思主義的官僚理論》，孟捷譯，北京：中央編譯出版社，2001年。

梁啟超：《先秦政治思想史》，北京：中國人民大學出版社，2012年。

───：《佛學研究十八篇》，上海：上海古籍出版社，2001年。

───：《飲冰室文集點校》，昆明：雲南教育出版社，2001年。

《梁啟超全集》，北京：北京出版社，1999年；北京：中國人民大學出版社，2018年。

梁雲：《戰國時代的東西差別：考古學的視野》，北京：文物出版社，2008年。

梅因：《古代法》，沈景一譯，北京：商務印書館，1996年。

梅洛蒂：《馬克思與第三世界》，高銛等譯，北京：商務印書館，1981年。

梅原郁：《宋代官僚制度研究》，京都：同朋舍，1985年。

畢瑟姆：《官僚制》，韓志明、張毅譯，長春：吉林人民出版社，2005年。

《章太炎全集》，上海：上海人民出版社，1985年。

《章太炎政論選集》，北京：中華書局，1977年。

脫脫等撰：《宋史》，北京：中華書局，1985年。

莫斯卡：《統治階級：政治科學原理》，賈鶴鵬譯，南京：譯林出版社，2002年。

───：《政治科學要義》，任軍鋒等譯，上海：上海人民出版社，2005年。

許維遹：《韓詩外傳集釋》，北京：中華書局，1980年。

郭沫若：《奴隸制時代》，北京：人民出版社，1973年。

《郭沫若全集》，北京：人民出版社，1982年。

陳小眉：《西方主義：後毛澤東時代抗衡話語理論》，南京：南京大學出版社，2014年。

陳立：《白虎通疏證》，北京：中華書局，2018年。

陳其泰：《清代春秋公羊學通論》，北京：華夏出版社，2018年。

陳垣：《陳垣史學論著選》，上海：上海人民出版社，1981年。

陳偉：〈胡家草場漢簡律典與漢文帝刑制改革〉，《武漢大學學報》，2022年，第2期。

陳寅恪：《金明館叢稿二編》，北京：生活·讀書·新知三聯書店，2001年。

———：《隋唐制度淵源略論稿》，北京：生活·讀書·新知三聯書店，2004年。

陳澔：《禮記集説》，萬久富整理，南京：鳳凰出版社，2010年。

陸學藝主編：《當代中國社會結構研究報告（一）：當代中國社會階層》，北京：社會科學文獻出版社，2018年。

雪珥：《絕版甲午：從海外史料揭秘中日戰爭》，上海：文匯出版社，2009年。

黃開國：《公羊學發展史》，北京：人民出版社，2013年。

傅斯年：《民族與古代中國史》，石家莊：河北教育出版社，2000年。

博丹：《主權論》，李衛海、錢俊文譯，北京：北京大學出版社，2008年。

彭和平、竹立加等編：《國外公共行政理論精選》，北京：中共中央黨校出版社，1997年。

彭慕蘭：《大分流：歐洲、中國及現代世界經濟的發展》，史建雲譯，南京：江蘇人民出版社2003年。

斯考切波：《國家與社會革命：對法國、俄國和中國的比較分析》，何俊志、王學東譯，上海：上海人民出版社，2007年。

斯坦、香德：《西方社會的法律價值》，王獻平譯，北京：中國公安大學出版社，1990年。

斯科特：《農民的道義經濟學：東南亞的反叛與生存》，程立顯、劉建等譯，南京：譯林出版社，2001年。

斯通：《貴族的危機：1558 1641年》，于民、王俊芳譯，上海：上海人民出版社，2010年。

《普希金全集》，烏蘭汗等譯，杭州：浙江文藝出版社，1997年。

《景印文淵閣四庫全書》，台北：台灣商務印書館，1986年。

智效民編：《民主還是獨裁：70年前一場關於現代化的論爭》，廣州：廣東人民出版社，2010年。

曾亦、郭曉東：《春秋公羊學史》，上海：華東師範大學出版社，2017年。

曾峻：《公共秩序的制度安排：國家與社會關係的框架及其運用》，上海：學林出版社，2005年。

曾根威彥：《刑法學基礎》，黎宏譯，北京：法律出版社，2005年。

《曾國藩全集》（修訂版），長沙：岳麓書社，2011年。

湯諧：《史記半解》，北京：商務印書館，2013年。

滋賀秀三：〈中國法文化的考察：以訴訟文化為素材〉，王亞新譯，收入《明清時期的民事審判與民間契約》，北京：法律出版社，1998年。

程樹德：《九朝律考》，北京：中華書局，1963年。

童恩正：〈摩爾根模式與中國的原始社會史研究〉，《中國社會科學》，1988年，第3期。

萊考夫：《別想那隻大象》，閭佳譯，杭州：浙江人民出版社，2013年。

費正清：《美國與中國》，張理京譯，北京：世界知識出版社，1999年。

賀麟：《五十年來的中國哲學》，北京：商務印書館，2002年。

───：《當代中國哲學》，上海：上海書店，1991年。

逯欽立輯校：《先秦漢魏晉南北朝詩》，北京：中華書局，2017年。

雅斯貝爾斯：《論歷史的起源與目標》，李雪濤譯，上海：華東師範大學出版社，2018年。

馮友蘭：《中國哲學史新編》，北京：人民出版社，1998年。

黃子平：《沉思的老樹的精靈》，杭州：浙江文藝出版社，1986年。

黃小勇：《韋伯官僚制理論研究：現代化進程中的官僚制》，哈爾濱：黑龍江人民出版社，2003年。

《黃式三全集》，上海：上海古籍出版社，2014年。

黃宗羲：《宋元學案》，北京：中華書局，1986年。

黃春高：《西歐封建社會》，北京：中國青年出版社，1999年。

黃淮、楊士奇編：《歷代名臣奏議》，上海：上海古籍出版社，1989年。

黑格爾：《歷史哲學》，上海：上海書店，2001年。

《愛因斯坦文集》，許良英、范岱年譯，北京：商務印書館，1976年。

楊光輝：《漢唐封爵制度》，北京：學苑出版社，2004年。

楊伯峻：《春秋左傳註》（修訂本），北京：中華書局，2016年。

《楊度集》，長沙：湖南人民出版社，1986年。

楊珍：〈清朝權臣與皇權的關係及其特點〉，《清史論叢》，北京：中國廣播電視出版社，2004年，2003 2004年號。

楊寬：《古史新探》，上海：復旦大學出版社，2016年。

楊樹達：《鹽鐵論要釋》，北京：科學出版社，1957年。

楊樹藩：《中國文官制度史》，台北：黎明文化事業公司，1982年。

萬昌華：〈一場偏離了基點的知識考古〉，《史學月刊》，2009年，第9期。

葉孝信主編：《中國民法史》，上海：上海人民出版社，1993年。

葉煒：〈唐代異姓爵的襲封問題〉，北京大學傳統文化研究中心編：《國學研究》（第27卷），北京大學出版社，2011年。

葛洪著、楊明照校箋：《抱朴子外篇校箋》，北京：中華書局，1991年。

董說：《七國考》，北京：中華書局，1956年。

道金斯：《自私的基因》，盧允中等譯，長春：吉林人民出版社，1998年。

達爾：《多元主義民主的困境：自治與控制》，尤正明譯，北京：求實出版社，1989年。

———：《論民主》，李柏光、林猛、馮克利譯，北京：商務印書館，1999年。

雷頤：《走向革命：細說晚清七十年》（雷頤文集晚清卷），太原：山西人民出版社，2011年。

熊十力：《十力語要》，上海：上海書店出版社，2007年。

赫爾德：〈中國〉，收入夏瑞春編：《德國思想家論中國》，陳愛政譯，南京：江蘇人民出版社，1995年。

《赫魯曉夫言論》，北京：世界知識出版社，1966年。

趙天寶：《中國古代資格刑研究：以禁錮為中心考察》，北京：法律出版社，2018年。

趙伯雄：《春秋學史》，濟南：山東教育出版社，2004年。

趙利棟：〈中國專制與專制主義的理論譜系——從戊戌到辛亥〉，中國社會科學院近代史研究所編：《中國社會科學院近代史研究所青年學術論壇》（2007年卷），北京：社會科學文獻出版社，2009。

趙鼎新：〈費納與政府史研究〉，《社會學研究》，2008年，第4期。

———：〈路徑不依賴、政策不相干——什麼才是中國經濟成功的關鍵〉，《學海》，2016年，第2期。

———：《東周戰爭與儒法國家的誕生》，夏江旗譯，上海：華東師範大學出版社，2006年。

趙爾巽等撰：《清史稿》，北京：中華書局，1977年。

趙緼：《庚寅集》，濟南：齊魯書社，2016年。

趙翼：《陔餘叢考》，上海：上海古籍出版社，2011年。

劉昫等撰：《舊唐書》，北京：中華書局，1975年。

劉昶：〈試論中國封建社會長期延續的原因〉，《上海師範大學學報》，
　　1980年，第4期；《歷史研究》，1981年，第2期。

劉家和：《古代中國與世界》，北京：北京師範大學出版社，2010年。

德熱拉斯：《新階級》，陳逸譯，北京：世界知識出版社，1963年。

憍底利耶（考底利耶）：《利論》，朱成明譯，北京：商務印書館，2020
　　年。

摩爾：《民主與專制的社會起源》，拓夫等譯，北京：華夏出版社，
　　1987年。

潘星輝：《明代文官銓選制度研究》，北京：北京大學出版社，2005年。

《鄧小平文選》，北京：人民出版社，1994年。

鄧巴：《你需要多少朋友：神秘的鄧巴數字與遺傳密碼》，馬睿、朱邦
　　芊譯，北京：中信出版社，2011年；又譯《社群的進化》，李慧
　　中譯，成都：四川人民出版社，2019年。

鄭杰文：《中國墨學通史》，北京：人民出版社，2006年。

閭小波：〈保育式政體：試論帝制中國的政體形態〉，《文史哲》，2017
　　年，第6期。

《魯迅全集》，北京：人民文學出版社，2005年。

黎翔鳳：《管子校註》，梁運華整理，北京：中華書局，2004年。

盧梭：《論人類不平等的起源和基礎》，李常山譯，北京：商務印書
　　館，1962年。

蕭公權：《中國政治思想史》，瀋陽：遼寧教育出版社，1998年。

———：《康有為思想研究》，北京：新星出版社，2005年。

衛三畏：《中國總論》，陳俱譯，上海：上海古籍出版社，2014年。

錢穆：《中國文化史導論》，北京：商務印書館，1996年。

———：《中國思想史》，北京：九州出版社，2012年。

———：《中國歷代政治得失》，北京：生活·讀書·新知三聯書店，
　　2001年。

———：《國史大綱》（修訂本），北京：商務印書館，1994年。

———：《錢賓四先生全集》，台北：聯經出版事業公司，1998年。

錢鍾書：《談藝錄》，北京：生活·讀書·新知三聯書店，2007年。

閻步克：〈康有為、章太炎的歷代官階研究〉，收入《田餘慶先生九十華
　　誕頌壽論文集》，北京：中華書局，2014年

———：〈康有為、章太炎的歷代官階研究續篇〉，北京大學傳統文化
　　研究中心編：《國學研究》（第37卷），北京：北京大學出版社，
　　2016年。

———：〈論北朝位階體制變遷之全面領先南朝〉，《文史》，2012年，
　　第3輯。

———：《中國古代官階制度引論》，北京：北京大學出版社，2010年。

———：《波峰與波谷：秦漢魏晉南北朝的政治文明》，北京：北京大
　　學出版社，2017年。

———：《從爵本位到官本位：秦漢官僚品位結構研究》（增補本），北
　　京：生活·讀書·新知三聯書店，2017年。

閻照祥：《英國貴族史》，北京：人民出版社，2000年。

霍爾巴赫：《自然政治論》，陳太先、眭茂譯，北京：商務印書館，
　　1994年。

霍蘭：《湧現：從混沌到有序》，陳禹等譯，上海：上海科學技術出版
　　社，2006年。

鮑威爾、迪馬吉奧主編：《組織分析的新制度主義》，姚偉譯，上海：
　　上海人民出版社，2007年。

鮑爾：《預知社會：群體行為的內在法則》，暴永寧譯，北京：當代中
　　國出版社，2007年。

戴爾：《偉大的組織者》，孫耀君等譯，北京：中國社會科學出版社，
　　1991年。

繆勒利爾：《家族論》，王禮錫、胡冬野譯，上海：商務印書館，1936
　　年。

謝肇淛：《五雜組》，北京：中華書局，1959年。

韓樹峰：《漢魏法律與社會：以簡牘、文書為中心的考察》，北京：社
　　會科學文獻出版社，2011年。

《薩利克法典》，北京：法律出版社，2000年。

薩哈：《第四等級：中世紀歐洲婦女史》，林英譯，廣州：廣東人民出
　　版社，2003年。

魏收撰：《魏書》（修訂本），北京：中華書局，2017年。

魏特夫：《東方專制主義：對於極權力量的比較研究》，徐式谷、奚瑞
　　森等譯，北京：中國社會科學出版社，1989年。

魏道明：《始於兵而終於禮：中國古代族刑研究》，北京：中華書局，
　　2006年。

羅素：《權力論：新社會分析》，吳友三譯，北京：商務印書館，1991
　　年。

羅翔：〈犯罪隨附性制裁制度的廢除〉，《政法論壇》，2023年，第5期。

———：《中華刑罰發達史》，北京：中國法制出版社，2006年。

———：《刑罰的歷史》，昆明：雲南人民出版社，2021年。

羅榮渠：《現代化新論：世界與中國的現代化進程》（增訂本），北京：
　　　商務印書館，2009年。

羅爾斯：《正義論》，何懷宏譯，北京：中國社會科學出版社，1988年。

關萬維：《先秦儒法關係研究：殷周思想的對立性繼承及流變》，上
　　　海：上海人民出版社2015年。

《譚嗣同全集》（增訂本），北京：中華書局，1998年。

《嚴復全集》，福州：福建教育出版社，2014年。

蘇輿：《春秋繁露義證》，鍾哲點校，北京：中華書局，1992年。

《續修四庫全書》，上海：上海古籍出版社，1995–2003年。

顧頡剛、劉起釪：《尚書校釋譯論》，北京：中華書局，2005年。